西华师范大学学术著作出版基金资助

基于主体功能区的
县域土地资源
空间配置效率分析及管制策略研究

陈 磊 / 著

吉林大学出版社

图书在版编目（CIP）数据

基于主体功能区的县域土地资源空间配置效率分析及管制策略研究 / 陈磊著. -- 长春 : 吉林大学出版社, 2024. 7. -- ISBN 978-7-5768-3340-9

Ⅰ. F323.211

中国国家版本馆CIP数据核字第20248EE016号

书　　名	基于主体功能区的县域土地资源空间配置效率分析及管制策略研究 JIYU ZHUTI GONGNENGQU DE XIANYU TUDI ZIYUAN KONGJIAN PEIZHI XIAOLÜ FENXI JI GUANZHI CELÜE YANJIU
作　　者	陈　磊　著
策划编辑	樊俊恒
责任编辑	樊俊恒
责任校对	樊俊恒
装帧设计	沈加坤
出版发行	吉林大学出版社
社　　址	长春市人民大街4059号
邮政编码	130021
发行电话	0431-89580028/29/21
网　　址	http://www.jlup.com.cn
电子邮箱	jldxcbs@sina.com
印　　刷	北京亚吉飞数码科技有限公司
开　　本	710mm×1000mm　1/16
印　　张	19
字　　数	301千字
版　　次	2025年3月　第1版
印　　次	2025年3月　第1次
书　　号	ISBN 978-7-5768-3340-9
定　　价	98.00元

版权所有　翻印必究

前　言

土地资源由农业和自然（生态）用途向城乡建设用途转换是一般国家（地区）城镇化进程中土地资源空间配置的主要特征。改革开放以来，我国城镇化水平已由1978年的17.92%上升至2023年的66.16%，是世界上城镇化增长速率最高的国家之一。与此同时，高速城镇化、工业化导致非农建设用地刚性需求持续增大，农业生产空间和生态用地空间受到极大挤压，土地资源空间配置矛盾更加突出，不同空间尺度上均存在人与自然、生产与生活、自然生态系统内部要素关系不够协调的矛盾，导致土地资源保护与经济增长关系失衡、经济发展质量与资源高效配置关系失衡，引发了资源储量（耕地）锐减、生态环境破坏等一系列问题，直接威胁着国家和地区可持续发展。

随着对不同类型自然资源整体认识深化，城镇与农村资源要素配置内在联系和城乡协调发展战略意义的凸显，生产空间、生活空间、生态空间冲突与协调发展机制的重新认识，土地综合开发利用与资源休养、生态修复关系的重新平衡，均要求建立整体性、空间性、包容性更强的国土资源管理体制与模式。为实现转型时期经济社会发展需求和资源环境可持续利用要求，2017年中央明确指出推动主体功能区战略格局精准落地于市县层面；2018年国家组建自然资源部，赋予其建立空间规划体系并监督实施的重要职责，明确提出加大国土空间用途管制力度，把主体功能区规划作为优化我国国土空间格局的战略重点依据。尤其是党的二十大以来，主体功能区战略得到持续深化。2022年中共中央、国务院批准印发《全国国土空间规划纲要（2021—2035年）》，要求细化主体功能分区，制定差异化政策，优化县域主体功能定位，强化其战略引导和政策支撑保障。2023年1月，全国自然资源工作会议强调优化国土空间格局的新征程工作定位，将主体功能战略融入规划体系，总体部署配套政策和制度安排，支撑构建新发展格局。同年12月，中共中央、国务院《关于全面推进美丽中国建设的意见》再次强调健全主体功能区制度，完善国土空间规划体系，统筹优化空间布局。2024年2月，习近平总书记主持召开中央全面深化改革委员会第四次会议，强调增强土地要素对优势地区高质量发展保障能力，推动形成主体功能约束有效、国土开发协调有序的空间发展格局。同年7月，中共第二十届中央委员会第三次全体会议通过《中共中央关于进一步全面深化改革 推进中国式现代化的决定》，指出健全主体功能区制度体系，强化国土空间优化发展保障机制。可见，在现实矛盾和需求倒逼下，国家加快完善国土空间治理体系，强化国土空间治理力度，追求更加高效公平的资源配置和区域协调发展，体现了国家治理现代化的意志导向。主体功能区战略是我国国土空间治理的重要创新，是优化生态环境保护、保障粮食安全、促进国土资源节约集约利用的国家意志导向，是推进我国生态文明建设的关键举措之一，对调整国家和区域空间结构，协调经济社会发展与土地资源利用、统筹国土空间开发与保护格局（或空间治理格局）起基础性作用。

因此，顺应国家国土空间治理的新时代新征程要求，本书探讨了县域主体功能区土地资源空间配置效率问题，并提出管制策略。具体来看：通过文献梳理和研究论证开展主体功能区与县域土地资源空间配置理论分析，提出研究理论逻辑框架；在研究理论指导下开展县域主体功能区划分，并进一步分析了主体功能区土地资源空间配置效率现状及影响因素；基于研究结果和实地调研构建了主体功能区土地资源空间管制运行机制和政策体系。本书内容分为四大部分共计八个章节，即问题提出和文献回顾、逻辑框架与理论分析、实证研究和全文总结四大部分，八个章节逻辑联系、内容如下。

第一章绪论。本章首先提出研究问题，梳理国内外研究综述及相关理论把握现有研究进展，挖掘研究潜质，为开展研究提供方法指导（或方向指引）、理论依据等；其次，提出开展该研究的目的与意义，明确研究范围并阐明研究思路、方法，厘清研究基本框架；最后，明确研究可能的创新，并指出存在的不足。

第二章理论逻辑框架。本章统领全书，提出从优势区配置到主体功能区分工协作的土地生长空间演进规律，从理论论断视角深入剖析主体功能区国土空间管制模式，并结合国外经验启示提出新时期我国国土空间治理的政治经济需求逻辑框架。

第三章理论分析。本章基于上一章进一步阐述主体功能区与土地资源空间配置作用关系，从理论上指出主体功能区对提升土地资源空间配置效率的重要作用以及最优空间配置效率的经济学条件，并提出如何基于优势区配置原则明确主体功能区空间边界划分。

第四章研究区确定与县域主体功能区划分。本章承上启下和统领实证。在前三章分析判断的基础上，本章以江苏省连云港市赣榆区为样本研究区，基于明确主体功能区划分基本条件，依据划分标准和地区经济发展目标定位，并结合上一级主体功能定位和区域经济发展规划等划分赣榆区主体功能区。

第五章赣榆区主体功能区土地资源空间配置效率。在上一章主体功能区划分和土地资源利用现状的基础上，本章运用柯布—道格拉斯生产函数（即C-D生产函数）构建量化模型分析赣榆区不同主体功能区及内部土地资源空间配置效率。

第六章赣榆区主体功能区土地资源空间配置效率影响因素。本章在分析赣榆区主体功能区土地资源空间配置效率的基础上，通过构建经济计量模型，进一步探究影响赣榆区主体功能区土地资源空间配置效率的主要因素及其作用机理。

第七章赣榆区主体功能区土地资源利用空间管制策略。综上研究，本章在提出主体功能区战略理念下我国国土空间管制重点基础上，试图设计针对赣榆区主体功能区土地资源空间管制机制，指出政策调控重点方向。

第八章全书研究结论与展望。基于以上研究结果，本章在总结主要研究结论的基础上，指出下一步可开展的研究方向与重点。

综上所述，本书可能的边际贡献在于：一是研究理论与视角上对现有研究形成有益补充。构建一个从优势区到主体功能区的土地生长现象及其规律的分析框架，在某种程度上可能从理论上为国土空间主体功能区治理提供一种理论解释的补充，也为科学实施国土空间主体功能区管理提供一定的理论参考。同时，通过探究政府干预对土地资源空间配置影响，在展现主体功能区与土地资源空间配置理论逻辑的基础上，聚焦县域主体功能区土地资源空间配置效率研究，有利于突破研究集中于国家、省级等视角，推动其进一步向可操作、能落地的方向发展。二是研究方法及成果的现实应用价值明显。围绕研究主题，开展县域（包括乡镇级）层级实证研究能够进一步丰富微观尺度研究，同时研究将基于赣榆区的典型性代表性和管理需求，界定（县级）主体功能区的类型与概念，尝试提出一种融合比较优势与其他影响因素的（不同类型）县域主体功能区边界划分方法与界线设定依据，并设计相应的空间管制实现机制，有利于推进县域土地资源空间配置、土地集约利用和经济社会发展空间格局的重构，为地方政府解决规划管理中空间边界划定标准不统一、依据不充分、实现机制不完善等难题提供一定的参考。

最后，本书是基于我的博士学位论文形成的学术专著成果，非常感谢我的博导姜海教授的悉心指导，同时要感谢专家组南京师范大学张小林教授、南京大学金晓斌教授、南京农业大学欧维新教授、马贤磊教授、郭杰教授对该成果给予的指导与建议。在开展该成果研究期间，调研过程得到了江苏省连云港市赣榆区人民政府、赣榆区区政协、赣榆区自然资源与规划局、赣榆区农业农村局、赣榆区生态环境局、赣榆区黑林镇人民政府等单位领导与工作人员，以及部分企业负责人的大力支持，同时本书得到了西华师范大学学术著作出版经费资助，在此一并表示衷心感谢！

由于作者水平有限，加上知识发现发展迅速和研究领域的广泛性，书中可能存在不少缺点和错误之处，恳请同行和读者不吝赐教。同时，作者希望通过本书的出版，能够为促进国土空间治理研究领域的理论探究与发展作出一点微不足道的贡献，为相关领域的学者和研究人员提供一定的帮助和启发。

陈　磊

2024年7月于师大西山畔

目 录

第一章 绪 论 1

第一节 研究背景与依据 1
第二节 研究综述 4
第三节 研究目的与意义 24
第四节 研究的基本框架 25
第五节 可能的创新与不足 34

第二章 从土地资源优势区配置到主体功能区管制：一个空间治理的逻辑框架 36

第一节 土地生长的空间演进规律 37
第二节 优势区：传统土地资源空间配置方式 47
第三节 优势区功能转型：主体功能区管控理念 57
第四节 国外规划分区理念对我国主体功能区空间管制的经验启示 64
第五节 新时期主体功能区战略理念下我国国土空间治理需求逻辑 71
第六节 本章小结 74

第三章 主体功能区与土地资源空间配置：理论分析 76

第一节 土地资源空间配置理论概述 77

第二节	主体功能区与土地资源空间配置的内在联系	81
第三节	主体功能区与土地资源空间配置效率	95
第四节	主体功能区的确定：空间边界与治理体制	105
第五节	本章小结	116

第四章　国土空间主体功能区划分的县域样本：江苏省连云港市赣榆区　118

第一节	研究区的选取	119
第二节	主体功能区划分实施方案	120
第三节	主体功能区划分的基本条件	122
第四节	主体功能区划分指标体系分析与构建	135
第五节	主体功能区划分方法应用与结果分析	146
第六节	本章小结	163

第五章　赣榆区主体功能区土地资源空间配置效率　165

第一节	主体功能区土地资源空间配置效率分析思路	166
第二节	比较优势与土地资源空间配置	167
第三节	主体功能区土地资源空间配置效率评价	176
第四节	本章小结	206

第六章　赣榆区主体功能区土地资源空间配置效率影响因素　208

第一节	主体功能区土地资源空间配置效率影响因素分析框架	209
第二节	主体功能区土地资源空间配置效率影响因素的一般分析	213
第三节	主体功能区土地资源空间配置效率影响因素实证分析	224
第四节	本章小结	233

目　录

第七章　赣榆区主体功能区土地资源利用空间管制策略　235

　　第一节　主体功能区时代战略理念下我国土地资源
　　　　　　利用空间管制重点　236
　　第二节　赣榆区主体功能区土地资源利用空间管制
　　　　　　机制设计　239
　　第三节　赣榆区主体功能区土地资源利用空间管制
　　　　　　的政策建议　253

第八章　研究结论与展望　263

　　第一节　研究结论　263
　　第二节　研究展望　266

参考文献　267

第一章 绪 论

作为全书的绪论，本章首先介绍研究背景与依据，提出所要研究的问题。其次，围绕研究的问题开展国内外研究综述分析，把握当前研究动态，并阐释研究目的和意义。在此基础上进一步提出基本框架，主要包括基本概念界定、研究范围与目标、主要研究内容、研究方法与数据来源等内容。

第一节 研究背景与依据

人口众多、人均资源（特别是土地资源）占有量相对不足是我国的基本国情之一。改革开放以来，我国经济发展取得了举世瞩目的成就。1978—2018年，我国GDP由3 678.7亿元增长至900 309亿元，人均GDP由1 663元增长至64 644元，现已稳居世界第二大经济体。伴随着经济水平的高速增长，我国城市化和工业化水平也在不断攀升，尤其是在20世纪90年代中期，我国城市化和工业水平步入加速增长期（曲福田 等，2007）。与此同时，为满足各项基础设施建设、承接城市空间拓展与产业布局等用地需求，我国各项建设用地需求迅猛增长,这一增长过程60%以上的贡献归因于土地等生产要素资源的不断投入(郑伟元,2008)。作为自然资源禀赋稀缺而经济水平快速发展的国家,其经济发展过程是以"高投入、高耗能、低效率"为代价(李雅青,2009),使得我国当前正面临着一系列可持续发展问题。尤其是建设用地规模扩张对土地资源刚性需求持续增大,造成农业生产空间、生态用地空间受到极大的挤压,导致城镇、农业与生态在空间配置上的问题突出,使得不同空间尺度上均存在着人与自然、生产与生活、自然生态系统内部要素关系不尽协调的矛盾,致使土地资源保护与经济增长失衡、经济发展质量与资源高效配置失衡,特别是土地资源利用方式、结构失衡等问题日益凸显,引发了资源储量(耕地资源)锐减、生态环境破坏等一系列问题。有资料显示,我国建设用地需求量年均约67万hm^2,用地缺口较大,同时用地结构空间布局不合理、方式粗放等现象仍较为突出,用地低密度、分散化扩张明显,工业用地密度仅为0.3~0.6,农村闲置土地占比达10%~15%(徐绍史,2012),同时,由于高强度的土地开发导致我国耕地后备资源日益锐减。虽然我国耕地后备资源面积占后备资源总量的64.7%(国土资源部,2016,2018年国土资源部整合为自然资源部),但大多数零散破碎,受生态环境约束大,进而空间开发难度大、成本高。随着对自然资源配置整体认识的深化,城镇与农村资源要素配置内在联系和城乡统筹发展战略意义的凸显,生产、生活、生态空间冲突与协调发展机制的重新认识,土地综合开发利用与土地资源修养、生态修复关系的重新平衡,均要求适度拓展国家自然资源管理范畴,建立整体性、空间性、包容性更强的土地资源管理体制机制。据此,2018年3月,中共中央、国务院根据新时代需要组建自然资源部,并赋予其"建立空间规划体系并监督实施"的重要职责,明确提出加大国土资源空间规划管制力度,提升空间管制效率。据此,土地资源空间配置与管控体现了优化生态环境保护、保障粮食安全、促进土地资源集约利用国家意志导向。

我国(尤其在江苏等沿海省份)经济已由中高速增长阶段转向高质量发展阶段,土地资源的合理有效配置在社会经济发展过程中占据着举足轻重的现实作用,其重点在于空间配置与管控。为了协调人口、资源、环境空间布局,加强空间规划与治理,早在2000年,我国就提出了主体功能区发展构想,即"空间协调与平衡发展理念"。2010年12月,国务院印发了我国首个

第一章 绪 论

全国性的空间开发规划《关于印发全国主体功能区规划的通知》，明确了未来国土空间开发与建设的战略目标及其格局重点，根据全国整体发展规划，把国土空间按开发方式分为优化开发区、重点开发区、限制开发区和禁止开发区四类，以推进区域经济协调发展，增强区域宏观调控有效性。一定范围内的国土空间虽然具有多种功能，但其必有一种主体功能。由于我国地区差异明显，自然环境与资源禀赋条件各异，各地区应立足自身，因地制宜，实施地区差别化资源空间开发与经济发展模式。2017年8月，中央全面深化改革领导小组（2018年3月改为中央全面深化改革委员会）第38次会议审议通过《关于完善主体功能区战略和制度的若干意见》（后文简称《意见》），提出"建设主体功能区是我国经济发展和生态环境保护的大战略；完善主体功能区战略和制度，要发挥主体功能区作为国土空间开发保护基础制度作用，推动主体功能区战略格局在市县层面精准落地"，把主体功能区提升到国家发展与经济建设的战略性地位。

在面对一系列人口、经济、资源环境矛盾的现实状况下，主体功能区建设理念就成为我国经济建设需求过程中应运而生的时代要求，不仅在生态文明建设过程中起基础性作用，而且在构建国家空间治理体系中起关键性作用，有利于协调推进资源与经济发展科学布局，提高土地资源利用效率。但应指出的是，2010年12月《全国主体功能区规划》的颁布统筹了我国国家层面和省级层面主体功能区规划编制工作。有关空间管制的主体功能区管理，我国已从国家和省级两个层面完成了以县（市、区）为主要单元的功能分区及其（总体性、概念化）政策设计。同时，城乡规划与土地规划的协调融合已从管理体制上明确住房和城乡建设部的城乡规划管理职责划入自然资源部，不再保留城乡规划司（及职能）（中共中央办公厅厅字〔2018〕85号文）。因此，如何实现城乡规划（主要是城镇总体规划）与土地总体规划的边界对接，实现上级刚性总量管控与地方需求协调在管理（政策）上的"治理"应是重点研究问题。加之2017年8月中央颁布的《意见》明确指出主体功能区战略格局要精准落地于市县层面，2019年8月，中央财经委第五次会议，习近平总书记再次强调"完善和落实主体功能区战略，细化主体功能区划分……"，进一步深入研究如何从县域范围出发，深化主体功能区概念应用，考核土地资源配置效率（尤其是土地资源空间配置效率），科学研究土地资源利用空间管制策略并系统设计配套考核—激励机制就成为当前我国亟须破解的现实问题。因此，本书从优势区配置（竞争）的形成演变出发提出国土空间主体功能区治理基本原理，力求打通县域主体功能区空间边界落地"最后一公里"，挖掘县域国土空间主体功能区治理在国家治理体系和治理能力现代化要求下土地资源空间配置现实问题，设计县域国土空间主体功能区治理模式下土地资源空间配置管制机制与政策体系，具有重要的现实价值与实践意义。

第二节 研究综述

一、土地资源（利用）配置效率研究

（一）关于土地资源（利用）配置效率评价研究

通常，土地资源（利用）配置效率评价具有多因素复合、多层次差异、多角度目标等特点，是一个复合型且协同运作的系统。从狭义角度来看，土地资源（利用）配置就是土地资源空间布局和开发利用。因此，本书从评价指标体系、评价方法和评价尺度三大核心要素方面把握有关土地资源（利用）配置效率评价研究动态。

1. 评价指标体系

一般而言，评价指标体系是由多个单一指标组成的具有特殊针对性的综合体，尽可能地贴合区域实际并反映评价所需考虑的全部要素。因此，土地资源配置（利用）效率评价指标体系必须考虑多方面、综合性要素。我们的研究大都基于投入（Input）和产出（Output）两个维度建立效率评价指标体系（Zhang，2016；胡宗楠 等，2017；金贵 等，2018）。李璐等（2018）根据城市经济学理论构建了土地、资本等投入要素和经济效益的产出要素的评价指标体系，探讨长江经济带城市土地利用效率分异状况。陈逸等（2017）在结合《全国土地利用总体规划（2006—2020年）》中建设用地指标分配的基础上，选取了建设用地面积、全社会固定资产投资等投入指标和第二、三产业增加值的产出指标分析了江苏省13个地级市城镇建设用地配置效率时空差异。Chen等（2018）在分析了产业转移对工业用地效率影响机制的基础上，选取工业固定资本等投入要素和人均GDP等经济产出要素探究了中国产业转移对工业用地效率影响。

　　随着研究的不断开展，有关土地资源（利用）配置效率评价的指标体系也在日趋完善，评价指标体系的选取角度也有所突破。对原本单一的投入和产出角度的评价指标体系进行了进一步细分，有学者把"产出"要素进一步划分为"期望产出要素"和"非期望产出要素"并展开相关研究（Hailu et al., 2001；Tone, 2003；李菁 等，2017；樊鹏飞 等，2018）。同时，学者们也从其他方面探究了土地资源利用效率评价指标体系。例如，董爱晶等（2017）从利率结构、投入程度、利用程度和可持续发展趋势四个方面构建指标体系评价了黑龙江省村级建设规划前后土地资源利用效率的变化。卢新海等（2018）从规模效率、结构效率和集聚效率三个维度设计了城市土地利用效率指标体系，并对长江中游城市群展开了实证研究。此外，也有学者从"经济、社会、生态"（张雅杰 等，2015）和"利用结构、利用效益"（郭施宏，2017）等角度建立评价指标体系。

2. 评价方法

　　土地资源（利用）配置效率评价是诸多要素相互作用、相互影响的结果。因此，土地资源（利用）配置效率评价实际上是多维要素进行数理量化综合处理与运算的结果。国内外学者基于不同的评价指标体系构建方式（方法）选取了不同的评价方法，并对其进行了有益的尝试。从现有文献来看，有关土地资源（利用）配置效率评价的研究方法主要有：单一的Malmquist指数（熊建华 等，2017；李娜 等，2018）、单一的DEA模型（Charnes et al., 1978；Nguyen et al., 2012）、DEA模型与Malmquist指数（华吉庆 等，2018）、超效率DEA（任惠 等，2018）、改进的DEA模型（张雅杰 等，2015）、DEA模型与C^2R模型（周峰 等，2014）、VRS-DEA模型与Malmquist指数（施建刚 等，2017）、超效率SBM-Malmquist-Tobit模型（马晓君 等，2018）、

SBM-DEA和Malmquist模型（陆砚池 等，2017）、内生方向距离函数与meta-frontier方法（王建林 等，2017）、随机前沿生产函数（Battese et al.，1992；Aigner et al.，1977）、土地税法模型（孟成 等，2016）、脱钩模型（黄和平 等，2016）等（图1-1）。此外，也有学者将3S与数学模型相结合开展研究（UNECE，2008；何英彬 等，2009）。

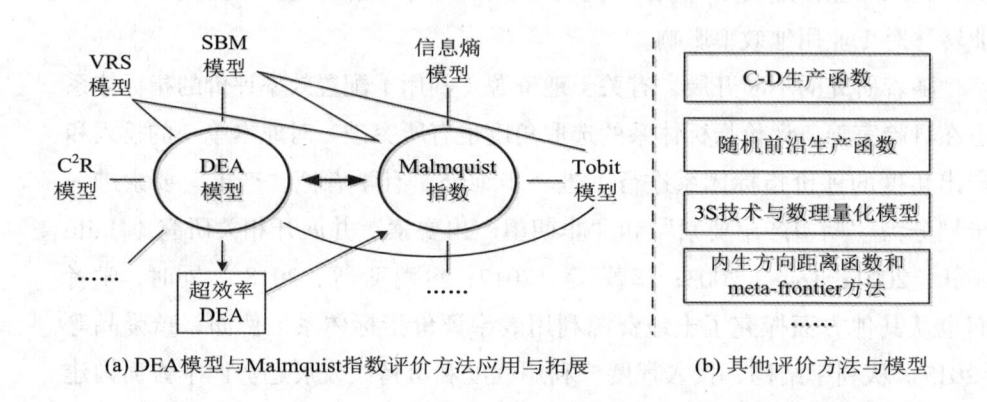

(a) DEA模型与Malmquist指数评价方法应用与拓展　　(b) 其他评价方法与模型

图1-1　现有研究主要评价方法图

因此，有关土地资源（利用）配置效率评价方法逐步从单一的评价方法向多方法综合运用的方向发展，通过多方法综合运用能够克服单一方法的局限，实现方法间的优势互补，这能够在一定程度上提高研究结果的科学性与准确性，但缺少空间计量方法的应用。同时，结合实际评价需要，改进并完善评价方法也能够推进评价结果与研究区域实际情况的一致性和合理性。但应该看到，评价方法和模型的选用应该结合研究的实际情况，科学的评价方法是确保评价结果准确度的重要保障。

3. 评价尺度与对象

评价尺度与对象是开展土地资源（利用）配置效率评价的关键性环节之一，不仅能够影响评价指标体系选取，而且能够体现出研究结果的差异性。现有研究评价尺度与主要对象见图1-2。当前，评价尺度主要集中在两大方面：一是以行政区域为依据，例如行政区划的国家、省级、市（县）级尺度；二是以经济带（区）或城市圈为依据，例如长江流域经济带等。评价对象基本聚焦于土地资源，且多从用地类型入手，例如按土地利用类型划分的建设用地、农用地，按土地利用现状分类的耕地、工业用地、宅基地等，也有部分学者考虑到水资源保护开展了土地利用效率评价（Speelman et al.，2008；梁慧稳 等，2009；蒙吉军 等，2017）。

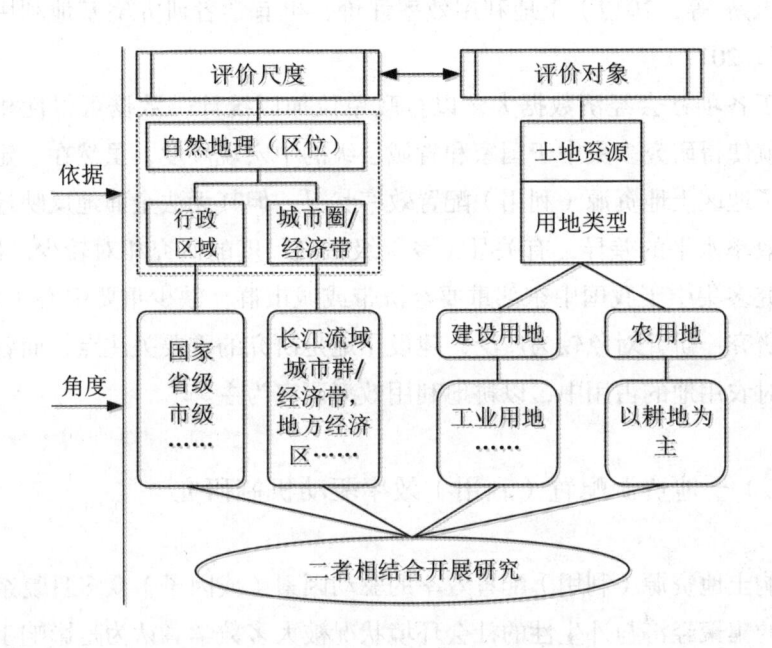

图1-2 现有研究评价尺度与主要对象

从行政区域上看，朱孟珏等（2018）以282个地级以上城市的土地利用效率演化特征来把握2000—2015年中国城市土地利用效率的时空差异。蔚霖等（2017）对河南省城市土地利用效率评价发现该省城市土地利用效率时间上具有显著的阶段变化特征，空间上呈现"中部聚集—边缘分散"特征。谢曼曼等（2015）对吉林省土地利用生态效率评价表明该省土地利用生态效率区域差异明显，总体上呈现中部低—东西部高的空间分布规律。同时，也有学者从市级角度探讨了南京市（纪陈飞 等，2015）、大连市中山区（李雪铭 等，2017）等土地利用效率问题。从经济带（区）或城市群来看，国内学者多集中开展长江中游城市群（李长健 等，2017；卢新海 等，2018）和武汉城市圈（柯新利 等，2014；张俊峰 等，2016）土地利用效率研究，也有学者开展了地方经济区的土地利用效率评价（谢花林 等，2016；沈怡静 等，2017）。用地类型上，学者们主要进行建设用地（钟成林，2015）、农用地（Wang et al.，2012）、工业用地（Tu et al.，2014；郭贯成 等，2016）、耕地（张玉娇 等，2017）土地利用效率评价，也有学者研究宅基地利用效率（沈素素，2017）。

　　由于各项社会经济数据大多以行政单位加以统计，数据可得性相对较高，这就使得研究多集中于国家和省域层级的中宏观尺度，虽然在一定程度上反映了地区土地资源（利用）配置效率状况，但其无法全面地反映地区内部之间效率水平的差异，有关县（乡）级微观尺度的研究相对较少。同时，现有研究多集中于我国中东部重要经济带或城市群，缺少重要中心（核心）城市的研究。研究对象较为广泛，建设用地是研究的重要关注点，而各项建设扩张对农用地的占用中，以耕地利用效率研究为主。

（二）土地资源配置（利用）效率驱动机制研究

　　影响土地资源（利用）配置效率的驱动因素（或因子）众多且复杂，但内生性的集聚经济与外生性的社会环境状况被大多数学者认为是影响土地资源（利用）空间配置效率的主要因素（赵小风 等，2017）。资本、人口集聚与技术进步是推进社会经济发展的重要驱动力，能够促进经济发展的集聚效应。资本有机构成提高有助于土地利用效率的提升（梁流涛 等，2017）。李佳佳等（2015）在分析城镇化对城市土地利用效率影响研究时表明城镇化率具有显著的区间效应，且呈负相关性，单位土地资本投入、产业结构等对城市土地利用效率也具有明显的影响。也有学者通过探究城市化与土地利用的关系分析其对土地利用的影响（Li et al.，2010；Wu et al.，2011；Siciliano，2012）。而人口（劳动力）状况与土地利用效率具有直接关系，例如劳动力老龄化状况越严重，对土地利用效率会产生消极的影响。对城市建设用地效率实证研究表明，资本投入，特别是外资的直接投入显著地抑制了城市建设用地效率的提升效果（钟成林 等，2015）。但也有学者指出，城镇投资的扩张并没有带来用地效率的提升（陈真玲 等，2017）；而对工业用地而言，特别是资源型城市工业用地，资本、行业规模，以及企业集聚程度等是影响其效率状况的主要因素（崔新蕾 等，2018）。赵凯等（2013）对江苏省用地效率研究指出，资本集聚更加促进该省土地利用效率的提升。

权力制度、产业结构、市场化程度等外生社会环境因素对土地资源（利用）配置效率有着明显的影响。权力与制度因素是影响区域经济增长效率与土地利用最为重要的因素。明晰稳定的产权制度、有效的土地公共管理制度，以及各项规划制度是提高土地利用效率的重要保障（Choy et al.，2013；Tu et al.，2014），其关键在于构建与城镇化进程相适应的土地制度（桂华，2018）。钟成林等（2016）研究表明不同配置方式的农地发展权对中国城市建设用地利用效率的影响具有显著差异，且其空间作用效率也具有明显的差异。产业结构也是一个重要因素，产业结构优化及其发展水平与工业用地效率状况具有密切的关联（刘向南 等，2016）。陈伟等（2014）对我国省域工业用地效率影响因素分析表明工业用地效率与产业结构水平具有正相关性。同时，市场化程度也对土地资源利用效率具有显著影响（Gao，2014；Du，2014）。通常，不同的市场交易方式直接反映了市场化程度，市场化程度越高，土地利用效率越高（洪开荣 等，2016）。此外，城市土地利用效率也受交通等基础设施状况（李璐 等，2017）、城市与园区规模大小（Cainelli，2008；Ben et al.，2011）的影响。

（三）土地资源配置（利用）效率实现路径研究

社会经济发展与工业化、城镇化进程推进都会在一定程度上出现土地资源空间配置与利用问题，特别是受城镇化进程的影响，城镇建设用地扩张侵占耕地、林地等国土资源空间导致区域城镇发展、农地与生态保护之间的矛盾日益凸显（Deng et al.，2010；Alistair et al.，2015）。同时，粗放地城镇土地利用模式造成了诸如建设用地结构不合理、空间布局零散和用地效率低等一系列土地资源（利用）空间配置问题（傅伯杰 等，2014），制约着城市经济发展（Seto et al.，2003；Ding et al.，2011）。因此，提高土地利用效率已成为保障区域可持续发展和加强土地资源管理的内在要求，同时要做到因地制宜，不同用地类型或不同经济区域应差别化实施管理。

提高土地利用效率是推进自然资源配置效率的关键，其重点在于建设用地空间配置效率的提升。城市建设用地空间配置效率的提升应该重点从产业结构、土地利用市场化水平入手，通过合理布局和优化产业发展模式与格局，提升土地市场化水平推进用地效率的提高（张立新 等，2017；Gianni et al.，2017）。对于农村集体建设用地来说，用地配置效率的症结在于制度本身，必须以农地产权明晰为基础，革新征地制度，完善土地市场交易机制赋予农民完整的土地财产权（林卿 等，2018）。通常，建设用地中（以城市建设用地为代表），工业用地备受关注，而不同城市工业用地效率差异较大。提升城市工业用地利用效率更要注重行业的规模化经营，充分发挥行业集聚规模效应（郭贯成 等，2014），科学规划工业开发区，推进技术创新（王飞 等，2018）。合理配置各项生产要素也是提升工业用地效率的重要手段（崔新蕾 等，2018）。对于农用地效率，栾敬东等（2018）指出乡村振兴背景下，提升耕地利用效率应优化耕地布局，调整农业产业结构，推进农业转型升级；要推进农用地规模经营，降低耕地资源利用强度（Shi et al.，2018）。Hung 等（2017）认为提升农地利用效率应明确农业与环境综合指标。同时，由于区域差异，要充分结合区耕地利用效率影响因素，从实际情况出发，有针对性地制定具有差别化的农业发展政策，为提高耕地利用效率提供保障（Wang et al.，2013）。

从经济带（区）土地资源（利用）配置效率提升角度来看，提高长江经济带城市土地利用效率要突破行政壁垒，突出区域特点以完善区际城市土地利用规划，实现区际城市土地利用的协调发展（税丽 等，2018），要着重发挥城市发展与资源利用协同作用，注重生态保护，加大用地效率低下地区的投入与扶持（陈丹玲 等，2018）。加大固定资产投资、完善基础设施建设等是提高经济区土地利用效率的重要措施（刘彦花 等，2017）。在注重区域经济发展的同时，应突出区域生态保护以推进区域城乡均衡发展（吕添贵 等，2017）。

二、土地资源空间管制研究

（一）关于土地资源空间管制的基础理论研究

有关土地资源空间管制相关理论研究最早可以追溯到20世纪20年代派生的生态学派对城市用地空间结构的直观辨别。生态学派主要通过描述性的历史分析方法来概述城市土地利用历史演化趋势与空间演变规律，主要以轴向增长理论、同心圆理论、扇形理论和多核理论等为代表，其中，轴向增长理论、同心圆理论和扇形理论被学界统称为"三大经典生态区位理论"（刘盛和 等，2001）。Charpin 等（1967）把这些理论统称为"城市土地利用的理论基础"，但Bardo 等（1982）指出，并没有哪一种模式能够很好地适用于城市用地研究，而轴向增长理论、同心圆理论和扇形理论在不同的程度上适用于不同的城市。随后，区位理论（包括农业区位论、工业区位论和城市中心理论）在一定程度上更为突出地丰富了土地利用空间结构优化研究理论基础（刘盛和，2002）。20世纪60年代，考虑到不同地价水平土地资源空间配置问题，Allson提出了不同区位土地用途差异化造成土地支付能力各异，进而促使地价不一（Oscar，1982），即"阿隆索地租理论"（Yeh et al.，1996）。同时，政治经济学派又从政治经济学角度揭示了土地资源的运作机制与空间配置模式（Alonso，1960；Sui，1998），这对有效且科学地理解城市土地利用社会驱动力作出了重要的贡献（杨海泉等，2015）。面对快速城市化进程中，城市空间蔓延导致土地资源刚性需求增加，20世纪70年代，Dantzig等提出了"紧凑城市（compact city）"发展概念（高春花，2018），从结构、功能等方面有效提高土地资源空间配置能力，挖掘有限空间的经济精致发展模式。同时，面对资源有限性和资源增长极限，世界环境与发展委员会（WCED）提出可持续发展战略，强调资源利用与环境保护的可持续性。美国规划师协会（APA）又进一步提出"精明增长（smart growth）"理论（Gabriel et al.，2006），主张通过控制城市（空间）增长边界来抑制城市（空间）蔓延侵占土地等现象或问题。此外，当下的资源多样化集约利用（包括空间利用集约化、空间功能性整合等理念），特别是生态文明和主体功能区建设理念对土地资源利用提出了新的时代要求，尤其在对土地利用效率的理解和认识方面。

（二）国内外土地资源空间管制的起源与发展

土地资源空间管理是世界各国（各地区）社会经济发展、城镇化与工业化推进过程中重要的管制内容。由于自然资源禀赋差异和资源稀缺性，人口日趋增加与经济结构调整对自然资源刚性需求引发一系列社会问题与矛盾，其中备受关注的是土地资源空间配置矛盾。

在国外，市场经济体系较为完善，土地资源配置（或利用）多从地理空间上依据人口与经济活动安排，而土地资源空间配置问题的管理及解决方案离不开空间规划（包括城市规划、国土规划等）（刘慧 等，2008），这源于国土资源是承载一切经济社会发展的重要载体。19世纪中期到20世纪初期，世界主要西方国家步入快速工业化时代，人口、资本与产业等要素向城市集聚，为合理布局自然资源生活、生产和生态空间开展了一系列国土空间规划理论探讨和实践探究。这最早起源于20世纪初的德国——把全国划分为若干区域，且区域之间相互联系（Schwarz，2011；Pahl et al.，2015）。随后，为应对世界经济危机，墨西哥（20世纪初，Roberto，2006）、英国（20世纪20年代，Ministry of Housing，Communities&Local Government，2015；杨东峰，2016）、法国（20世纪50年代，French Ministry of Foreign Affairs，2006）、荷兰（20世纪60年代，Schrijnen，2000；Van Eeten et al.，2000；Bontje，2003）等国陆续开展了符合本国国情的全国性国土空间规划（或城市空间规划），同时，欧盟在20世纪80年代开启了跨国、跨区域的国土规划（European Union，2003）。由于西方国家国土资源空间利用与管理起源较早，发展体系较为完备，现已探索出符合本国国情的土地资源空间管制理念、方法、体系与模式，例如德国的垂直空间监管与规划体系（ARL，1999；王筱春 等，2013）、荷兰的地域生态空间规划与管控模式（Alpkokin et al.，2012；Halleux et al.，2012）等。

作为农业大国、人口大国，我国土地资源管理的重点仍在于国土（土地）资源空间布局（或配置），而国土资源空间规划体系的编制就是为了合

第一章 绪 论

理且有效地推进国土资源的开发与利用，国土空间规划的实施就促进了土地资源的空间利用，二者之间相辅相成。有关国土资源空间规划与利用最早可追溯到1935年，我国地理学家胡焕庸提出的"胡焕庸线"（胡焕庸，1935）被称为我国最重要的地理发现之一，该线揭示了国土开发与人类活动在空间上的集聚性与非均衡性的规律（张晓玲 等，2017）。1949年新中国成立之后，优化国土资源空间格局、规范国土资源空间开发秩序、合理推进国土资源空间利用的理念一直贯穿着整个国民经济和社会发展过程。基于国家政策文件的出台与实施，结合我国国土资源空间规划与利用发展经历，大致可归纳为萌芽阶段、逐步成型阶段、试点探索阶段、发展完善阶段四个阶段（图1-3）。

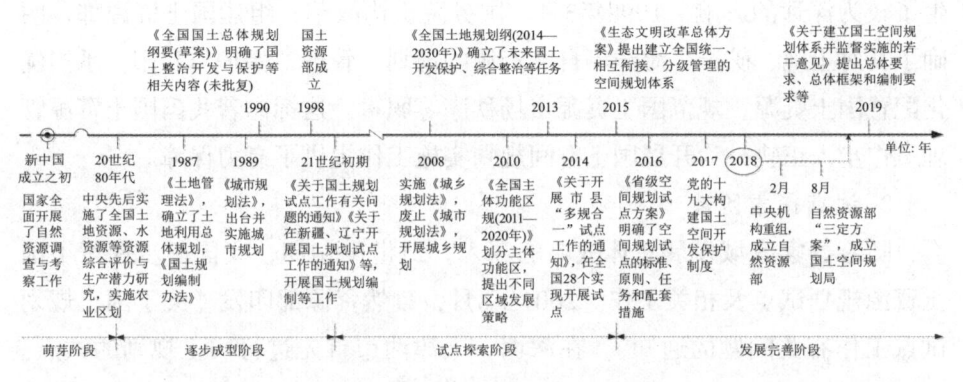

图1-3 新中国成立以来我国国土空间管理发展重要节点时间轴

1. 萌芽阶段

新中国成立初期，百废待兴，为系统地厘清并掌握全国自然资源基本状况及其分布规律，中央筹备并成立地质矿产资源管理部门，组织开展了大规模的有关自然资源数量、质量等方面的科学考察和研究工作。到了20世纪80年代初，面对全球日益突出的生态环境问题，联合国世界环境和发展委员会（WCED）提出可持续发展战略（WCED，1987）。届时，国内学界和决策管理部门也深刻地认识到合理开发与利用自然资源、加强生态环境保护的迫切性。因此，国家在全国范围内先后开展了有关土地资源、水资源、农业资源等资源综合生产潜力测度及相关研究，并进行了农业区域划分。同时，结合国土整治任务要求，进行了区域资源开发与经济发展相关研究。这为我国国土空间规划奠定了资源基础，并提供了科学依据。

2. 逐步成型阶段

为了加强国土规划工作，1987年1月，《土地管理法》正式实施，土地利用总体规划得以确立。同年8月，国家计划委员会印发的《国土规划编制办法》确定了国土规划任务，明确地区自然资源布局与开发规模以及人口、生产与城镇格局。同时，为确定城市规模及其发展方向，1989年出台《城市规划法》，制定并实施城市规划。1990年，国家计划委员会牵头编制《全国国土总体规划纲要（草案）》，由于诸多原因，该草案未正式获得国务院批复，但其南水北调、三北防护林等有关国土开发、整治与保护的重大工程仍得以实施，这些国土空间开发战略性思想对后来我国国土资源开发与空间布局产生了较为深远的影响。1998年3月，国务院机构改革，组建国土资源部，明确了其对土地、矿产、海洋等自然资源的规划、管理、保护与利用，承担优化配置国土资源、规范国土资源市场秩序等职责。这标志着我国国土资源管理工作步入正轨，为开展国土空间规划实施工作提供了有力保障。

3. 试点探索阶段

随着国家区域发展总体战略的深入，21世纪初期，我国逐步探索了国土资源规划试点及相关工作。2001年8月，自然资源部印发《关于国土规划试点工作有关问题的通知》，在深圳、天津两市首先进行国土规划的试点。2003年6月，再次印发《关于在新疆、辽宁开展国土规划试点工作的通知》，进一步在新疆、辽宁等地展开试点工作。2004年9月，广东省被纳入试点。这些试点工作相继取得了诸多成果。随着试点工作不断进行和社会主义市场经济深入发展，此阶段国土空间规划也逐步发展。"十一五"期间，为满足经济发展需要，更好地优化国土空间格局和加强管理，2008年起，自然资源部陆续在重庆、广西、福建等地部署试点工作。同年，为协调城乡空间布局，第十届全国人大常委会通过并实施《城乡规划法》，废止1989年的《城市规划法》，开展城乡规划工作。2010年12月发布第一部全国性国土空间规划《全国主体功能区规划（2011—2020年）》，在国家层面上明确划分了主体功能区，提出切合区域实际的发展策略。这对国土空间规划产生了积极影响，但存在规划实施落地难、保护主体模糊等问题。为此，2013年初，自然资源部、发展和改革委员会（以下简称发改委）共同组织编制的《全国国土规划纲要（2014—2030年）（草案）》确定了未来国土开发、分类保护、综合整治、配套政策完善等任务。2013年11月，中共十八届三次会议通过《关于全面深化改革若干重大问题的决定》，指出构建空间规划体系，划定"三生（生产、生活、生态）空间"开发管制边界，落实国土空间用途管制基本职责。这确立了国土空间规划基础性、综合性和战略性作用。2014年8月，财政部、科技部、工信部和发改委下发《关于开展市县"多规合一"试点工作的通知》，提出在旅顺口区等全国28个市县开展"多规合一"试点，以探索多规合一思路和完善市县空间规划体系，但实施过程中采用"拼凑模式"来"合一"规划，造成其标准与流程并不统一。

4. 发展完善阶段

面对资源约束趋紧等严峻形势，国家提出生态文明建设理念，国土空间源头保护在生态文明建设中占据主导地位。因此，为寻求适应时代要求的国土空间规划体系，中共中央、国务院在新形势下进一步开展了工作部署。2015年4月，《关于加快推进生态文明建设的意见》指出"国土是生态文明建设的空间载体。要坚定不移地实施主体功能区战略，健全空间规划体系，科学合理布局和整治生产空间、生活空间、生态空间"。同年9月，《生态文明体制改革总体方案》提出构建以空间治理、结构优化为核心，"全国统一、相互衔接、分级管理"的空间治理与规划体系。这为实现上下联结、规范统一的国土空间规划工作提出了新的更高要求。因此，中共中央、国务院在2016年12月进一步出台了《省级空间规划试点方案》，在明确空间规划试点目标、主要任务等内容的基础上确定河南、浙江等全国9个试点省份。2017年1月国务院印发的《全国国土规划纲要（2016—2030年）》对国土空间开发等作出总体部署与统筹安排。同年10月，党的十九大指出构建国土空间开发保护制度，完善主体功能区政策及相关配套政策，在一定程度上把国土空间规划提升到了制度层面。2018年2月，中共十九届三中全会通过《中共中央关于深化党和国家机构改革的决定》，组建自然资源部，统一行使"所有国土空间用途管制"等职责，"强化国土空间规划对各专项规划的指导约束作用"，推进"多规合一"，这使得国土空间规划得到深入规整与完善。同年8月，中共中央办公厅发布自然资源部"三定方案"，明确提出成立国土空间规划局，负责空间规划政策拟定，承担空间规划体系构建工作，并实施与监督。至此，我国国土空间规划已形成权威机构统领管理职能时代。随后，2019年5月，中共中央、国务院《关于建立国土空间规划体系并监督实施的若干意见》指出国土空间规划总体要求、总体框架和编制要求等，为我国国土空间规划的编制提供了重要依据。

在这一发展历程中，我国国土空间规划虽然在逐步推进与完善，但仍处于纵横交错的状态，尚未形成统一有序的格局体系，国土空间规划实施任重道远。与此同时，伴随着经济社会快速发展、科技水平不断革新，人地关系在时空格局上发生着巨大变化，对强调生态优先、人本理念的国土空间规划提出了更具时代意义的更高要求。

（三）土地资源空间管制问题与治理模式研究

土地资源是社会经济发展的重要基础，科学且有效地加强土地资源管理和治理是十分必要的。目前，土地资源管理主要存在着空间开发格局不合理、资源利用效率较低、资源管理机制体制不完善、土地资源保护措施不力等问题。因此，加强土地资源管理应更加注重人与自然的协调关系，强化国土空间用途管制，优化国土空间结构布局（尤喆 等，2018），同时要实行最严格的管理制度，加强空间治理，保护空间格局（宫玉泉，2018），努力提升政府的治理能力。但是，传统政府治理存在着多层次委托代理引发的较高监督成本的缺陷，而低成本的社区治理模式可以作为改善土地资源管理的潜在方案（李维，2018）。另外，王峰等（2018）提出要处理好土地资源管理市场与政府之间的关系，完善土地资源管理服务体系。

近年来，伴随着社会经济快速发展以及城镇化与工业化进程的不断推进，城市无序蔓延与扩张导致不合理的土地资源利用方式和空间结构配置效率问题突出。而经济发展和工业化水平的高低通常直接关系到土地资源配置效率问题，前者与土地资源利用效率呈正相关，后者与之呈负相关（张雄化 等，2014）。陈迅等（2013）在探讨土地资源利用效率与城市化关系中提出，要重视土地资源利用效率的抑制行为，结合地区实际制定切实可行的政策制度，以提高资源利用的经济效益和生态效益。同时，面对日益增长的人口数量和紧缺的自然资源，运用动态效率标准配置土地资源是一种贴合实际的方法（张敏 等，2010），有利于保障土地资源的可持续利用（Meine，2017）。在生态文明建设需求和可持续发展要求的当下，生态保护与国土空间规划具有直接的关联，然而部分地区仍存在土地资源管理部门对生态红线划定工作参与度不高的问题，强化部门工作协调度和参与度仍十分必要（戴永吉 等，2018）。然而，这一系列问题的解决和措施的实施都离不开完善的政策法律体制。樊笑英（2018）认为在推进现有政策制度和法律法规完善工作的同时，在修订各类资源单行法的基础上，应进一步筹备"自然资源法（总纲）"的制定工作。当然，一些非政府组织行为在一定程度上也对土地资源的管理有着积极影响（Adenew et al.，2018）。此外，大数据背景下，应加强土地资源综合管理的"数字化基础"。

三、主体功能区研究

主体功能区反映了区域资源（用地）类型的差异以及区域经济发展重心。无论是国外还是国内，主体功能的特征主要表现为国土资源在空间上的分布及其空间功能格局状况，其内容包括提供工业与服务产品、农产品的生产与生活主体功能区域和提供生态产品的生态主体功能区域。伴随着经济转型发展和资源格局配置需求，功能区的显化引起了学者们的关注和研究。主体功能区划是在我国特定时期提出的具有中国特色的经济发展模式，而国外没有直接研究。

（一）主体功能区认知及理论价值应用研究

主体功能区是我国当代经济社会发展观的重要体现与创新（姜莉，2017），其划分目的在于实现空间有序发展上的均衡（钟海燕 等，2011）。在国外并无主体功能区的说法，与之相接近的是国外的规划分区。1927年，德国近代地理区域学派代表人物Alfred Hettner提出了区划概念。William（1974）提出了土地租用空间模式和劳动力规模以及工资水平或效率下如何改变土地分配问题，并进一步分析了土地分配政策问题。同时，规划分区下探究资源合理开发与保护也是国外学界关注的研究点，Progodzinski 等（1990）指出了分区管制对经济主体的影响，并从理论上探究了其对已开发土地资源价格的影响。Atkinson 等（1996）认为分区会造成城市人口密度的降低，迫使人口外迁，导致城市蔓延而造成土地资源的需求增加。另外，国外有关主体功能区相关研究主要体现在标准区域和问题区域划分上，例如美国的标准区位把地区划分为区域经济地组合区、经济地区和成分经济地区三种类型；欧盟采用标准地区统计单元目录（NUTS）分析区域经济发展状况，并开展区域政策实施与定位；而巴西按照规划类型将全国划分为疏散发展区、控制膨胀区、积极发展区、待开发区和生态保护区，这一划分标准与我国主体功能区的划分相似（袁朱，2007；俞奉庆，2013）。而我国早在2000年就提出了主体功能区发展理念，2006年从国家层面提出了"主体功能区"概念，2011年又出台了《全国主体功能区规划》。2017年，中共中央《关于完善主体功能区战略和制度的若干意见》指出"建设主体功能区是我国经济发展和生态环境保护的大战略"，把主体功能区建设提升至国家建设战略层面。因此，随着主体功能区从规划层面逐步上升至战略和制度层面，学者们对主体功能区认知也达成了共识——具备环境承载力、资源禀赋状况、区域产业布局现状、地区开发密度与经济发展潜力等条件差异，即兼顾自然、经济、生态要素，但有关主体功能区的内涵界定却存在认知分歧，这一分歧主要从认知角度中得以体现。从已有研究来看，对主体功能区的认知视角大致可以分为国土空间开发与规划视角（魏后凯 等，2007；冯德显 等，2008）、空间功能单元视角（朱传耿 等，2007；李宪坡 等，2008）和功能区属性视角（陆玉麒 等，2007；张可云 等，2007；樊杰 等，2007）（图1-4）。

第一章 绪 论

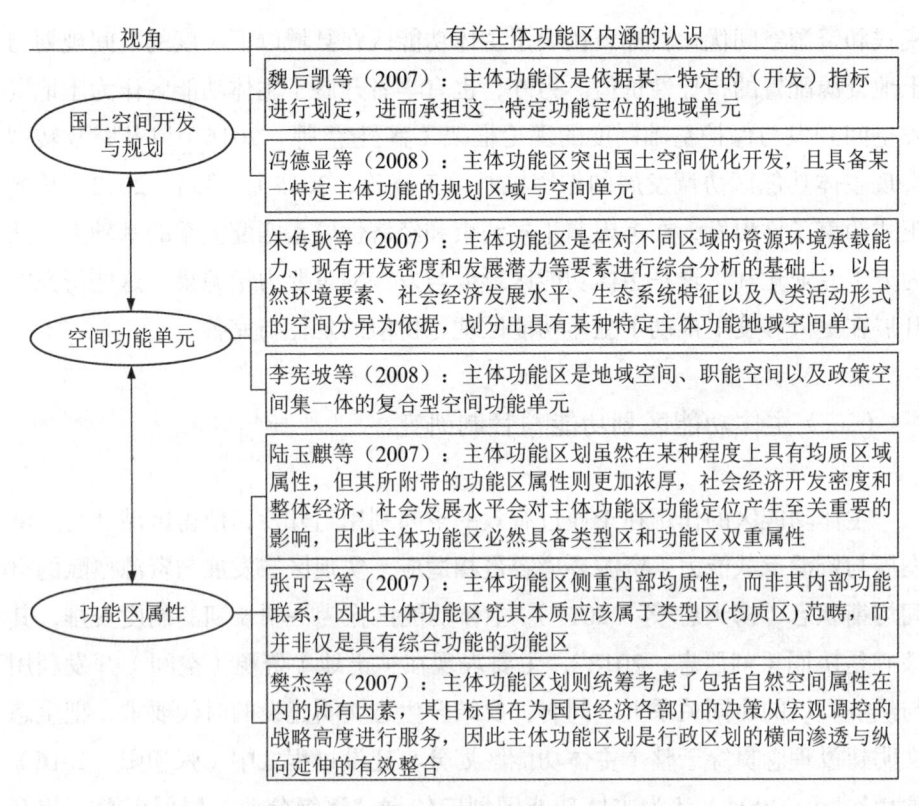

视角	有关主体功能区内涵的认识
国土空间开发与规划	魏后凯等（2007）：主体功能区是依据某一特定的（开发）指标进行划定，进而承担这一特定功能定位的地域单元
	冯德显等（2008）：主体功能区突出国土空间优化开发，且具备某一特定主体功能的规划区域与空间单元
空间功能单元	朱传耿等（2007）：主体功能区是在对不同区域的资源环境承载能力、现有开发密度和发展潜力等要素进行综合分析的基础上，以自然环境要素、社会经济发展水平、生态系统特征以及人类活动形式的空间分异为依据，划分出具有某种特定主体功能地域空间单元
	李宪坡等（2008）：主体功能区是地域空间、职能空间以及政策空间集一体的复合型空间功能单元
功能区属性	陆玉麒等（2007）：主体功能区划虽然在某种程度上具有均质区域属性，但其所附带的功能区属性则更加浓厚，社会经济开发密度和整体经济、社会发展水平会对主体功能区功能定位产生至关重要的影响，因此主体功能区必然具备类型区和功能区双重属性
	张可云等（2007）：主体功能区侧重内部均质性，而非其内部功能联系，因此主体功能区究其本质应该属于类型区（均质区）范畴，而并非仅是具有综合功能的功能区
	樊杰等（2007）：主体功能区划则统筹考虑了包括自然空间属性在内的所有因素，其目标旨在为国民经济各部门的决策从宏观调控的战略高度进行服务，因此主体功能区划是行政区划的横向渗透与纵向延伸的有效整合

图1-4　国内有关主体功能区内涵的认识

传统的区域发展理论为主体功能区的认识及其区划的形成与发展奠定了重要的理论基础。主体功能区在很大程度上是对我国区域经济发展理论的一种创新（孙珊珊 等，2006），其理论价值也在相关研究中得以应用。刘传明（2008）在研究省域主体功能区划时提出了空间供需模型，探索了一套相对完善的省域主体功能区划体系。王华等（2018）在综合考虑内外生比较优势的地区分工模型基础上深入探究了主体功能区划利益驱动机制。高吉喜等（2016）从主体功能区划和生态红线保护关系入手提出了生态红线划定对协调主体功能区划的实践价值。同时，空间均衡理论认为，区域的综合发展取决于经济、社会、生态的整体推进，主体功能区划是为了实现（土地）资源在空间上的优化配置，这需要建立在区域发展空间均衡模型的基础上。据此，张永姣等（2015）借助土地关系理论分析了主体功能区与新型村镇建设模式和资源空间优化目标，拓展了主体功能区在县域以下尺度的空间规划与土地资源配置的指导性价值。另外，也有学者开展了主体功能区作为土地资源空间开发与保护基础制度的理论框架（盛科荣 等，2016）以及财政转型实现主体功能区协调发展的作用机制（王晓玲，2015）。姜莉（2013）从非正式约束条件出发，在考虑非正式约束和经济性要素匹配关系的基础上，认为分工专业化和集聚是主体功能区形成与发展的重要力量源泉。这些研究的开展在更大程度上推动了主体功能区理论价值的延伸与完善。

（二）主体功能区划功能与管制研究

主体功能区的作用在于通过有效的空间利用与开发，使得区域社会经济发展与资源承载能力、资源环境容量相适应，实现区域发展与资源禀赋的空间均衡状态（柳天恩 等，2017）。主体功能区作为一项长期的制度安排，其核心是协同（刘西忠，2018），主要表现在（土地）资源（空间）开发利用与经济发展的协同关系上。同时，要结合生态文明建设的时代要求，把生态文明建设理念贯穿于整个主体功能区划分与建设过程之中（张朝阳，2016）。俞勇军等（2004）认为主体功能区划应依据"逐级分摊—层层汇总—相互衔接"的划分思路，而王敏等（2008）采取了自上而下与自下而上相结合的方法划分主体功能区，也有学者运用综合区划理论与方法（顾朝林 等，2007）、数量综合量化模型（王华 等，2012）来划分主体功能区。

科学的主体功能区划要贴合区域实际状况，在国家层面和省级层面主体功能区划的基础上应进一步推进市（县）级主体功能区划工作的实施，这离不开有效且因地制宜的主体功能区划管制。樊杰（2015）认为主体功能区划的最终目的在于实践应用，要围绕主体功能区的规划、战略和制度全面深化改革，完善奖惩机制和功能配置制度。肖金成（2018）指出应通过健全空间规划体制、加强部门沟通协商等来推进主体功能区战略体制机制的建立，以保障主体功能区战略目标的实现。而洪飞（2018）提出了基于城市规划与主体功能区划的差异性，应将二者结合起来，以促进城市规划的合理性。另外，通过建立规划协调机制，注重"多规合一"在主体功能区划实施过程中的主导作用（黄勇 等，2018）。无论在怎样的管制策略中，生态文明建设和可持续发展要求特别注重资源环境与生态保护，这也是主体功能区划适应时代需求的重要战略举措。主体功能空间管制更应避免"环境悬崖"问题，空间治理需要差别化的民生供给、土地政策和环境保护政策，以倒逼社会经济转型发展（杜黎明 等，2016）。其中，土地政策上应针对不同主体功能区及地区发展需求而差别化实施政策措施（陈昭通，2016）；在环境保护政策上，应依据区域资源环境承载力、开发强度和潜力动态调整政策实施，特别注重生态补偿标准与力度的调整（宋一淼，2008）。

（三）主体功能区与土地资源空间管制关系研究

一般而言，经济社会发展、城镇化与工业化进程会伴随着社会、经济、生态问题，这集中表现为社会经济-生态环境发展空间不协调、区域资源利用失衡且效率低下等问题与矛盾。其中，最为突出的矛盾是空间开发失序，资源要素利用与配置失衡，导致生产、生活、生态空间矛盾凸显，使得人与自然和谐相处遭受破坏。由于主体功能区是我国特有的一种政策概念，在国外基本没有主体功能区与土地资源管理相结合的直接研究。在国外，政策的直接作用是针对问题区域开展的，通过划分标准区域的手段或方式为问题区域相关问题提供解决依据。随着全球化的推进以及人类对于经济社会发展问题的反思，土地资源管理直接关系到经济的可持续增长（Bin et al., 2017）。而在我国，随着时代发展和生态文明建设需要，党的十八大报告把主体功能区建设提升至国土空间开发保护基础制度的战略性地位（盛科荣 等，2018）。而国土空间利用直接关系到区域空间生产效率，其评价既是衡量国土空间开发质量的手段，又是加强国土空间全要素科学监管的依据。

目前，主体功能区与土地资源管理的研究主要集中于主体功能区下的土地资源利用评价研究，学者们多从土地利用评价角度开展主体功能区土地资源利用状况研究。现有评价视角大致包括主体功能区下的国土空间开发利用（土地利用）效率、土地利用适宜度、土地节约集约利用、土地综合分区与布局，以及土地生态安全评价等方面。一是效率方面。李涛等（2015）从投入产出效率视角构建了发展空间-农业空间-生态空间-保障空间"四维"空间评价体系分析了重庆市主体功能区土地空间开发利用的效率状况。林丽群等（2018）对福建省四大功能区建设用地效率的评价研究表明该省不同主体功能区内要素投入产出空间分异显著，且呈现高低值格局的分布规律。二是适宜度方面。孙小涛（2017）在"发展与生态"的主体功能区理念下探究了贵州省盘州市土地利用空间开发适宜程度，研究表明该县发展空间、农业空间和生态空间的适宜程度差异明显。三是节约集约利用方面。程佳等（2013）评价了北京市主体功能区建设用地集约化水平，研究发现建设用地集约利用程度与主体功能区功能定位具有一致性。然而，不同主体功能区域范围内，土地集约利用存在内涵性差异，土地集约利用评价应该对其有所体现（谢正峰，2015）。四是综合分区或布局方面。方瑞欣（2013）从主体功能区划入手研究了土地利用分区布局，并对武汉城市圈展开了实证研究。汤永辉（2017）从县域角度进行了主体功能区土地利用综合分区的研究。也有学者在土地利用布局与分区研究背景下从主体功能区功能总量与空间角度进一步探讨了土地利用（国土空间）结构变化状况（彭志宏，2014；马涛 等，2018）。五是生态安全方面。主体功能区土地生态问题研究是生态文明建设背景下的重要研究内容。王小丹（2013）在主体功能区划背景下分析了广州市土地生态安全状况，研究表明不同功能区土地利用生态安全状况各异，且应实施差别化监管措施。此外，部分学者展开了主体功能区用地调控政策（冯敬俊，2013；叶盛杰，2015）、土地利用模式（王月基 等，2013）、规划管理机制（李志刚 等，2016）等内容的研究。

四、简要评述

基于以上分析可得出以下判定。

其一，土地资源（利用）配置效率及其空间管制研究方面。国内外学者对土地资源管理作了大量理论研究，这些理论和相关研究成果逐渐体现在国家政策制定中。当前我国土地资源管理重心在于国土空间配置与治理问题，且国土空间规划正处于"发展完善阶段"。同时，由于土地是承载一切经济社会发展的重要载体，针对土地资源（利用）配置效率研究，学者们作了大

第一章 绪 论

量定量研究，其方法在不断拓展与完善，评价尺度多与国家和省级层面以及城市圈（或经济区）有关，县域层面研究较少。另外，土地资源管理问题较明确，但多从宏观层面入手，实际操作较空泛，不易落地，政策机制研究有待完善，空间治理边界有待向县域空间深入。

其二，主体功能区研究方面。国外无主体功能区的提法，其相关研究多基于标准区域和问题区域开展空间资源配置与管控。主体功能区划分是我国特定时期提出的具有中国特色的经济发展模式，国外与之相近的是规划分区。有关规划分区理论的探究已经非常成熟，相关理论价值也得以应用。但国内学者对主体功能区内涵认知仍有一定差异，虽然我国从国家和省级层面开展了主体功能区划分，但学界认为主体功能区划是一项长期的制度安排，从不同划分标准和实际需求展开了实践研究。同时，在主体功能区管制过程中发挥国家层面政策制度理念作用的基础上应做到因地制宜。学者们对主体功能区土地资源空间管控或利用评价研究仍然不足，虽然在方法和理论上均开展了相关研究，但是仍处于初步阶段，特别是理论探究需要进一步加强，从理论转向现实应用有待进一步探究。

正是基于文献回顾判断和现实需求启示，随着统一的国土空间规划管理体系建立，主体功能区管理如何在国土空间规划治理中具体运用实现，尤其是在县域、镇村空间治理中科学落地，实现主体功能区与具体空间用途管制边界的精准对接及有效执行，仍然是一个值得关注而且尚未得到充分解决的学术与管理难题。本书试图围绕国土空间治理体系与治理能力现代化目标，从理论上增进对土地资源配置从"资源-经济"优势区竞争到"资源-经济-政策"优势区协作（即主体功能区分工协作）演进规律认识出发，明确县域国土空间主体功能区治理的核心要求，开发能够有机耦合定量评价与治理参与者认知及意愿的县域主体功能区体系及空间边界划分方法，系统设计有利于提升县域土地资源空间配置总体效率与公平性的管理机制及差别化政策体系，这在理论研究和管理实践上均具有重要意义。

第三节　研究目的与意义

　　研究县域主体功能区土地资源空间配置问题，指出主体功能区对土地资源空间配置的现实必要性。同时，在深化主体功能区概念应用的基础上，测定不同主体功能区土地资源空间配置效率及其影响因素（或驱动机制），进一步科学研究土地资源利用空间管制运行机制和政策调控体系，这无论是在强化区域土地资源管控与空间要素配置方面，还是在推进区域乡村振兴与巩固经济建设成效方面均具有重要的理论和现实意义。其中，依据国家和省级主体功能区划分标准，结合地区经济发展与资源利用定位、产业布局结构等实际情况，提出县域主体功能区边界界定方法或标准，能够为各类用地指标空间落地提供一定的依据，也能够为县域主体功能区建设和用地扩展以满足地区经济发展需求提供一定的理论参考和方法借鉴。同时，定量研究县域不同主体功能区土地资源空间配置效率及其影响因素，能够深度挖掘区域土地资源空间配置问题、矛盾、瓶颈等，对指导地区土地资源空间配置调控、改善用地模式与结构布局、增强用地集约度具有重要的现实作用。最后，结合上述分析，进一步探究并设计主体功能区土地资源空间配置运行机制和政策调控体系，为地区改革现有政策制度和管理机制提供直接参考和科学依据，具有重要的实践意义。

第四节 研究的基本框架

一、基本概念界定

（一）主体功能区

主体功能区可理解为特定区域所具有的代表该区域的核心功能。主体功能不一，空间类型就不同。国务院《关于印发全国主体功能区规划通知》指出，主体功能区按开发方式分为优化开发区、重点开发区、限制开发区和禁止开发区；按开发内容分为以提供工业品和服务产品为主体功能的城市地区，以提供农产品为主体功能的农业地区，以提供生态产品为主体功能的生态地区；按层级分为国家和省级两个层面。本书中，主体功能区按开发方式确定类别，是指某一地区综合考虑自身（土地等）资源环境承载力、现有开发密度和未来经济发展潜力等条件而将该地区国土空间范围划分为具有特定主体功能的差别化管制的空间单元。

（二）土地资源空间配置

人类发展历程中，土地资源经历了从"相对丰富"到"日趋稀少"的演变过程，土地资源稀缺性日益凸显，对社会经济发展的约束也逐渐显化。就我国人多地少、农业大国国情而言，土地资源是首要稀缺资源，是各类自然资源的重要载体。如何使有限的土地资源能够有效推进国民经济发展、实现各项建设目标应是土地资源空间配置的首要任务。本书中，土地资源空间配置是在土地经济供给中土地农业用途向非农业用途在空间范畴上的数量分配与利用，遵循两个相互关联的现实目标：一是合理分配土地资源农业用途和非农业用途两大竞争用途，以达到利用过程中空间最优配置状态；二是提高土地资源集约度及其空间结构均衡度。

（三）土地资源空间配置效率

效率是给定投入和技术条件下，最为有效利用资源以满足目标需求的评价方式。通常，给定投入和技术条件下，经济资源的利用能够带来最大可能的满足程度，这是配置效率的简述形式。对于土地资源而言，其自身差别和区域差异意味着具有按照比较优势（优势区）配置、提高土地利用福利水平的现实可能性。这要求该地区应按照土地资源自身差别和空间差异的比较优势进行土地资源用途（数量）综合配置与空间结构布局，追求区域空间边际净收益相等，实现土地资源利用在空间范畴的配置效率最优。本书中，土地资源空间配置效率是指土地资源功能性用途（农业用途和非农业用途）数量在空间范畴上向其（潜在）经济效益最大的区域流动、重组，遵循边际净收益相等原则，实现区域空间土地资源利用效率最大，达到空间均衡配置的帕累托最优。

（四）空间管制策略

空间管制是一种有效资源配置调节方式，是区域规划的重要内容；策略就是实现空间管制目标的计策、方案集合。通过划定地区不同经济建设与发展特性的区域空间类型，制定分区开发标准和控制引导措施，以协调地区社会、经济与生态环境的可持续发展。主体功能区土地资源空间配置在宏观层面包括经济建设分区和生态保护分区。经济建设分区是依据城镇化与工业化建设及其产业空间布局要求等进行分区，包括优化开发区和重点开发区；生态保护分区立足于生态环境保护，着眼于生态经济发展，包括限制开发区和禁止开发区。本书中，空间管制策略主要从不同主体功能分区入手，设计提升土地资源空间配置效率的管制机制，差别化提出空间管控政策。

二、研究范围与目标

本书基于自发、完全市场化的土地资源空间配置方式和有效干预、追求综合效益最大化的主体功能区管制理论演变规律，形成并构建主体功能区土地资源空间配置效率分析及管制的理论框架。以县为单元，依据经济发展与资源利用定位等探究县域主体功能区类型体系、划分方法及边界标准，为展开土地资源空间配置效率分析提供支持。同时，通过实证研究展开主体功能区土地资源空间配置效率及驱动机制分析，挖掘土地资源空间配置策略机制设计与政策调控的重点与难点，为新时期深化国土空间主体功能区管控、提高县域土地资源综合利用效益提供政策机制参考，以期推动县域经济、社会、生态的协调与可持续发展。具体目标如下。

（1）通过从优势区到主体功能区理论脉络和主体功能区与土地资源空间配置理论框架搭建解释现行中国国土空间治理模式下主体功能区对土地资源空间配置影响的作用（或理论）规律。

（2）通过探究县域主体功能区类型体系、边界划分依据与标准，开展县域主体功能区土地资源空间配置效率及影响因素定量研究，揭示县域土地资源空间配置现实问题，为区域土地资源利用空间管制和治理提供依据。

（3）通过探究县域主体功能区土地资源利用空间管制驱动机制，为区域社会经济空间科学布局、提升土地资源利用效率提供参考和方案。

三、主要研究内容

本书在提出完全缺乏政府干预或政府过度干预（地区间无序竞争）导致土地资源空间配置效率损失现实问题的基础上，结合中国转型时期土地资源配置空间治理的时代需求，提出并阐释从土地资源配置优势区到主体功能区的理论脉络，构建主体功能区与土地资源空间配置关系理论机理逻辑框架，在此基础上通过国土空间资源特点（特征）、工业化和城镇化水平均具有典型代表性的江苏省连云港市赣榆区为实证研究区域，探讨主体功能区视角下县域土地资源空间配置效率及其影响因素，深入挖掘县域土地资源空间配置现实问题，设计土地资源空间配置管制策略。因此，本书内容分为"四大部分、八个章节"（表1-1）。"四大部分"包括问题提出和文献回顾、逻辑框架与理论命题、实证研究，以及全书总结部分。

表1-1　本书主要结构与内容

部分	章节	主要内容及分析思路
第一部分：问题提出和文献回顾	第一章 绪论	提出研究问题，梳理国内外研究进展及相关理论，把握现有研究现状，挖掘研究潜质，为研究开展提供方法指导、方向指引和理论依据。提出开展该项研究的目的与意义，明确研究范围并阐明研究思路、研究方法，进而厘清研究基本框架
第二部分：逻辑框架与理论命题	第二章 从土地资源优势区配置到主体功能区管制：一个空间治理逻辑框架	提出土地生长空间演进规律，从优势区出发，探究优势区配置向主体功能区管制的国土空间治理方式转变，从理论论断视角深入剖析主体功能区管制模式，并结合国外经验启示提出新时期我国国土空间主体功能区治理的经济政治逻辑
	第三章 主体功能区与土地资源空间配置：理论分析	基于主体功能区与土地资源空间配置作用关系，从理论上阐释主体功能区对提升土地资源空间配置效率的重要作用及最优空间配置效率的经济学条件，并提出如何基于优势区配置原则明确主体功能区空间边界划分及其监管体系
第三部分：实证研究	第四章 国土空间主体功能区划分的县域样本：江苏省连云港市赣榆区	以江苏省连云港市赣榆区为实证研究区，在明确赣榆区主体功能区划分基本条件的基础上，依据赣榆区主体功能区划分标准和地区经济发展目标定位等实际情况，结合上一级主体功能定位和区域经济发展规划等划分赣榆区不同主体功能区及其空间边界
	第五章 赣榆区主体功能区土地资源空间配置效率	在赣榆区主体功能区划分和土地资源利用现状的基础上，运用C-D生产函数构建量化模型分析赣榆区不同主体功能区及内部土地资源空间配置效率现状

第一章 绪 论

续表

部分	章节	主要内容及分析思路
第三部分：实证研究	第六章 赣榆区主体功能区土地资源空间配置效率影响因素	在把握赣榆区主体功能区土地资源空间配置效率现状的基础上，提出影响因素分析框架，并构建经济计量模型探究影响赣榆区主体功能区土地资源空间配置效率的主要因素及作用关系
	第七章 赣榆区主体功能区土地资源利用空间管制策略	结合赣榆区主体功能区土地资源利用现状和不同主体功能区土地资源空间配置效率差异及影响因素，设计针对赣榆区实际状况的主体功能区土地资源利用空间管制机制，提出政策调控方向
第四部分：全书总结	第八章 研究结论与展望	凝练主要研究结论，并明确下一步研究方向

主要研究内容分析如下。

（1）从土地资源优势区配置到主体功能区管制：一个空间治理逻辑框架。

基于对土地"生长"空间演进规律的思考，围绕主体功能区与传统区位理论内在关系，以演化规律、现实论断、现实选择为研究思路，分别围绕"优势区：传统土地资源空间配置方式""优势区功能转型：主体功能区空间管制理念"两大方面内容，分析中国土地资源配置从遵从优势区竞争原则发展为服从主体功能区分工协作规则的逻辑，探究土地资源优势区配置到主体功能区管制的演化路径，并结合发达国家（地区）规划分区管控模式经验启示，提出"新时期主体功能区战略理念下我国国土空间治理逻辑框架"，探析新时期我国国土空间治理中如何充分发挥主体功能区管理功能，提升国土空间治理水平。

（2）主体功能区与土地资源空间配置：理论分析。

基于从传统优势区配置到服从主体功能区管制的土地资源空间配置理论论断，从理论上界定主体功能区与土地资源空间配置关系及作用机理，围绕主体功能区"前提—基础—方法—目标"这一逻辑分析思路，从理论上阐释主体功能区对提升土地资源空间配置效率的作用及最优空间配置效率的经济学条件，进一步提出如何基于优势区配置原则明确主体功能区空间边界划分——空间边界与治理体系。

（3）县域主体功能区体系构建与空间分析方法应用。

在提出的主体功能区与县域土地资源空间配置理论框架的指导下，选取江苏省连云港市赣榆区为实证研究区。通过调查整理行政区划、自然（土地）要素、社会经济、生态环境等要素信息，分析土地资源利用现状。首先从行政区划与自然地理状况、社会经济发展状况、生态环境状况方面概述赣榆区概况，分析赣榆区土地资源空间配置现状及特征。其次，根据国家和江苏省主体功能区规划对赣榆区主体功能定位，结合赣榆区主体功能定位与用地目标定位等实际情况，设计赣榆区主体功能区边界划分实施方案，探讨赣榆区主体功能区类型、划分标准和边界界定方法，运用GIS空间查询与分析方法获得主体功能区划结果。通过对赣榆区土地资源利用现状和主体功能区划分为下一步赣榆区主体功能区土地资源空间配置效率分析提供支持。

（4）主体功能区土地资源空间配置效率及其影响因素分析。

在分析赣榆区不同主体功能区和主体功能区内部土地资源利用比较优势的基础上，通过对赣榆区不同主体功能区及内部土地资源空间配置效率进行测算，并衡量赣榆区不同主体功能区和主体功能区内部土地资源空间配置效率损失，把握赣榆区不同主体功能区土地资源空间配置状况。然而，不同主体功能区土地资源空间配置效率状况对地区土地资源集约节约利用有着重要指示作用。因此，进一步构建经济计量模型分析赣榆区主体功能区土地资源空间配置效率的主要影响因素，为下一步改革现有政策制度和管理机制提供一定参考。

（5）主体功能区土地资源利用空间管制策略。

基于新时代加大国土空间用途管制战略需求的大背景，首先从宏观层面明确主体功能区对土地资源空间配置的管控重点，再基于赣榆区主体功能区土地资源空间配置效率状况及影响因素，构建赣榆区主体功能区土地资源利用空间管制决策机制，并进一步提出相关政策建议，以期为县域主体功能区土地资源利用空间有效配置提供政策参考。

四、研究方法与数据来源

（一）研究方法

本书通过规范研究、理论与实证研究结合、定性与定量研究结合、实地调研与访谈等多种形式展开相关研究内容的研究，对应到具体研究内容，说明如下。

1. 文献归纳与评述分析相结合的方法

第一章在资料查询与数据收集、整理的基础上，采用资料与文献归纳的方法凝练现实问题，提出研究问题；在阅读现有研究文献、分析相关研究基础理论的基础上，采用总结评述的方法梳理国内外研究进展，指出现有研究的指导作用，并提出现有研究的不足。

2. 理论分析与实证研究相结合的方法

第二章提出从优势区到主体功能区理论脉络，第三章在分析主体功能区与土地资源空间配置关系基础上，进一步明确主体功能区的基础和保障；基于第二章和第三章理论分析，以江苏省连云港市赣榆区为实证研究区，在分析主体功能区划分基本条件和实施方案基础上，构建指标体系划分研究区不同主体功能区，并据此进一步展开研究区主体功能区土地资源空间配置效率及影响因素分析，提出符合研究区实际情况的土地资源利用空间管制策略，涉及第四章、第五章、第六章和第七章研究内容。

3. GIS空间查询与分析的方法

一方面，运用GIS空间查询分析方法，并结合统计数据与资料把握研究区土地资源利用现状，主要是土地资源利用结构、数量（即各类用地面积）、空间布局等状况。另一方面，根据县域主体功能区划分标准及边界界定方法（或依据），并结合研究区经济发展定位和产业布局等实际情况，运用GIS空间分析方法绘制研究区主体功能区划图及土地资源空间配置效率分布图等，用于相关研究内容辅助分析。该方法主要应用于第四章和第五章研究内容之中。

4. 定性分析与定量研究相结合的方法

第三章主体功能区与土地资源空间配置理论关系逻辑主要运用定性的方

法进行分析，第四章、第五章和第六章主要运用定量分析方法探究研究区土地资源利用现状、空间配置效率及影响因素。

5. 实地调研与归纳总结相结合的方法

研究区主体功能区划依据与标准以及土地资源配置现状等均以实地调研的形式进行实地判别，再通过资料数据的整理与分析从客观角度对其展开进一步深入分析。第七章，在总结与把握研究区主体功能区土地资源空间配置问题及效果时，主要采用实地调研与现场访谈相结合的方法。第八章采用归纳总结的方法提炼主要研究结论和政策调整重点，并明确下一步研究方向。

（二）数据来源与说明

本书所用数据主要来自研究区统计数据和调研访谈两个方面。说明如下。

（1）社会经济数据。除特殊说明外，国家层面数据来自相应年份《中国统计年鉴》、中国国民经济和社会发展统计公报；研究区数据来自相应年份《赣榆统计年鉴》、《赣榆年鉴》、赣榆区国民经济和社会发展统计公报，以及赣榆区政府办公室、发展和改革委员会和统计局的统计与调研数据。

（2）土地数据。除特殊说明外，国家层面数据来自相应年份《中国统计年鉴》，研究区数据来自相应年份土地变更数据和自然资源与规划局统计与调研数据。

（3）实证分析所用数据。除特殊说明外，实证所用数据除以上主要来源外，还包括研究区生态环境局、水利局、农业农村局统计与调研数据。

（三）研究思路与技术路线

基于"提出问题—分析问题—解决问题"的研究范式，依据"基础层面（理论脉络/发展规律）—技术层面（空间划分/效率评价/因素分析）—政策层面（机制设计/调控政策）"的研究思路进行研究设计（图1-5）。首先，以转型时期的时代要求为起点提出研究问题，并通过文献梳理和研究论证开展主体功能区与县域土地资源空间配置理论分析，提出研究理论逻辑框架；其次，在研究理论指导下开展县域主体功能区土地资源空间配置效率、影响因素分析；再次，依据研究结果和实地调研情况构建主体功能区土地资源利用空间管制机制和政策；最后，提炼研究结论与展望。

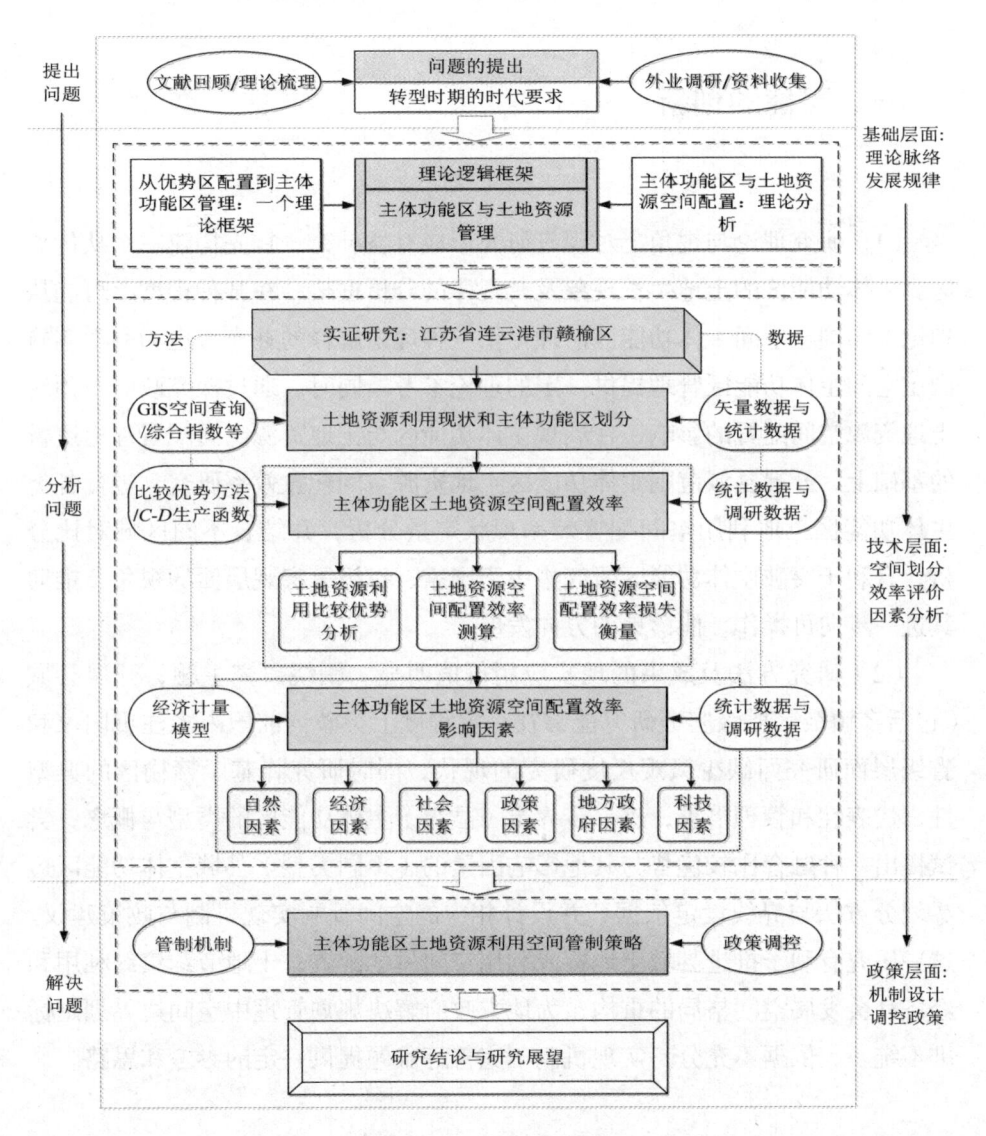

图1-5 技术路线图

第五节　可能的创新与不足

一、可能的创新

（1）研究理论与视角上对现有研究形成有益补充。首先构建一个从优势区到主体功能区的土地生长现象及其规律的分析框架，在某种程度上可能从理论上为国土空间主体功能区治理提供一种理论解释的补充，也为科学实施国土空间主体功能区管理提供一定的理论参考。同时，通过探究政府干预对土地资源空间配置的影响，在展现主体功能区与土地资源空间配置理论逻辑的基础上，开展县域范围主体功能区土地资源空间配置效率研究，进行各类主体功能区土地利用空间配置效率现状定量分析，并结合不同区域对比分析，有利于突破主体功能区研究集中于国家、省级等宏观层面的视角，推动其进一步向可操作、能落地的方向发展。

（2）研究方法及成果的现实应用价值明显。围绕研究主题，开展县域（包括乡镇级）层级实证研究能够在一定程度上突破当前国内多注重国家和省级层面研究而缺少微观尺度研究的现状，同时研究将基于赣榆区的典型性、代表性和管理需求，进一步界定（县级）主体功能区的类型与概念，尝试提出一种融合比较优势与其他影响因素的（不同类型）县域主体功能区边界划分方法与界线设定依据，并设计相应的空间管制实现机制与政策建议。这一研究有利于推进县域土地资源利用空间科学配置、土地节约集约利用和经济社会发展空间格局的重构，为地方政府解决规划管理中空间边界划定标准不统一、依据不充分、实现机制不完善等难题提供一定的参考和思路。

二、存在的不足

虽然笔者投入大量时间（尽可能地）深入学习和加强研究，但由于个人精力和时间限制以及其他各种主客观因素，至少存在以下不足之处。

（1）理论上，主体功能区划分（规划）有利于土地资源空间配置效率的提高，能够在很大程度上提升土地资源利用空间结构均衡布局水平，提高土地资源利用节约集约化程度。本书提出研究区主体功能区划分设想，以主体功能区作为空间区域范围限定，分析了土地资源空间配置效率现状，指出了其效率提高"空间"，而土地资源空间配置效率提高程度需要在实践中进一步探究和论证。

（2）以江苏省连云港市赣榆区为实证研究区，调查和访谈等主要以自然资源与规划局（相关主管部门）为主，兼顾生态环境局、农业农村局及其部分典型企业，研究结果和研究结论可能存在一定的局限。同时，由于主体功能区划分是一项复杂的系统性工程，尤其是落地于行政村范围的空间边界确定存在一定的操作难度和现实冲突，虽然综合现有（有限的）资料进行了赣榆区主体功能区镇域空间单元划分尝试和村级空间单元划分初步探究，但这一研究（结果）远远不够，其合理性有待进一步深入探究与完善（修正），更为深入细致的调研和研究分析有待进一步开展。

第二章　从土地资源优势区配置到主体功能区管制：一个空间治理的逻辑框架

　　我国土地资源空间配置遵从自发、完全市场化的优势区竞争到有效干预、追求综合效益最大化的功能区管制的演变逻辑。本章从土地生长空间演进规律入手，阐释土地资源空间配置的阶段性模式与特征。在对传统区位理论应用于土地资源空间配置的理论思考中，进一步从土地资源优势区配置出发，分析从土地资源优势区配置到服从主体功能区分工协作的作用机理，并结合国外规划分区空间治理经验启示，提出新时期我国国土空间治理中如何充分发挥主体功能区管理功能，解释现行国家治理模式下主体功能区对国土空间治理影响的政治经济需求逻辑。

第一节　土地生长的空间演进规律

一、土地生长认知与内涵

"生长"一词与生物学和医学用语最为切合。《生物医学大词典》中，生物学的"生长"表达为"growth"，医学的"生长"表达为"development"，均为一种动态概念。无论是生物学用语，还是医学用语，"生长"具有发育的基本特征。与《辞海》对其内涵界定一致，即"发育生长"。

土地，属天然资源、自然物质，先于生命系统而存在的最基本的生态环境要素（曲福田，2011），是承载一切生物、资源、环境的母体或源泉，属自然属性范畴。同时，土地具备社会属性，是一切人类活动的物质载体。随着时代的迭代更新，社会经济发展过程中土地资源开发与利用的行为可生动、形象地表达为土地"生命活动（或成长）"的过程，相似表述如《管子·形势解》"故春夏生长，秋冬收藏，四时之节也"中春夏两季万物复苏、不断成长的场景。从宏观层面看，土地生长是一种社会现象或过程，其结构和形态成长（发展）具有连续性和渐变性的特点，也是资源空间领域中的一项事变，并非单一的线性过程，每一个生长阶段都具有其阶段性的时代烙印（即产生一定的阶段性结果），具有不可逆转性；从微观层面看，土地生长是土地资源内部功能单元的成长与分化，各项功能单元如（农业）生产单元、生活建设单元、生态单元等有机配合、紧密相连，彼此间功能用途的有机转换能有效地完成土地资源有机统一体内部的"生理"活动。作为客观物质运动的土地生长，无论是在宏观层面，还是在微观层面，其过程均得益于其内部物质与非物质基础要素和外部环境的共同作用，这也是在人类生产生活（生存）对土地资源基本需求的基础上，土地自身区位等比较优势"吸引"人类选择（行为）及其资本等要素流动下的土地资源利用与开发从无意识、弱意识到强意识演变过程的影响（图2-1）。土地生长初期，人类无意识或弱意识地自发利用土地资源进行生产活动的行为推动了地区发展，促使地区社会经济发展秩序与其周围的社会关系逐步紧密相连。当经济发展达到一定阶段后，地区逐渐出现城镇、市场等初始雏形，尤其是城镇化和工业化的出现，市场机制驱使下土地生长过程中的优势区特征越发凸显，但并非所有区域的土地资源利用都能有效适应这一外部环境的影响，市场竞争存在导致地区土地资源空间结构布局差异的可能，甚至出现优势区土地过度开发、非优势区土地荒置等现象，造成地区土地资源空间配置极不平衡，土地生长路径偏离"正轨"。那么，为解决这一问题，政府通过出台一系列政策（如空间结构重构、产业更新、秩序整治等）加以调控，土地生长的政府宏观调控作用得以体现。因此，在市场作用下，土地生长秩序会随着政府有效干预朝着有利方向发展，而这一发展进程通常是基于土地自身比较优势对人类行为"吸引"的过程。

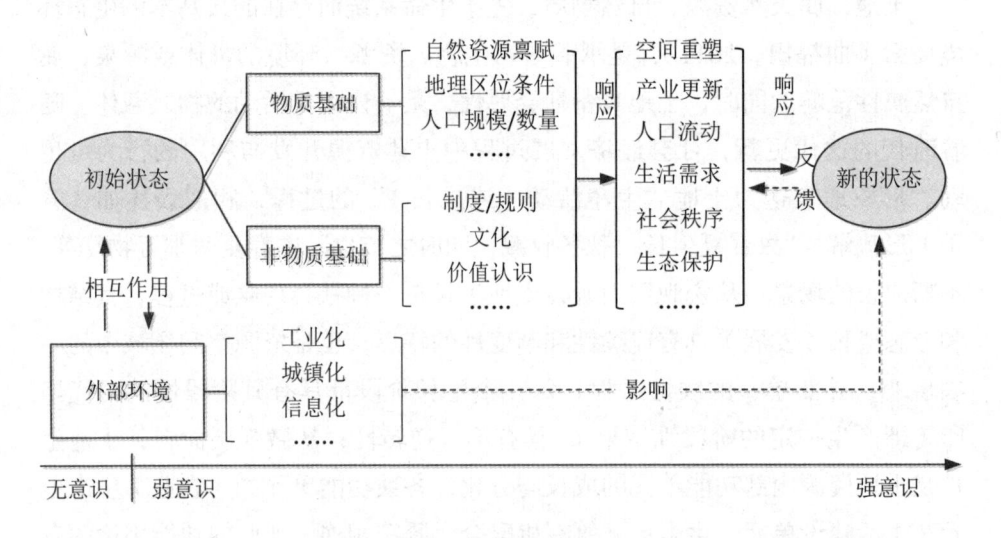

图2-1 土地生长动态演进的作用要素

综上所述，土地生长（land development）首先是自然属性范畴的一种生命活动过程，但在人类社会发展中更侧重于社会属性，受市场推力和政府拉力的双向作用力影响，是指人类基于土地自身比较优势"吸引"的经济社会活动（行为）中土地资源空间功能单元特征在地域空间范围上的投影，具有连续性、动态性、空间性、单向性等特点。具体形态可描述为：一是初始状态基础上的扩张；二是初始状态基础上的更新与建设；三是初始状态基础之外新的扩张与建设引致新的状态。

二、土地生长的空间演进过程与特征

随着人类文明进步，土地生长空间演进呈现出多个具有不同特征的阶段，且每个阶段是层层递进、不断完善的演进过程，以满足特定时期社会经济发展需求，地域分工特性逐步显化。地域分工思想最早在古典经济学派出现之前就已产生，随后亚当·斯密（A. Smith）正式提出"地域分工"学说，强调因地制宜、发挥经济区位优势。基于地域分工理论理念，为清楚地表达土地生长空间演进这一过程，提出以下基本条件：（1）假定在一定地域范围内，土地资源数量（或面积）是有限的，且是固定不变的；（2）在市场需求和政府行为影响下，土地数量、质量、空间结构布局等是不断变化的，该地域范围也随之出现多个区域经济空间；（3）这一变化总是围绕社会经济建设和生态环境保护需求而朝着有利方向发展，是一种理想状态下的变动；（4）土地生长空间演进具有明显的阶段性特征。因此，基于上述基本约束条件，对土地资源空间结构布局进行思考，结合不同时代发展阶段特征，遵循不同优势协作治理模式下优势区情景表现（图2-2），可将土地生长演进过程（图2-3）描述为三个阶段：自发生长阶段（无优势区：A）、优势区演进阶段（弱优势区：B）和主体功能引导阶段（强优势区：C）。

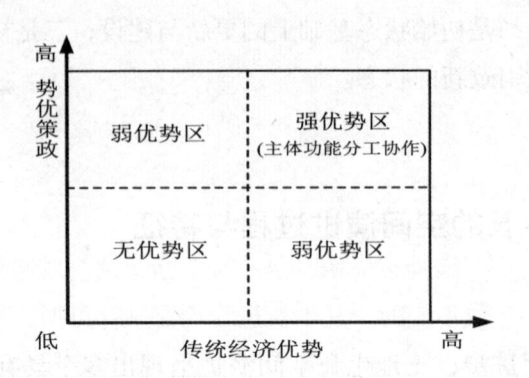

图2-2 协作治理模式下"强—弱"优势区情景表现

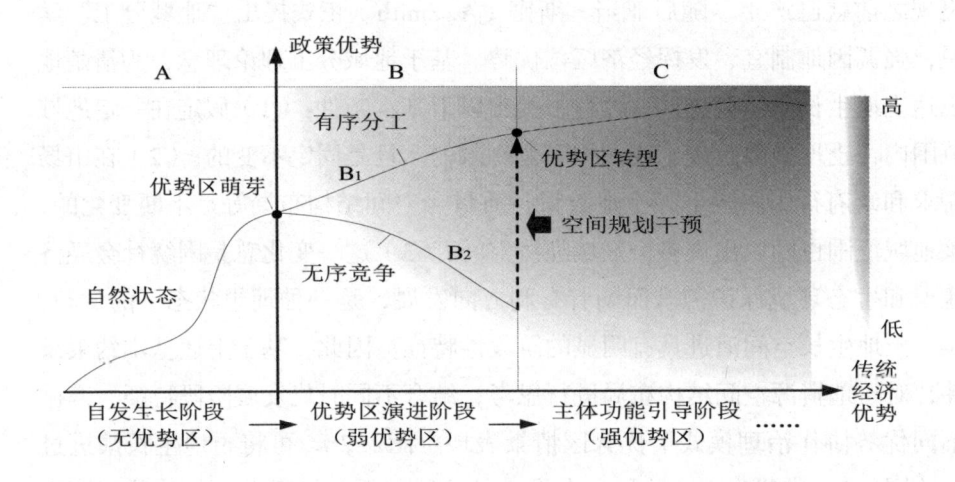

图2-3 土地生长的空间演进过程

（一）自发生长阶段（无优势区）

人类社会初形成之时，属自然界的"沧海一粟"，自然界是人类生存的客观环境，人类敬畏自然、依附自然。土地作为自然界物质的重要载体，是物质存在的"着陆域"，人类活动仅仅是依附于土地，尚未上升至主体行为

— 40 —

第二章 从土地资源优势区配置到主体功能区管制：一个空间治理的逻辑框架

支配土地资源的程度。因此，土地资源以自然形态存在于客观物质世界，人类开发与利用土地资源是一种顺应自然的行为，这一时期土地生长受人类活动的影响并不明显，是自发生长行为，即处于土地资源自发生长阶段（图2-4的a和图2-5的a）。这一阶段多表现为人类生产方式落后，生产工具贫乏，对土地资源开发能力不足，人类主要以狩猎、刀耕火种等为基本生计生产方式，土地资源利用空间结构布局相对单一且空间特征均质性较强。但这种自发生长状态并非是一成不变的，其生长过程仍有规律可循，例如人类最初以狩猎、耕种和安全防御出发，依丘陵山区而居，到生产技术和防御能力提高以及自然认识和生存需求增长逐渐"下山"至水肥丰盛的平原地带聚集，使得人类从无聚落形态逐渐出现村庄原始雏形——在同一地域范围内，会出现彼此相邻或非相邻且适宜生存的大大小小所有级别的聚居点，有时会在无意识和不确定（甚至不信任）的情况下聚集在某一确定的区域空间范围内，而在其他区域空间范围中并不存在它们的"踪迹"，这也反映出一种初级优势区位选择行为的表现，优越的区位必定为土地生长提供十分有利的条件。也就是说，在自然形态下的土地自发生长过程中，土地资源仍会在人类无意识或弱意识的活动选择过程中随着时间推移朝着有利于人类生存的方向发展。

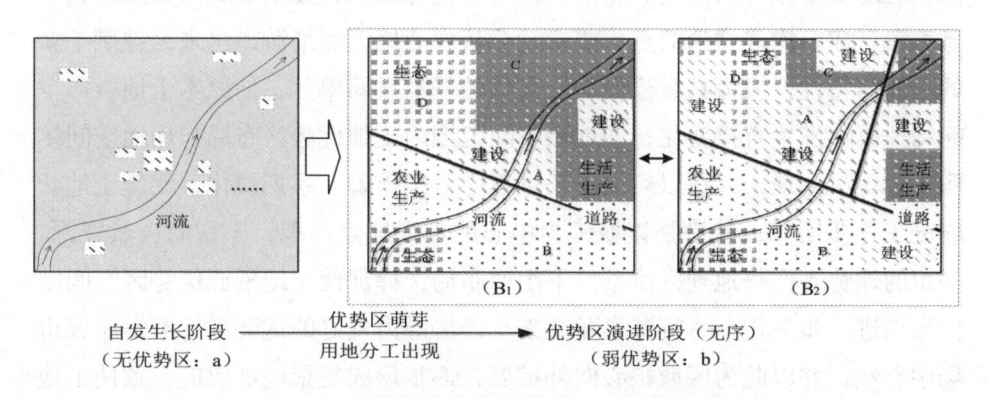

图2-4 优势区无序发展土地生长空间演进及特征

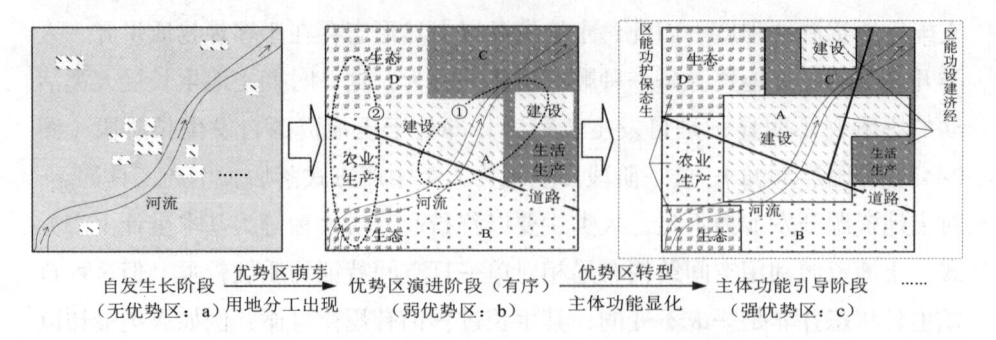

图2-5 优势区有序发展土地生长空间演进及特征

（二）优势区演进阶段（弱优势区）

正如克里斯塔勒著名论著《德国南部中心地原理》中描述，在某一特定的区域内，通常总有一种聚落类型是占优势的。土地生长优势区阶段特征就是从聚落演化而来，是土地优势区位及其条件对人类行为"吸引"的结果，是在以传统农耕生产为主的村庄基础上不断发展，甚至区位突出且交通相对便利之地基于原有的住宅、店铺、作坊等优势点状物逐渐形成城镇雏形，一旦城镇形成，构成城镇的点状要素就会从农业地区逐渐游离出来，被赋予新的功能与特性，成为具有建设功能优势的基本空间单元，使原本土地资源空间用地属性发生直接变化，即地域空间范围内土地优势区布局与用地空间结构变化得以体现，并在以后的生长过程中，经历着一系列演化，促使土地功能分工逐步明显。特别是以城镇为中心的市场地点出现，丰富的自然资源、平坦的地势等优势地理区位条件下生产布局选择促使土地资源优势区空间结构布局进一步显化——资源禀赋要素与经济潜力良好的优势区逐渐发展成市场中心地，并以此为区域核心向外扩展，逐步形成集聚经济效应，致使土地开发及其扩张行为频发且带有较强的地区经济目的性。虽然这一市场关系下土地生长产生了显著的经济效应，但市场主体有限理性下土地用途竞争行为可能造就两种完全不一的优势区发展形态。

第二章 从土地资源优势区配置到主体功能区管制：一个空间治理的逻辑框架

1. 情景一：不合理的弱优势区形态只能形成无序的土地资源利用空间布局

在无序竞争情况下（图2-3的B_2路径），地域范围内不同区域竞争促使大多区域只注重经济发展，盲目追求不同非正式约束环境下的区域经济增长目标，造成具有优势资源条件的区域快速发展，资源条件稍差的区域发展缓慢，使得区域发展结构不平衡，土地资源利用空间布局无序。图2-4的B_1和B_2中，不同阴影表示不同用地类型面积大小（下同），不同区域出现不同优势地类范围A、B、C、D。随着地域经济发展，各项建设盲目扩张占用大量非建设用地，表现为区域A建设扩张占用大量农业生产空间（B）、生活空间（C）和生态空间（D），导致区域主要地类面积不断减少，甚至在道路交汇、河流等占据主导优势条件的区域出现新的建设用地开发区，各项建设进一步造成相应类型空间用地面积缩减，区域经济开发各自成派，导致地域范围土地资源空间配置无序、杂乱，出现生产-生活-生态空间结构失衡、生活-生产环境等问题突出，甚至同一地域范围不同区域发展模式同质化现象严重。

2. 情景二：合理的弱优势区形态可以形成有序协调的土地资源利用空间结构

在有序分工的情况下（图2-3的B_1路径），地域范围内经济建设空间布局行为更加倾向于具备交通、原料、设施、水源等优势条件的区位，区域经济发展大多是从自身优势资源禀赋出发的经济开发模式，区域发展特定优势（互补）功能逐渐突出，土地资源利用空间结构布局趋于合理、有序。图2-5的B_1中，在地域空间经济发展需求的基础上，通过合理规划各区域间生产、生活和生态用地空间结构布局，引导区域产业结构调整和建设发展趋向，促使优势区开发人口-经济集聚效应和产业规模化布局特征凸显，且经济发展优势区的地域经济中心（地位）（A）逐步显化，并向外产生辐射效应（圈①），逐步与其他优势区域对接。同时，生态环境保护与经济建设之间的矛盾得以关注，地域范围生态环境保护空间规划与治理能力不断提升，促使各区域生态空间保护范围不断明晰（圈②），最终促进地域空间范围土地资源区域差异化分工逐渐清晰、产业空间布局逐渐合理、土地生长更为有序。

（三）主体功能引导阶段（强优势区）

优势区开发推动区域经济发展高速增长的同时，促使地域空间城镇配套建设、工业布局等用地刚性需求增大，在唯经济论影响下盲目加大建设力度，甚至部分区域超出土地资源与生态环境承载能力，造成生态空间、生活空间备受挤压，区域经济空间发展差距拉大，经济社会发展与生态环境保护关系矛盾突出，区域间及内部经济社会与资源环境的可持续关系失衡。因此，为满足区域用地空间布局优化、资源环境保护、缩小区域经济差距等时代更高要求，有效调整传统土地优势开发结构功能就是新时期生态文明建设亟须突破的重点。那么，在明晰地域功能分工发展模式的基础上，加大生产、生活、生态在空间上的边界管控尤为重要。图2-5的c中，在传统优势区差别化分工条件，和对当下土地资源环境空间配置与经济发展现实矛盾的深刻认识的基础上，以空间均衡配置、资源环境保护为理念导向的主体功能区战略规划应运而生，各类主体功能在优势区竞争中进一步显化，形成具有比较优势的"强优势区"[①]。其中：区域A、C因经济优势显著和产业基础良好等条件形成经济建设集中开发区；区域B、D因生态环境基础优越且长期以农业生产为主，土地开发强度低等原因发展为生态环境保护区；并根据资源环境承载力、产业布局协调度、经济发展潜力等与区域发展优势紧密相关的要素，在明晰空间边界要求下，依据开发方式归类为经济建设功能区和生态保护功能区两大类，并进一步细分为优化开发区（A）、重点开发区（C）、限制开发区（B）和禁止开发区（D）。主体功能区空间边界明晰能有效约束空间经济行为，促使地区土地资源空间配置朝着更为有序且差别化优势经济模式发展，区域间经济社会发展与生态环境保护关系更加协同，经济集聚层次更为明晰，表现为经济集聚度由中心地向四周呈递减扩散趋势，土地开发（利用）强度和空间布局紧凑度由中心地向四周逐渐减弱，土地资源利用空

[①] "强优势区"是具有区域空间比较（主导）优势的一种空间单元。例如，与经济发展功能区相对的具备生态保护（优势）功能的区域可称为生态保护的强优势区；反之，与生态保护功能区相对的具备经济发展（优势）功能的区域称为经济发展的强优势区。

间结构布局逐渐趋于合理、有序的强优势区状态。

此外，随着社会经济的深入发展，特别是知识经济与信息化时代文明时期不断推进，土地生长空间结构布局将进一步发展，必将在强优势区空间布局结构状态下进一步呈现出另一种空间结构更为有效布局的模式，以期达到人与自然和谐相处，资源（生态）环境高效利用与经济社会高质量发展的协调、可持续状态。

三、从优势区到主体功能区的土地资源空间配置作用机理

由上述分析可知，从传统优势区开发向主体功能区发展转变过程的特征集中表现为：一方面，优势区经济发展的土地生长形式是市场配置机制导向下的产物，政府对市场的有效干预促使了传统优势区土地资源空间有序配置、地域功能特性显化；另一方面，国土空间主体功能区建设理念是对传统优势区地域功能分工调控行为方式的衍生，是优势区竞争下政府主体行为直接参与的结果，相对于传统优势区竞争配置机制具备土地资源功能分工协作的效率比较优势，理论上具有助力土地资源空间配置效率改进的现实可能。因此，可以将从优势区竞争到主体功能区分工协作的土地资源空间配置行为过程描述为图2-6的作用关系。

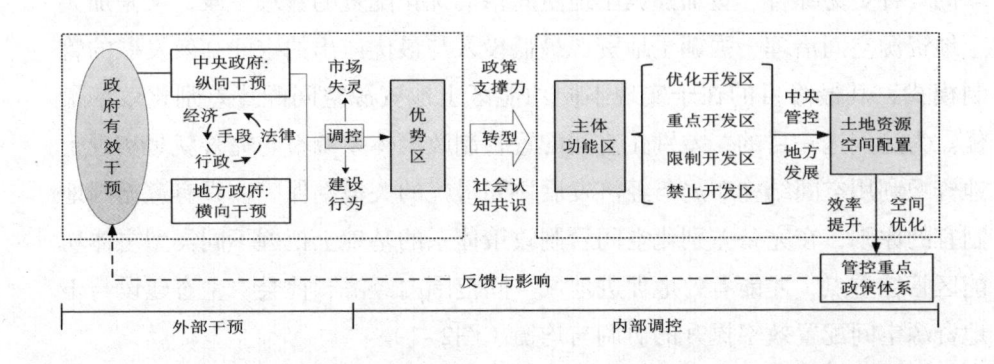

图2-6 优势区到主体功能区理念下土地资源空间配置理论作用机理

在我国，优势区有序开发与（土地）资源配置是"央地"合力的结果，即中央政府纵向干预和地方政府横向干预的结果。由于外部性的存在，市场并不能完全且有效地调控社会经济发展行为对（土地）资源的合理开发与利用，过度或盲目地追求地区经济效益会造成区域间经济结构布局与土地资源利用失衡且效率低下、经济规模空间与生态保护空间不匹配等矛盾与问题，其中，最为突出的矛盾是土地资源空间开发失序及其要素空间配置失衡。随着全球化推进以及人类对经济社会发展问题的反思，逐渐认识到土地资源利用空间管控对经济社会可持续发展的重要性。为谋求资源可持续利用的最优效益，政府在遵循现行制度环境下通过行政手段、经济手段和法律手段引导传统优势区经济发展需求配置土地资源的行为，在地域资源综合优势发展区的基础上，使其朝着更加有序、更为有效的土地资源空间配置方式转变，强调土地资源空间主体功能分工协作的现实亟须性。

一般而言，一定地域综合资源优势发展区必定具备代表区域社会经济发展的某种特定（或核心）功能，这一特定（或核心）功能就是某一主体功能。为了协调经济、人口、土地、环境等要素空间结构布局，在高质量发展要求特别注重土地资源利用空间管制的大背景下，我国提出主体功能区规划的国土空间管制战略理念，并逐步提升至国土空间管理基础制度的战略地位，直接决定着土地资源空间配置的行为与方式。主体功能区战略理念是传统优势区地域开发功能转型的结果，在中央管控和地方经济建设需求下，主体功能区发展既是在对更优土地资源空间配置结构、规模追求的动机下，采取的一种更为综合、更加强调土地空间格局优化配置的管理手段，又是加大土地资源空间治理、强调土地资源最低投入与最优产出的空间高效发展的管制模式，其最终目的在于实现不同功能区土地资源空间配置差别化效率最优。为达到这一目的，差别化空间配置管制政策体系调整与完善就是实现土地资源利用空间结构布局与经济发展协同最优的关键性保障。只有遵循因地制宜的原则，在完备差别化空间管制政策体系的基础上把握不同类型主体功能区管控重点，才能有效地促进地域空间范围内经济、社会、生态建设与土地资源空间配置效率提升的协调与均衡（图2-7）。

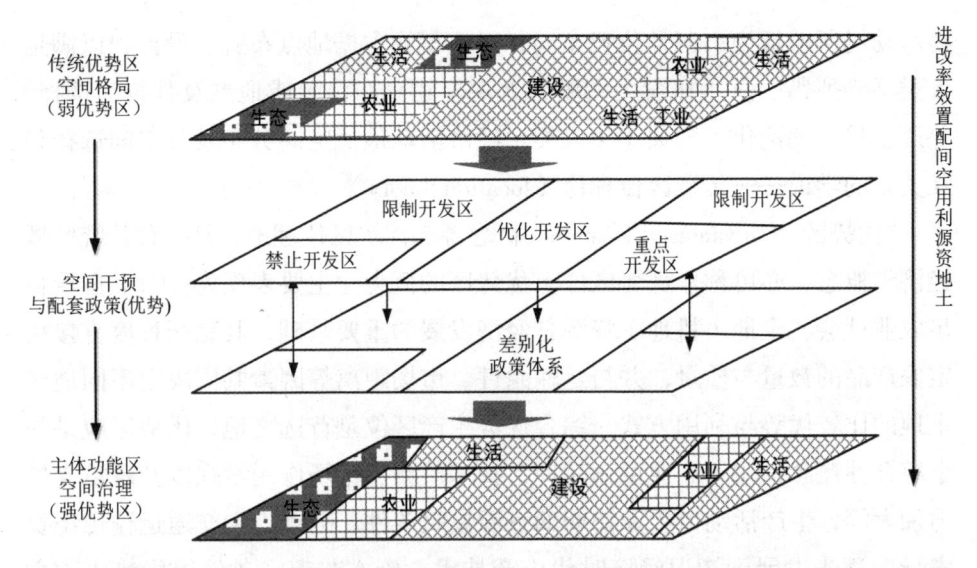

第二章 从土地资源优势区配置到主体功能区管制：一个空间治理的逻辑框架

图2-7 基于国土空间优势区演进的土地资源空间配置效率提高路径

第二节 优势区：传统土地资源空间配置方式

一、"优势区"的概念化

"区位"源自德语"Standort"，于1886年英译为"Location"，传统意义上称为"定位置、场所"。关于区位，目的不同，内涵亦不同。传统区域经济学把区位解释为经济活动场所，如农业生产、工业活动场所分别称为农业区位、工业区位。然而，"区位"一词既包括空间位置，也包含客观事物标定场所（苗长虹，2005；孙威等，2019）。因此，对"区位"的理解：一是位置，表征客观事物放置或标定的地点、场所；二是位置选择，确定客观事物活动场所的行为；三是位置布局，对该事物占据地点布置、设计，以满足人类活动所需。这一概念力图阐释客观事物分布位置或地点及其行为选择，并逐步趋之理论化，即关于（人类）经济活动最优空间分布及其空间选择相互关系的学说——传统区位理论（location theory）。

"优势区"（advantaged location）概念源起传统区位理论，是一种传统区域经济学概念，亦可称作优势区位。优势区的概念化主要表现为：（1）自给自足农业社会，土地（耕地）资源是经济发展的重要基础，其肥沃程度直接决定农产品的数量与质量，并与运输条件、市场距离等因素共同决定不同地区土地的比较优势与利用方式，综合优势生产区位是首选之地，优势区应是一个综合性概念；（2）工业革命时期，技术革新、市场作用增强以及政策支撑力加大等，生产活动由工业初期的资源禀赋条件、劳动力和交通运输传统要素导向逐步发展到知识经济时代生产技术、资本与市场条件等优势要素主导，是一个动态发展概念。因此，"优势区"（advantaged location）是由过去单一的土地开发经济优势（区），通过政策（要素）叠加形成的具有多种优势（区）（如农业生产优势区、工业发展优势区、生态保护优势区等）并存且协调发展的空间格局，可以理解为在国家或区域经济发展过程中具有综合客观优势条件的空间单元，受自然要素、地理位置等固定因素和劳动力、资本等流动因素的综合影响。

二、早期优势区土地资源空间配置思想的形成

人类社会发展进程中，利用优势区位开展农事活动、进行经济建设的思想可追溯到古代文明时期。远古文明时期，地理环境相对优越的黄河流域诞生了华夏农耕文明，开启了人类文明史。春秋战国时期，《管子》主张"因天才，就地利"，从自然资源要素实际出发，依据地域资源环境特点进行城镇规划和产业布局。《尚书·禹贡》以山川、河流、植被、土壤等自然资源禀赋优势条件将全国划分为"九州"，体现了明显的区域地理优势意义，带有鲜明的优势区划理念，朴素的优势区发展早期思想开始萌芽，为后期社会

发展、经济结构布局提供了重要依据。

资本主义早期，优势区发展思想主要体现在协调"城市-工业"与适宜生存环境矛盾关系之中。英国罗伯特·欧文"新协和村"、托马斯·莫尔"乌托邦"等空想社会主义城市设想，针对城市过度膨胀、生态生活环境恶化等现实问题提出按区域优势统筹城市与乡村发展规划的设想，体现了早期优势区开发与规划思想。受空想社会主义城市理念影响，1898年，霍华德在《明日的田园城市》中提出工业化进程中城市与适宜居住条件矛盾下，强调城乡结合、突出区域优势，协调地区经济建设与自然生态保护之间的关系。1915年，帕特里克·格迪斯《进化中的城市》主张城市规划应突出区域优势特点，注重地域环境潜力与限度对用地布局形式和经济体系的影响。1930年，美国社会哲学家刘易斯·芒福德进一步提出区域整体发展理论（方中权 等，2007），使突出区域特征的经济建设与区划理念更为清晰。到1933年，国际现代建筑协会（CIAM）第四次会议通过的《城市规划大纲》（又称《雅典宪章》）明确指出，城市要与其周围影响地区成为一个整体来研究，即应考虑地区实际优势特点，注重整体建设与局部优化。至此，早期的优势区发展思想在全球经济建设与区位布局过程中得以显化。

三、传统优势区土地资源空间配置理念的产生

传统优势区理念是在工业革命后为解决工业急剧膨胀、城市无序扩张导致的经济社会问题而产生的。特别是第二次世界大战以后，经济萎靡、区域布局极不协调等问题凸显，世界各国（特别是饱受战争破坏的国家）亟须恢复经济。在受主流思想发展经济学影响下，经济建设与产业布局成为当时关注的重点，促使传统（古典）区位理论产生，为优势区土地资源配置理念的发展奠定了基础。传统区位理论是研究人类活动的区位选择，分析其形成原因及相关条件，并预测其发展规律的基础理论，形成于19世纪初到20世纪中期（王铮 等，2002；李小建 等，2006），以19世纪初德国经济学家约翰·冯·杜能的农业区位论为开端，逐步发展并形成极具典型代表的工业区位论、中

地理论和市场区位论。

（一）农业区位论

1826年，德国经济学家约翰·海因里希·冯·杜能（Johann Heinrich-von Thunen，1783—1850年）出版的经济学著作《孤立国同农业和国民经济的关系》（简称《孤国论》）为农业区位论（agricultural location theory）的发展奠定了基础。

19世纪初，普鲁士（德国）农业体制改革下，出现了农业企业化发展模式，即由农业企业家和劳动者形成的农业企业式经营模式。那么，农业企业化发展的农业合理有效生产的方式是什么？不同农业生产方式土地资源空间配置遵循怎样的经济规律？为解答这一论题，杜能购买特洛农场，基于农场经营（即土地资源空间开发）与农用地生产数据提出研究假想——"孤立国"，并给定六个假定条件。

（1）肥沃的平原中央只有一个大城市，与其周围农业带形成一个"孤立"空间；（2）该地区无山川、河流（运河），马车是唯一的交通运输工具；（3）该地区土质完全相同，且均能耕种；（4）与城市相距最远的平原周围是荒野，与其他地区相隔；（5）人工成品供应源于城市，城市所需农产品源于周围农村；（6）矿山和盐场均靠近城市。

基于上述假设条件，提出两大基本问题：一是这一关系下，农业生产（或农用地利用及其空间布局）会呈现出怎样的状态？二是在农业有效经营下，与城市距离远近会对其产生什么影响？由此可知，企业经营型农业是以利益（利润）最大化为目标，农产品的运费是影响农业区位的关键性或唯一性因素。因此，在运费与距离、重量成比例，运费率因作物差异而不同，农产品生产是追求地租最大化的活动等前提下，都能把地租收入表示为

$$R = PQ - CQ - KtQ \qquad (式2-1)$$

式中，R表示地租收入，P表示农产品市场价格，C表示农产品生产成本，Q表示农产品生产数量，K表示距离城市的距离，t表示农产品运费率。

第二章 从土地资源优势区配置到主体功能区管制：一个空间治理的逻辑框架

R对相同农作物而言，随距离城市运费增加而减少。当$R=0$时，即使生产技术满足耕种需求，从经济理论上看也是不可行的，会导致该作物耕种达到极限。运费为零时，地租收入与耕作极限形成的曲线被称为地租曲线，每一种农业生产都有一条地租曲线，其斜率大小由t决定，且运输难易程度决定地租曲线斜率大小（图2-8）。因此，杜能进一步提出土地合理利用农产品经营类别的选择模式。杜能认为，多种农产品生产中，由于不同农产品生产支付区位地租的能力不同，其空间分布呈现出以城市（或市场）为中心的同心圆布局模式（图2-8），从城市中心向外延伸依次形成自由农业优势区（圈）、林业优势区（圈）、轮作农业优势区（圈）、谷草农业优势区（圈）、三圃农业优势区（圈）和畜牧业优势区（圈）6个同心圆结构（即杜能圈）。这一按优势区布局的圈层结构，距离城市（市场）越近，其地租优势越明显，即地租收入越高，反之越低。

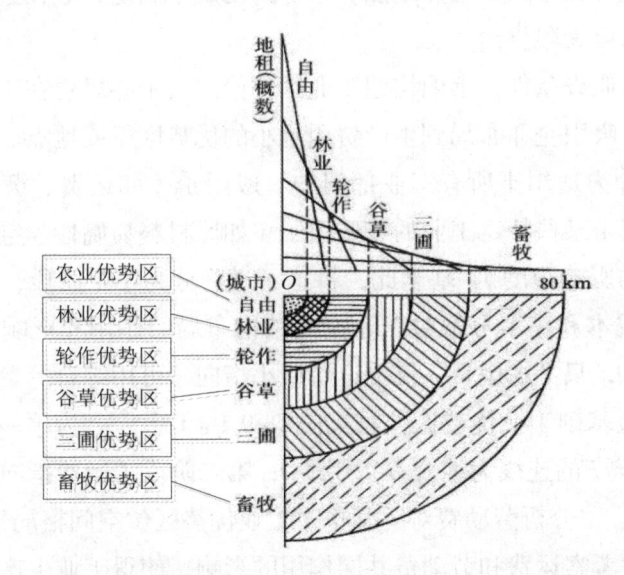

（引自：李小建《经济地理学》，P54/图3-1，作者略有修改）

图2-8 杜能圈形成机制及其圈层结构

（二）工业区位论

1909年，德国经济学家阿尔弗雷德·韦伯（Alfred Weber，1868—1958年）在其《论工业区位：区位的纯理论》一书中分析了既定条件下的工业企业的空间布局问题，首次系统地提出了有关优势区位选择的工业区位理论（industrial location theory）。

产业革命后，德国近代工业快速发展，促使人口规模区际流速增大，尤其是产业和人口向大城市集聚现象极为显著。那么，这一现象背后的原因为何？韦伯从经济区位角度入手，选择工业生产活动为研究对象，基于工业生产优势区位原理，阐释产业（资本）和人口向大城市集聚的现实原因。为此，韦伯提出基本假定：

（1）原料地的地理空间分布明晰；（2）产品消费地和规模明确；（3）劳动力固定，且存在于大多已知地点；（4）劳动成本固定，且在这一劳动成本水平下劳动力可无限供给。

基于上述假设条件，韦伯构建工业区位论。其中心思想在于区位因子决定生产地点，吸引企业布局到生产费用最小的优势区位或地点。同时，韦伯把区位因子分为适用于所有工业部门的一般因子（如运费、劳动费和地租等）和仅适用于某些特定工业的特殊因子（如原材料易腐性、空气湿度等对制造业过程的影响程度）。基于此，将这一过程分为三个阶段，考察运输成本、劳动力成本和集聚分散对工业空间结构布局的作用和影响：第一阶段（运费指向论），只考虑运费，仅受运费最小指向（可用综合等费用线加以表示）形成各地基础工业优势区位格局[图2-9（a）中]，N为单一市场、M为单一原料，A至F的连线为综合等费用线）；第二阶段（运费指向论基础上的劳动费指向论），分析劳动费对（基本）工业优势区位空间格局（运费决定）的影响，同时考察运费和劳动费共同作用的影响，使得工业生产有可能由运费最低点转向劳动力费用最低点[图2-9（c）中P点]；第三阶段（运费指向和劳动费指向论基础上的集聚指向论），考察集聚与分散因子对由运费和劳动力费用指向所决定的工业优势区位格局的影响，可能促使工业生产由运费最低点集中或分散于其他地点[图2-9（c）的阴影部分]。

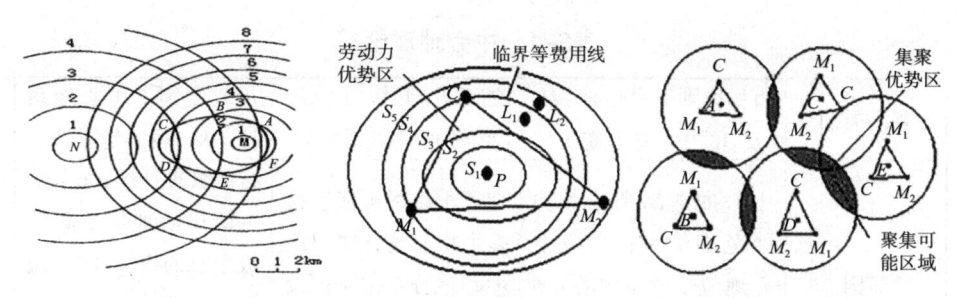

（a）综合等费用线　　（b）劳动费用最低区位　　（c）集聚指向

（引自：李小建《经济地理学》，P64/图3-8、P65/图3-9、P67/图3-10，作者略有修改）

图2-9　运费指向论、劳动费指向论和集聚指向论的图解

（三）中心地理论

1933年，德国地理学家克里斯塔勒（W. Christaller，1893—1969年）发表的著作《德国南部中心地原理》提出"是否存在决定城市（镇）数目、分布、规模的规律"问题，并基于该问题架构了中心地理论及其体系，通过理论演绎揭示城镇空间布局，其目的在于阐释"决定城市数量、规模及其分布规律是否存在；若存在，又是怎样的？"

20世纪，资本主义经济发展促使了经济空间集聚。城市（镇）在社会经济发展中占据重要（主导）地位，成为工业、交通集中点，商业、贸易等集聚点。为此，克里斯塔勒基于中心地及其职能、中心商品、服务半径、门槛人口和市场领地、中心地等级、经济距离的阐释，推导出按市场原则、交通原则和行政原则布局的三种中心地系统布局模型（表2-1），提出中心地理论（central place theory）。

表2-1 中心地理论

要素类别	市场原则下中心地系统（$K=3$的中心地系统）	交通原则下中心地系统（$K=4$的中心地系统）	行政原则下中心地系统（$K=7$中心地系统）
原则	中心的商品和服务功能范围最大；高级中心地位于城市中心；6个低一级的中心分布在其周围	交通干线尽可能连接多个中心地；次一级中心地分布位于连续两个高一级中心的道路干线上的中心点	行政管理便捷；6个次一级中心地位于高一级中心的市场区6个顶点处，次一级中心地市场区仅属于高一级中心地的市场区
优势区位空间结构布局示意图			
中心地市场区数量关系	1, 3, 9, 27, 81, …	1, 4, 16, 64, 256, …	1, 7, 49, 343, …
中心的等级数量关系	1, 2, 6, 18, 54, …	1, 3, 12, 48, 192, …	1, 6, 42, 294, 2058, …
中心地距离关系	$\sqrt{3}$	2	$\sqrt{7}$
交通运行效率	中	高	低
中心的等级	低级	高级	中级

资料来源：作者整理所得。空间结构布局示意图引自李小建《经济地理学》，P90/图4-3、P93/图4-5和图4-6；中心的市场区数量关系和中心地等级数量关系均按照高级到低级顺序排列。

克里斯塔勒的中心地理论证明了良好的优势区位条件（如交通便利、人口集聚等优势区位）是商业中心形成与发展的重要优势条件，不同规模商业中心在空间上是呈等级分布的，高级中心数量总是少于低级中心数量，但高级中心拥有低级中心全部功能。同时，各中心的距离主要取决于区域内部人口密度和人均购买能力，且相互联结。

（四）市场区位论

1940年，德国经济学家廖什（August Losch，1906—1945年）的《经济空间秩序》一文从需求出发，认为企业在空间布局中选择优势区位时，不应寻求费用最低点，而应寻求利润最大点，即生产收入与费用之差最大的区位，形成了市场区位论（market location theory）。市场区位论在分析区位作用时，引入空间均衡理念，探究了市场在规模及需求结构上对区位选择、产业配置产生的影响。基本假设如下：

（1）一个均值平原上的运输条件相同，且生产原料充足、均匀分布；（2）平原上均匀分布着农业人口，自给自足，消费行为相同；（3）平原上居民技术知识水平相同，且生产机会相同；（4）仅考虑经济方面的作用因素。

基于上述假设条件，当平原上只有一家企业，企业产品销售市场（范围）是圆形。倘若其他条件固定不变，消费者购买产品数量取决于支付意愿实际价格，这一价格就是产品的售价与运费之和。由此可见，产品实际价格与销售的距离远近直接相关，距离越远，运费越高，实际价格就越高，反之越低。同时，在任何方向上，当实际价格过高，会导致产品销售地的销量为0。这一状况可以用图2-10加以表示，图中P为产品销售地，PQ为产品销量（也称为需求量），销售的距离与运费和实际价格成正比。F点的需求量为0，是产品销售市场边界，超过此边界后消费者不再购买该企业产品。因此，QF是产品的需求曲线，以PQ为轴心旋转一周得到一个圆锥体，该圆锥体就是企业的市场总需求，圆锥体底面面积范围就是企业的市场领地，廖什称之为需求圆锥体。

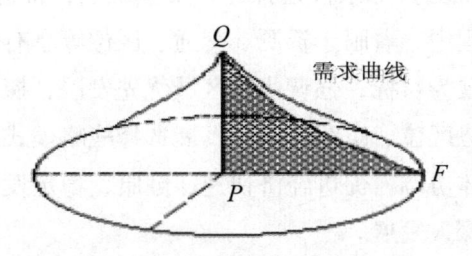

（引自：李小建《经济地理学》，P77/ 图 3-16）

图2-10　廖什的市场区和需求圆锥体

随着更多企业介入，每个企业都有其销售范围[图2-11（a）]，为了得到更为广阔的销售范围，每个企业以相同速度扩张，形成企业相连的市场空间分布，但市场外围存在很多潜在的消费者不能得到的市场供给[图2-11（b）]，此时的市场并不是均衡状态，是短期的；在自由竞争过程中，每个企业都想扩大销售范围，各企业销售范围缝隙会被新的竞争者所占领，销售市场被挤压，最终会形成六边形的市场网络[图2-11（c）]，以达到市场均衡状态，此时能够满足每个企业销售距离最短，需求达到最大化。

（a）　　　　　　（b）　　　　　　（c）
（引自：李小建《经济地理学》，P78/ 图 3-17）

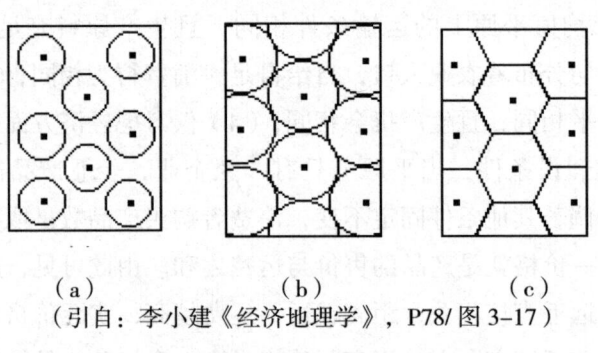

图2-11　廖什的市场区组织发展过程

综上所述，传统区位论的产生与发展使得如何合理选择优势区域或最佳位置进行人类生产活动成为首要需要考虑的问题，认为各地区应依据自身优势（区位）条件，扬长避短，合理布局地区产业，突出优势产业配置发展战略，以促进区域经济快速发展（表2-2）。因此，区域发展开始注重经济建设比较优势区，在优势资源条件选择与开发基础上，推进生产力（或产业）合理布局。这一过程中，着眼于资源、交通、区位等享有优势的地区开发条件，以区域经济发展为目标，强调优势区域优先发展，探寻如何实现效益最大化的产业布局优势区位、空间结构和发展选择战略模式，以最终实现区域优势要素统筹与整体协调，促进经济快速、健康、稳定发展，促使优势区开发与建设理念得到深入发展。

表2-2 传统区位理论及其优势区发展理念

区位论	农业区位论	工业区位论	中心地理论	市场区位论
代表人物	杜能	韦伯	克里斯塔勒	廖什
国家	德国	德国	德国	德国
提出时间	1826年	1909年	1933年	1940年
代表著作	《孤立国同农业和国民经济之关系》	《工业区位论：区位的纯理论》	《德国南部中心地原理》	《经济空间秩序》
解释问题	企业型农业时代农业生产方式与布局问题	人口地域间大规模转移和城市人口与产业的集聚机制	探究决定城市数量、规模及其分布的规律	在空间上确定理论上最大收益区位问题
前提条件	地租收入最大化	运费最小化	市场、交通、行政原则	利润最大化地点
关键词	孤立国、地租、运费、距离、杜能圈	区位因子、一般与特殊因子、集聚与分散因子；运费指向论、劳动力指向论和集聚指向论	中心地、中心商品、中心地等级、经济距离等	需求、价格、区位；需求圆锥体、市场区组织

资料来源：作者整理所得。

第三节 优势区功能转型：主体功能区管控理念

一、主体功能区的实践背景及其理论价值

区域空间布局反映了一个地区（地域）空间经济结构发展理念与思路，

体现了其发展的基本内涵及其水平。按优势区配置土地资源，好处在于能够充分调动地方在经济发展空间布局中的主观能动性，但（客观上）仍在一定程度上会形成阻碍。推动优势区向主体功能区转变则是需要"清除"这一阻碍，发挥土地资源空间配置最优效应。主体功能区的实践背景及其理论价值逻辑详见图2-12。

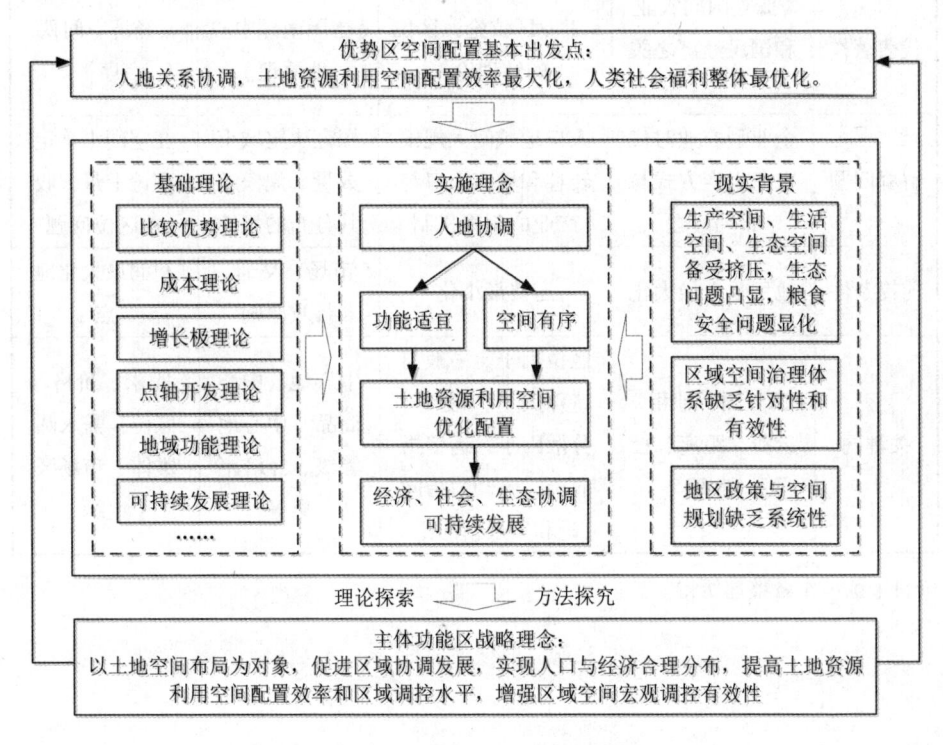

图2-12　主体功能区的实践背景及其理论价值

（一）主体功能区是新时期空间治理协调发展的必然选择

改革开放以来，我国按照优势区逻辑推进东中西部土地资源空间配置向优势区集中，用最小成本实现了最大发展效益，在一定程度上实现了规模经济、集聚经济效应。但经济发展过程中，传统优势区（如京津冀、长三角、珠三角等城市群）凭借区位等先天优势和产业基础等后天优势，以及与中央关系优势（财政与政治贡献）而不断强化地区经济建设，使其长期维持土地发展权指标竞争优势地位，导致区域间经济发展不平衡问题凸显。与此同时，生态环境、粮食安全定价机制缺失（或不完善），造成优势区内部生产、生活、生态空间配置失衡。加之地区无差别竞争-考核激励体系下，没有工业化优势的地区，通过降低供地门槛、压低供地价格等人为"制造"比较优势，以"高投入、低效率、高耗能、高污染"为代价，降低了土地资源空间配置效率，造成自然生态环境破坏、区域空间布局极不协调等矛盾。

在面对因自发、无序和盲目经济发展带来的一系列可持续发展问题，人们开始对传统优势区开发理念进行反思，逐步摒弃以经济增长为主导的传统发展观，突出生态环境保护的重要性。因此，区域经济发展以经济、社会、生态协调推进的可持续发展新理念成为当今世界发展主流思想，积极探索经济建设与环境保护共赢的区域发展新模式。功能区战略，就是在区域空间协同发展、整体经济效益可持续提升的战略目标下应运而生的，它有利于促进地区经济社会与生态环境协同推进的动能重塑，实现地域建设与开发由粗放型资源利用向集约型资源利用转变，由速度型经济增长向质量型经济提升转换。从以传统优势区开发到以主体功能区发展转变，有利于打破传统发展壁垒、实现地域范围国土空间统筹与优化配置、实现区域经济差异化发展、特色化发展、协同性发展，以推进地区整体经济的有序、稳定增长。

（二）主体功能区是新时期区域经济发展理论的深化结果

主体功能区很大程度上是对传统区域经济发展理论的重要创新，也是我国当代经济社会发展观的重要体现，其目的在于实现空间有序发展上的协同。传统区域经济发展理论中，"空间"是一种资源，按要素类型可分为流动性空间要素资源和非流动性空间要素资源，其中，流动性空间要素资源是传统区域经济发展理论的一般研究对象，重点在于把空间要素转化为要素流动成本后的比较优势，这一考察主要关注流动性相关要素运行成本及其集聚现象。那么，区域经济发展可以看作流动要素在空间上的转换过程。随着区域经济发展的不断深入，地区经济结构布局不平衡与可持续发展问题日益显化，空间资源的有限性和差异性要求重视生产要素空间集聚载体与生态环境的优化双重属性，只有在整体上进行地区功能区的差别化定位，才能实现区域间的协同发展。

受传统理论时代背景局限，对空间资源分布规律认识多停留在流动性空间要素集聚分布上。如区域分工理论体系中，英国经济学家亚当·斯密、李嘉图等从不同角度比较分析直接生产成本，分别建立了绝地成本理论和比较成本理论；社会经济空间组织架构体系中，法国经济学家弗朗索瓦·佩鲁在经济空间和地理空间集聚效应的经济活动发展背景下提出增长极模式，波兰经济学家萨伦巴和马利士在此基础上进一步提出点轴开发模式，是对增长极理论的一种延伸；同时，从空间资源优化配置入手，主体功能区战略理念就是在可持续发展理论的基础上对传统区域经济发展理论的空间资源价值的深化与拓展，是对空间结构极化规律的深入认识。主体功能区虽然突破了区域发展以产业落实的区域分工发展思路，但对空间资源优化和空间秩序的重塑并无总体思想（姜安印，2007），重点考虑了地域范围内区域的多样性和发展特殊性，却突出了空间资源功能优势的互补性，是空间双重价值属性的一种新思路，有利于重构地域空间秩序朝着协调方向发展。

（三）主体功能区是新时期资源经济可持续发展的战略理念

人与自然和谐相处是当今乃至今后社会文明建设与发展的重要时代性理念。主体功能区是该理念下我国基于新时期发展需求而适时出台的一项中长期的国土空间管理实施计划，是约束和引导当下经济发展布局、国土资源空间格局的实施方案，更是协调人地关系的一种地域经济发展价值理念的调控行为。

在今后较长一段时期内，我国社会经济发展会处于结构大调整阶段，如何将其有效引导至经济增长和持续发展的轨道上，需要把流动性生产要素及其集聚-分散行为落脚于地域空间结构调整之上，规范空间结构"增长极"选择行为，调整空间生产行为与生态环境容量、经济增量与生态管控等朝着二者有序发展方向演进，以空间经济要素集聚发展新模式摒弃传统的低成本竞争发展方式。在空间格局上，尊重区域经济发展资源禀赋条件的差异性，必须重视地区资源环境承载能力，把区域生态环境保护作为经济建设的刚性约束条件，梯度式布局经济空间结构，突出客观规律支配下的空间管理与开发秩序，力求区域功能分工互补、区域经济发展互助，以达到空间有序、功能适宜的主体功能区建设目标，推动土地资源利用空间均衡（优化）配置，实现地区经济、社会、生态协调的可持续发展。

二、主体功能区：在空间方位上明确土地资源配置主导定位

我国现行社会治理体系下，国土空间治理尤为重要。一定的国土空间具备多种功能，但必有一种主体功能。早在2000年，我国就提出了主体功能建设理念，并从规划层面逐步上升至战略制度层面，在中央和地方、政府和企业组织等社会各界已基本形成共识——即综合考虑资源禀赋条件、资源环境承载力、产业布局协调度、地区开发密度与经济发展潜力等要素的差别化分区管制政策模式，是一项长期性的政策制度安排，兼顾自然、经济、生态要素。

不同类别主体功能区，其管控模式重点不一（表2-3）。优化开发区工业与城镇人口高度集中，土地资源配置重点是优化存量、转型升级，实施产业价值与城镇化质量"双提升"开发管理模式，重点拓展产业布局空间，推进产业结构转型升级，提高城镇集聚经济产出，保证经济发展质量。重点开发区土地资源承载空间较大且产业发展潜在优势明显，坚持以土地集约利用、兼顾生态保护为前提的管控模式，通过更新产业发展理念，稳定工业增长速度，把传统经济增长方式向集约经济转变，注重土地资源利用效率，保证经济增长速度。限制开发区工业优势较弱，农业发展潜力大，通过保护优先、适度开发的"养护"发展模式提增农业生产能力（张孝德，2007），注重农业产业布局的生态养护功能，将经济发展重点限定于农业生产结构转型，加快三次产业融合发展，保证粮食安全，适度发展工业与城镇。禁止开发区则是以生态优先、绿色发展为主导的生态环境保护治理模式，采取人与自然和谐共生的新经济发展模式，其目的在于提升环境质量、保护国家或区域生态经济安全。

表2-3 主体功能区管控重点与定位

功能区	优化开发区	重点开发区	限制开发区	禁止开发区
管控重点	优化进行工业化和城镇化的城市化地区	重点进行工业化和城镇化开发的城市化地区	限制进行大规模高强度工业化、城镇化开发的农产品主产区	禁止进行工业化、城镇化开发的重点生态功能区
功能与政策定位	转变经济发展方式，挖掘存量建设用地，推进土地开发让利，调整优化经济结构，提升分工与竞争层次	提高开发强度，显化土地市场价值与竞争优势，保障优质开发，加快新型工业化、城镇化进程，推进经济可持续发展	强化现有农业优势，稳定粮食生产，增强农产品生产综合能力，保障粮食与食物安全；弱化工业发展相对优势	保护自然文化资源和生态环境，加大生态管控与环境修复，严禁生态用途转变，增加建设成本，实施生态补偿

资料来源：作者依据《全国主体功能区规划》整理所得。

三、主体功能区：在管理举措上实施差别化土地资源配置策略

根据《全国主体功能区规划》相关数据可知，我国限制开发区和禁止开发区在主体功能区战略实施中占据优先地位，其面积占据全国陆地国土面积的50%左右（高国力，2011）。从全国层面来看，这两类主体功能区集中于我国中西部欠发达地区，存在区位条件、开发能力等先天优势不足的问题，且资金缺位、人才短缺，单纯依靠市场机制调控并不能有效解决其发展问题。因此，在稳定推进优化开发区和重点开发区建设的基础上，妥善解决限制开发区和禁止开发区经济发展诉求与生态环境保护的现实矛盾应是重点。

优化开发区要切实推进产业创新发展驱动与结构转型升级，加大建设用地供应结构改革，积极探索建设用地总量管控有效途径，提高空间利用效益

（或效率），以促进城镇化和工业化协调推进，保障地区经济均衡、高质量发展。重点开发区应由中央适度放权地方，在中央宏观管控目标下达范围内，由地方政府根据自身实际进行空间开发与经济建设，在保证基本农田数量不减少的前提下，适度增加建设用地指标，重点向城镇建设与工业发展用地倾斜，注重产业集群培育与发展，加快工业化与城镇化进程。限制开发区即农产品主产区，通过发展设施农业等革新农业生产技术、培育特色农产品生产基地（合作社）等转变传统农业生产方式，支持农业企业用地配置，注重农产品深加工，推动农业产业化发展，提升农业综合生产能力，确保国家粮食和食品安全。禁止开发区应在保证生态服务功能的基础上，严控城镇空间规模扩张，禁止污染性工业生产活动，退出不规范畜禽养殖业，加大生态投资政策倾斜，培育生态产品交易市场，吸引社会资本投资生态经济产业，引导三次产业融合发展，保障国家生态质量与安全。

四、主体功能区：在运行机制上培育土地资源配置"强优势区"

在我国，"区域发展战略"一直是国家发展总体战略的重要组成内容，在推进我国现代化建设过程中具有重要的积极作用。党的十八大以来，我国社会经济发展由中高速增长逐步向高质量发展转变，但空间治理与发展仍较国外存在着一定的差距。经济体"创超"离不开基本国情，需要在遵循我国经济地理空间异质性的基础上，塑造以高质量发展为核心导向的空间经济"分割"与"集聚"。主体功能区分工协作空间治理模式是我国区域空间经济发展与合作导向的更新与完善，旨在追求地域空间均衡目标，实现区域间社会、经济、生态综合效益人均水平趋等，这需要从差别化空间治理体系出发，构建（较为）完善的运行机制，以培育土地资源空间配置的强优势区。

强优势区（dominant advantaged location）是具有区域空间比较（主导）优势的一种空间（经济）单元，其作用在于平衡地区经济发展与生态保护以促进区域空间均衡发展。强优势区的培育是空间定位与差别化政策的实施结果，能够在很大程度上改变土地资源配置竞争格局，进而形成有序、协调的空间经济发展与生态环境保护格局。这不仅更加有利于市场竞争机制在土地资源利用空间优化配置中的运用，也更加有利于推动地区间分工协作，还更加有利于弥补传统（资源）优势竞争带来的区域发展脱节及不平衡等问题。当前，在综合推进新型城镇化、区域协调发展和乡村振兴等国家发展战略的大背景下，深化（国土）空间治理体系现代化改革，形成地域空间经济发展的强优势区，其重点在于完善市场机制在我国经济地理空间重塑过程中所起的决定性作用，且应更好地发挥政府体制机制作用，最终形成市场机制、政策（政府）调控机制、社会公众（社群）监督（参与）机制协同并进的国土空间主体功能区治理结构，推动国土空间强优势区对地域（空间）功能体系完善和转型升级的影响，优化区域空间集聚发展轴及其核心"点、线、面"空间布局，巩固且平衡区域空间发展差距，推进国家空间治理与治理体系现代化的深入建设。

第四节 国外规划分区理念对我国主体功能区空间管制的经验启示

一、国外典型国家规划分区管理模式

中央与地方土地资源空间配置关系协调是世界性问题，以功能分区促进区域协调发展，国外具有比较成熟的经验。从国外来看，一些国家从20世纪50年代以来，先后进行了类似我国主体功能区的规划分区，依据资源环境承载能力、现有开发密度和发展潜力对标准区域和问题区域按"分工-协调"发展模式进行地域功能分区，实行差别化发展战略与政策，取得显著成效。

第二章　从土地资源优势区配置到主体功能区管制：一个空间治理的逻辑框架

（一）德国：因时制宜空间分区模式

因时制宜空间分区模式是指在追求整体空间布局协调背景下，以经济阶段水平、区域发展特征为主要特点，通过因时制宜方式把握区域经济建设调控重点，最终实现区际空间职能协调，促进生态、经济和社会空间平衡发展。德国注重空间整治规划，在联邦层级以法律形式明确空间分区规划管控内容，属联邦政府基本法指导下高度地方自治型规划，由综合性规划和空间相关专项规划组成（李志林，2018），其制定过程均遵循"政府+专家+公众"模式满足不同主体利益诉求的原则（李飒，2014），形成了基于完善法律体系的"顶层设计指导"到"地域自主建设"的完整空间规划体系。具体分区上，1965年德国实施《联邦区域整治法》把全国划分为"集聚区、迟缓区、农业区、边缘区"。随后，1975年德国《联邦区域整治纲领》依据产业结构和社会基础特征差异划分出若干待改善区域。1985年左右，德国再次依据人口密度及其规模把全国进一步划分为"高密度集聚区、密集区、农村地区"。当前，德国又提出"混合功能区"区划思想，并在柏林等主要城市运用。因时制宜空间分区促使德国空间布局在完善法律体系的基础上因时调控、稳中推进，有效地促进了区域经济建设、社会发展和生态保护的协调关系。德国的空间区划实践是根据本国国情，依托完善统一的法律法规体系，立足总规，统筹地方层级规划，地方政府高度自治的一种分区规划编制与实施模式，重视公众参与以确保不同主体利益，特别注重区域自然生态环境保护，并在经济发展阶段性需求的基础上，动态推进空间布局调整与完善。

（二）美国：县域主导经济分区模式

县域主导经济分区模式是以县域行政层级为核心，依据地区经济增长水平、人均收入水平、工业企业产值等要素差异划分出不同经济分区的行为方式。国土面积较大的发达国家，如美国等，通常采用标准区域划分实施地域空间管理并制定管理制度与政策体系。美国经济分析局（BEA）是美国经济区划核心部门，自20世纪70年代开始进行全国经济区域划分工作（高国力，2006），采取"居民公众+专家学者+地方政府"自下而上的划分制度模式。

BEA通过定期收集、整理分析、发布不同地区经济区人均收入、工（企）业产值、人口等原始（基础）数据，掌握不同地区经济发展变化状况及其与各要素变化之间的关系。同时，美国将县域层级作为基本空间单位进行地域经济区域划分，依据核心指标（人口等）通勤量、人口密度和报刊发行量，按照工作与居住地一致的原则，综合地区历史传统文化、习俗、自然资源禀赋条件等因素，建立不同层级的经济分区体系（危旭芳，2012），把标准区域划分为"经济地区、成分经济地区、区域经济地区"三类。美国的标准区域划分是依托行政区划自下而上的管治体系，国家一般不对分区规划进行统一管理，由区域或城市依托实际需求自行编制，注重居民公众参与决策，而国家规划管理机构主要起全国或全区立法、分配区域建设财政补贴、制定宏观政策的作用。同时，通过经济发展阶段状况保持全国经济地区规划适时动态调整，具有一定的合理性和灵活性。

（三）法国：领土整治规划分区模式

领土整治规划分区模式是为了促进区域经济增长，提高社会福利而通过公共机构干预调整人及其活动空间布局的行为，是公共权力对空间分布的管理（汤爽爽，2013），以法国为典型代表。第二次世界大战后，法国面临经济发展极不平衡问题，为缩小区域贫富差距，提出"均衡化"领土整治政策。20世纪60年代初，法国中央政府将全国划为21个区（1970年增加科西嘉地区，为22个区）、95个省（国家计划委员会国土整治考察团，1988）。1963年，为有效开展领土整治工作，法国中央政府成立领土整治和地区行动代表处（DATAR），并设立领土整治"平衡"基金，由中央政府相关部门建设基金和政府财政拨款于DATAR，以工业布局整治为主要工作。1974年，面对金融危机，法国政府以调整工业结构、解决就业为重心进行领土整治，例如加大工矿业技术改造，发展乡镇手工业、旅游业以振兴农村和山区经济等。1981年，法国将中央权力下放至地方，赋予地方政府更高权力，把领土整治提升到"第三次工业革命"要求高度，重点突出对外开放。随着可持续发展理念的出现，20世纪90年代，法国领土整治"范围"继续扩大，提出新兴领土类型"集聚区"，开展跨行政区域边界合作（周璇，2015）。法国的"均衡化"领土整治空间布局与规划理念基于国内外政治变革形势和经济发展需求，集中解决阶段性的关键问题。从20世纪50年代至70年代法国中央政府完全负责到80年代及后期权力下放地方，领土整治在国家总体战略考虑的基础上赋予地方政府计划实施权利，采取国家与地方协调、部际协调等方式实施项目计划，促使法国领土整治工作渐进式综合推进，保障区域经济建设有序发展。

（四）日本：因地制宜轴圈分区模式

因地制宜轴圈分区模式是结合区域自然区位条件，把国土资源按照"轴-圈"理念进行空间布局，以期实现资源合理开发、经济综合发展的一种模式，以日本的"四轴三圈"国土空间分区为典型代表。20世纪50年代，日本就开始了区域规划，其目的在于资源开发、经济产业复兴。1962年，日本通过了第一次全国性的国土综合开发计划，把全国划分为"过密地区、整治地区、开发地区"，并差别化实施政策调控措施（施源，2003）。随后为适应经济发展需求，对全国综合开发规划进行了一系列调整（刘昌黎，2002）。面对人口产业过密、生态环境恶化等现实问题，为加强区域协作交流，日本在第五次国土综合规划（即《21世纪国土宏伟目标》）中明确提出"四个国土开发轴"的空间布局构想（毛汉英，2000），"东北国土开发轴、日本海国土开发轴、太平洋沿岸新国土开发轴、西部日本国土开发轴"。同时，在日本历史发展演化过程中，形成了东京、大阪、名古屋三大经济都市圈（高春茂，1994），为解决都市圈层产业过剩、劳动力过密等问题，自20世纪70年代起，日本开始了三大圈层产业、人口转移、环境治理等措施。日本国土分区规划在于解决国民经济和社会发展长期计划目标，由国家权威性计划机构专门执行，以解决资源环境压力，协调经济发展。

（五）巴西：宏观调控指导分区模式

宏观调控指导分区模式是基于国家区域经济建设宏观需求，解决区域用地空间现实矛盾而提出的规划分区与实施计划。巴西国土面积位居全球第五，土壤肥沃，森林覆盖率高达65.2%，但受历史等因素影响，巴西农业基础薄弱、土地利用方式极为不合理，加之大都市急剧扩张，导致农业生产结构布局、工业等用地分配不均，致使区域贫富差距显著，由此引发的土地冲突严重制约着巴西区域经济建设与社会发展（睢博莨，2017）。面对这一系列问题，巴西政府以土地改革为关键切入点，为实现区域国土空间合理布局、经济社会有序发展等宏观调控目标，把全国划分为五种类型：疏散发展区（登保罗、里约热内卢等大都市及其周边区域）；控制膨胀区（巴西东南部地区、东北部环萨尔瓦多等大都市地区）；积极发展区（巴西内陆中等城市等）；待开发区或移民地区（北部和中西部地区等）；生态保护区（亚马孙流域、中西部地区等）（方创琳，1999；袁朱，2007）。巴西规划分区在于解决国家宏观经济建设目标所面临的城镇化用地布局、生态空间管护等宏观问题，集中解决地区现实突出矛盾，平衡区域经济建设需求与国土空间布局协调关系，分区明显、重点突出。

综上所述，长达一个世纪的国际规划运动中，规划分区始终与国家特定时期政治经济体制、社会制度与发展、基本国情等因素相关联，且这些因素在不同国家所起作用不一，使得政治经济体制差异下规划分区具有完全不同的布局模式和管控特点（表2-4），在不同程度上对区域经济有序发展、产业合理布局、生态环境保护起到重要作用。

表2-4 国外典型国家规划分区管理模式

规划分区模式	典型国家	类型	特点
因时制宜空间分区模式	德国	自上而下	统一领导、总体协调
县域主导经济分区模式	美国	自下而上	政策优先、地区自治
领土整治规划分区模式	法国	上下结合	战略统一、央地协调
因地制宜轴圈分区模式	日本	自上而下	高度指令、政府干预
宏观调控指导分区模式	巴西	自上而下	统一领导、政府干预

资料来源：作者总结所得。

二、国外典型国家规划分区管理经验启示

依据上述国外规划分区模式与管理特点,结合我国主体功能区建设现实需求和国家大政方针要求,得出以下几点经验启示。

(一)以法律形式规范"央地"土地资源空间配置权力

完善的法律保障是市场经济条件下开展区域经济建设调控、实施区域政策制度的重要基础,国外规划分区与经济建设具有完备的法律体系,如德国《联邦空间规划法》、日本《国土综合开发法》。上位空间规划法律体系保障全国规划分区的合法性与权威性,且贯穿区域开发建设过程,并实施动态调整和完善,具备系统性与完整性。虽然我国有关国土空间用途管制的现行法律法规及政策文件已对国土空间开发与利用作了大量规定,但尚未形成完整统一的法律保障体系。因此,我国应有效整合各部门有关分区规划和空间管制现行法律法规,加快制定并出台上位空间规划法律,以法律形式调节各方利益关系,划分"中央-地方"权限,规范中央政府与地方政府土地资源空间配置行为,使我国土地资源利用空间管理及相关政策步入法治轨道,确保主体功能区建设落实到位,并达到预期目标。

(二)明确区域政策对象并差别化实施制度安排

科学合理的区域划分能为区域政策制度安排提供重要基础和依据。我国实行的"国家、省、市、县、乡(镇)"五级行政体制尚不存在国外较大范围的问题区域或标准区分区划分工作,但缺乏有效的区域发展政策制度保障,导致区域空间单元分工各异、重点不明晰等问题突出。因此,根据我国国情发展需求,要加快构建符合行政区划要求的主体功能分区,因地制宜、因"区"制宜地补充或细化主体功能结构体系,切实落实区划范围,并落地于基层空间单元。在遵循总体政策制度体系的基础上,明晰各类主体功能重点及其关键特征,差别化制定并完善不同主体功能区政策制度保障体系,为

我国主体功能区建设下一步工作落地县域层级提供重要保障。

（三）兼顾公众参与和政府管控关系协调

在我国，长期实施自上而下的多部门规划并行治理结构管理体系，以往的区域规划大多是政治直接参与的结果，缺少公众参与规划的过程，而德国、美国、日本等发达国家在规划制定过程中兼顾并统筹如专家、居民、社会组织等各方利益相关者意见，具有较高的规划编制参与度和透明度，最终能够产生独具区域实际特征的发展规划。因此，我国应充分引导并鼓励公众参与规划决策，注重公众基本权益诉求，逐步构建集（地方）政府、专家学者、居民公众、企业组织等为一体的多方协作规划的公众参与机制，使各方利益关系得以协调，确保规划的可操作性和现实契合度。同时，强化社会公众参与不同主体功能区建设实施过程的监督力度，增强公众参与决策监管的广度和深度，可适度采取以制度等形式明确公众参与作用。

（四）突出生态管控与（经济）补偿机制构建

随着全国不同主体功能定位的明确，建立相应的生态管护与生态补偿机制实属必要。主体功能区建设不仅为实现区域国土空间平衡与协调发展服务，更重要的是加强生态环境保护，推进生态文明建设和可持续发展。我国主体功能区大致可总结为两大类：以经济建设为主体功能的区域（包括优化开发区和重点开发区）和以生态保护为主体功能的区域（包括限制开发区和禁止开发区）（危旭芳，2012）。主体功能区中的优化开发区和重点开发区能够通过资源利用直接产生经济效益，而限制开发区，特别是禁止开发区基于生态环境保护的产业发展难以在短时间内形成经济产出，必然要求生态补偿以达到"经济建设"功能区与"生态保护"功能区之间的平衡发展。因此，构建以财政拨款、财政转移支付、专项补贴等方式的生态补偿机制应成为主体功能区建设目标的重要突破口。

第五节　新时期主体功能区战略理念下我国国土空间治理需求逻辑

当前，我国经济已由高速增长阶段转向中高速增长阶段，并向高质量发展阶段迈进，正处于政治治理形式、经济发展形态、社会发展模式和绿色（生态）发展方式的转型新时期。为满足转型新时期发展需求，不应单纯追求缩小地区经济差距。以高质量规划优化国土空间现今极为迫切，这直接关系到经济、社会、生态的可持续发展（Bin et al., 2017）。主体功能区战略是中国特色国土空间治理思想的重要组成部分，是社会经济发展到一定程度的必然结果。新时期空间建设与发展应基于主体功能区战略理念构建区域发展政策体系，立足国土空间治理重点，有的放矢，以实现经济粗放增长向高质量集约发展转换。新时期主体功能区战略理念下我国国土空间治理重点应从以下几点进行思考（图2-13）。

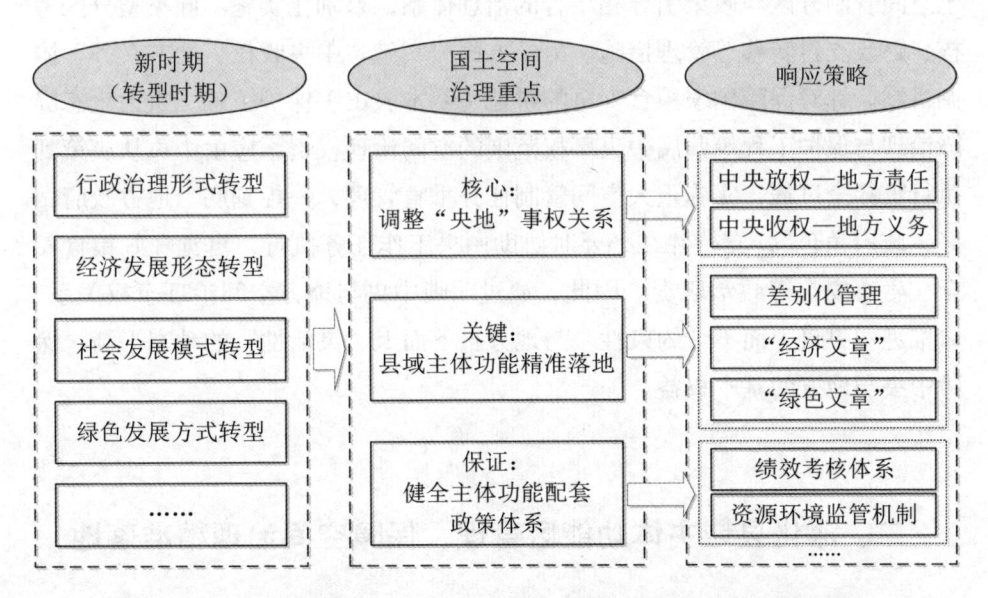

图2-13　新时期主体功能区战略理念对我国国土空间治理的需求逻辑

一、调整中央与地方事权关系,形成国家空间治理合力

我国国土空间治理很大程度上内生于中央与地方事权关系,现行中央与地方关系模式下,理论上中央政府为"统管"角色,实际上却委托地方政府执行,导致两种现实情形:一是中央过多干预地方政府行为,地方亟待中央放权;二是地方政府执行中央决策不力,中央仍需加大集权。这一情形导致中央与地方处于事权矛盾的困境关系之中。因此,厘清中央与地方权责和管控重点,形成国家空间治理合力,以提高国土空间管制效率是核心。

一方面,实施"中央放权、地方责任"事权机制。中央在宏观层面开展国土空间全局管控,通过制定事权清单明晰中央事权、地方事权及其共同事权(宣晓伟,2019),因需适度下放国土空间与自然资源管理职能"重心",赋予省级及以下地方政府及其主管部门更多自主权,通过下放经济、社会管理相关事项,提高地方政府及其部门事权处置能力。同时,地方政府依据中央"顶层设计"进行各自空间事权管制,构建符合市场经济体制需求下的国土空间管制分区与政策引导相结合的治理体系,差别化实施不同类型分区考核、财政支付转移等管理措施。另一方面,实施"中央收权、地方义务"协调机制。针对保障国家粮食安全的耕地(基本农田)保护工程、重大生态屏障治理与保护工程等归属中央事权范围的空间治理权责,应由中央从决策到执行贯穿全过程,实施重大空间管制任务垂直管理,一控到底。地方政府做好"政府角色",支持并在必要时协助中央工作任务执行,自觉守好粮食安全、生态安全等政治职责。因此,通过明晰中央与地方空间治理事权关系,以推进中央自上而下"约束性"与地方自下而上"灵活性"的动态平衡,保障中央与地方的基本权益。

二、深化县域主体功能区管理,保障空间治理精准落地

在经济发展方式转变、生态文明体制改革大背景下,党的十八大把主体

功能区建设提升至经济发展和生态环境保护的战略性地位，兼具国土空间开发保护的基本制度作用。我国当前已完成国家和省级（以县、区为基本单元）主体功能区划。2017年8月，中央全面深化改革领导小组（2018年改为中央全面深化改革委员会）第三十八次会议通过《关于完善主体功能区战略和制度的若干意见》明确指出"主体功能区战略格局要精准落地于市县层面"。因此，转变传统优势区位发展模式，深化县域主体功能区管理是保障国土空间治理精准落地的关键。

首先，主体功能落地县域层级，应明确乡镇主体功能，真正实行差别化管理。在严格执行上一级（省级）主体功能区规划基础上，构建覆盖全县域、分区分类的空间管理体系，以乡镇行政区为基本空间单元，必要时突破行政边界限制，因地制宜地划定生态、农业、城镇三类空间和生态保护红线、永久基本农田、城镇开发边界三条控制线，注重"三区三线"行政管控衔接与协调，差别化制定并实施管理政策体系。其次，在国家、省赋权范围内，做好城镇、工业开发边界内部"经济文章"。在落实边界限定的基础上，根据分区产业发展优势条件，通过招商引资等形式合理引导开发边界内工业企业布局，加大城镇建设与工业发展用地结构调整，注重经济集聚规模发展，加快城镇化与工业化建设进程，促进县域范围经济有序健康增长。最后，在国家、省财政支持下，做好农业发展、生态建设"绿色文章"。对于农业生产空间和生态保护空间，应限制高强度城镇化和工业化开发建设，着眼生态农业生产方式，着力农业综合生产能力和生态农产品品牌化提升（陈磊 等，2018），探索如休闲观光农业与教育体验式农业相结合的（陈磊 等，2019）三次产业融合（特色）发展模式，坚守生态底线，确保生态安全。

三、健全主体功能配套政策体系，确保空间治理实施成效

目前，我国主体功能区建设过程中所面临的最大挑战是国家战略需求与地方利益冲突之间的矛盾。因此，完善配套政策是推进我国主体功能区建设的关键要素。然而，主体功能区建设最终应落地于"基层"，有效推进县域

主体功能区建设，必须从配套政策重点方面进行设计并加以完善。在明晰主体功能基础制度作用的基础上，围绕系统改革，通过完善空间管理体制机制并重点落脚于绩效考核、监管预警等配套政策体系（樊杰，2017），为国土空间治理提供重要保证。

一方面，构建差别化绩效考核体系。在坚持经济建设、社会发展、生态保护为一体的基础目标上，建立不同主体功能区分类考核机制，突出"转方式、调结构、稳增长、重生态"等评价考核要素，探究主体功能差异化考核评价制度，保证考核重点与空间主体功能相互协调；建立"奖惩并举"的干部绩效考核机制，把差异化空间主体功能考核结果作为地方党政领导干部综合考核依据，与国家重点生态功能区财政转移支付相结合，重点突出生态环境绩效考核，探索领导干部自然资源资产离任审计制度（黄征学 等，2018），完善事后考核问责机制。另一方面，构建主体功能区资源环境承载力监管机制。强化资源总量、环境容量等管控是主体功能区建设、国土空间治理政策体系完备的重要内容。以县域层级为基本评价单元，科学评价国土空间资源环境承载力，打破部门界限，整合资源环境管理职责，建立不同功能区资源环境监管预警机制，通过预警等级判别，进一步对资源环境退化严重区域实时问责，对资源环境保护得力区域给予合理生态补偿。

第六节　本章小结

我国土地资源空间配置无论在理论上，还是在实践中，都遵从"优势区竞争原则"发展到服从"主体功能区分工协作规则"。

（1）优势区经济发展的土地生长形式是市场配置机制导向下的产物，政府对市场的有效干预促使了传统优势区土地资源利用空间有序配置，地域功能特性显化，对早期区域社会发展带来了较优的经济效益，并产生规模经济和集聚经济效应。但随着地区发展不平衡问题凸显，其内部仍存在生产、生活、生态空间配置失衡等矛盾，降低了土地资源空间配置效率。

（2）主体功能区战略是传统优势区土地资源空间配置理念转型的产物（即对传统优势区地域功能分工调控行为方式的衍生），是优势区竞争下政府主体行为直接参与的结果，也是我国特定时期具有国家特色的经济发展模式与理论创新，相对于传统优势区竞争配置机制具备土地资源功能分工协作的效率比较优势，理论上具有助力土地资源空间配置效率提高的现实可能，其关键在于在空间方位上明确土地资源配置主导定位，在管理举措上实施差别化土地资源配置策略，在运行机制上培育土地资源配置"强优势区"。

（3）国外与主体功能区土地资源空间配置相近的是规划分区，我国主体功能区建设应着重以法律形式规范"央地"土地关系（权利），差别化实施政策制度安排，引导公众参与规划决策，创新生态（经济）补偿机制。同时，不同分区土地资源空间配置关系协调是国土空间治理的关键性问题，转型时期我国国土空间治理应精准落地于县域主体功能区建设，厘清中央与地方事权关系，健全主体功能配套政策体系，这应作为当前我国国土空间优化和规划治理的重点。

总之，主体功能区战略，无论是优势区功能的一种转型，抑或是对区域经济发展理论的一种创新，都是我国国土空间治理实践的重要理论依据和土地资源空间配置的实践关键。

第三章　主体功能区与土地资源空间配置：理论分析

　　基于上一章从传统优势区配置到服从主体功能区管制的土地资源空间配置理论论断，本章进一步从理论上分析主体功能区与土地资源空间配置的作用关系；在遵循二者作用关系的基础上，阐释主体功能区对提升土地资源空间配置效率的重要作用及最优空间配置效率的经济学条件；最后，基于以上分析提出如何依据遵从优势区配置原则明确县域主体功能区空间边界划分——空间边界与治理体制。通过对上述内容的分析，为后续实证章节提供框架安排和理论指导。

第一节　土地资源空间配置理论概述

一、土地资源空间配置及其流向的一般规律

（一）资源配置与土地资源空间配置

资源（resources）是社会经济活动中人力、物力和财力的总和，是社会经济发展的基本物质条件（曲福田，2011）。随着社会经济发展到一定的阶段，于人类生产生活的基本现实需求而言，资源总是表现出相对稀缺性，其稀缺性决定了社会必须通过一定方式合理（有效）分配有限的资源以满足人类生产生活之需。因此，资源稀缺性是引发资源配置问题的重要前提。

资源配置（resource allocation）就是把相对稀缺的资源在不同用途上通过比较权衡（或比较优势）而确定其用途的一种选择行为，按内容可分为资源的产业部门配置（inter-industrial allocation）、资源代际配置（inter-generational allocation）和资源空间配置（spatial allocation）。由此可见，资源空间配置是资源配置的重要内容之一。土地作为最基本的资源要素，既是首要稀缺资源，又是一切生命体存在的重要（空间）载体。那么，如何使有限的土地资源能够有效推进国民经济发展、实现各项建设目标是资源配置的重要任务。在国土空间治理现代化背景下，强化土地资源空间配置是关键。土地资源空间配置（spatial allocation of land resources use）就是为满足人类生产生活需求，对土地资源（不同）用途在区域空间上进行分配与组合，其目的在于如何使有限的土地资源通过区域分配以实现国民经济发展和其他社会目标在空间上的协调。

（二）土地资源空间配置流向的一般规律

土地资源配置的空间要求是土地资源在不同利用方向和不同地区的配置

（王万茂，1995）。一定地域空间范围的土地资源总量是既定的，可将其理解为一个国家或地区范围内的陆地总面积，包括土地资源自然供给和土地资源经济供给两个方面。其中，土地资源自然供给是指除去难利用或无法利用的土地后，可供人类利用与开发的土地面积；土地资源经济供给是指在土地资源自然供给的基础上，通过对其利用与开发后可直接用于人类生产生活的土地面积（曲福田，2011）。一般而言，土地资源与其自然供给、经济供给之间是层层递进的关系（图3-1）。人类利用土地进行生产生活最终来源于土地资源的经济供给。在土地经济供给这一过程中，由于农业用途和非农业用途需求存在空间上的重叠，加之土地具有不可移动性，随着产业结构的不断调整与变化，土地资源经济供给遵循土地资源先用于农业生产与开发，再通过土地的农业用途转为非农业用途（即农地非农化）的流动规律，这一规律流向是单向的。

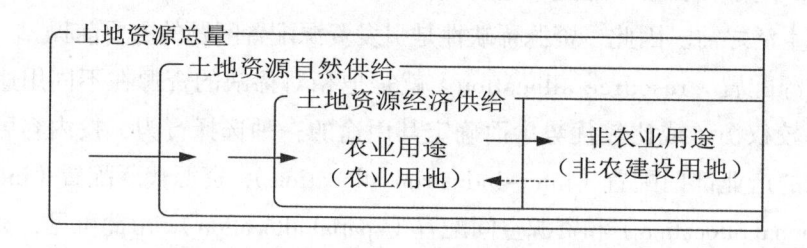

图3-1　土地资源空间配置及其流向逻辑

二、土地资源空间配置方式：市场调节与计划调节

面对资源稀缺性，经济学家指出，在经济社会发展进程中利用稀缺资源时，必须考虑资源的效用（或效率）。资源空间配置效率的提升关键在于依靠有效的资源空间配置方式。从经济体制视角看，资源配置主要包括市场调节（market regulation）和计划调节（planning adjustment）两种基本方式，那么这一基本方式也是土地资源空间配置的方式。其中，市场调节又称市场配

置方式（market allocation mode），是指依靠市场机制进行各项资源要素竞争配置的方式，其主体是企业，客体为消费者偏好；计划调节又称计划配置方式（planning allocation mode），是指政府（计划）部门依据社会经济发展的可能与需求，以计划配额、行政命令等形式统筹各类资源分配的方式，属政府根据（地区）国民经济发展需要而做出的选择，反映了社会生产与需求的内在关系，体现了政府意志及其偏好。

经济学理论认为，市场机制是土地资源空间配置的最有效方式，其效率也会更高。这是因为在完全竞争市场条件下，市场发育完善，具有完全信息特征，市场机制能够通过价格机制迅速反映出真实的市场供求关系及其均衡价格。虽然市场机制在土地资源空间配置中具有显著优势，但这一优势的市场结构必须是完全竞争市场。可事实上，现实中的市场并非完全竞争市场（即不完全竞争市场），市场运行过程中存在市场本身的不完备性，特别是市场交易信息不完全（不对称），可能会造成社会需求和社会供给失衡，出现产业结构不合理、土地资源空间配置结构失序等一系列问题，导致"市场失灵"（market failure），这就从客观上提出了政府干预（government intervention）的现实必要性。一般而言，政府干预（行为）必须在公共利益受损（或受威胁）的前提下进行，政府具有解决市场机制运作缺陷的责任和权威，通过适度有效干预市场，以纠正"市场失灵"，弥补市场缺陷。因此，土地资源利用空间优化配置需要"看得见的手：政府"和"看不见的手：市场"双向-协同作用。

三、土地资源利用空间有效配置的依据：一般均衡与帕累托最优

资源利用空间配置在于追求资源空间的有效配置，以达到资源利用的社会福利最大，也就是一个经济社会资源利用空间配置效率达到最优。那么，在什么条件下资源利用空间配置才是有效率的？新古典经济学认为，资源配置达到一般均衡（general equilibrium）时效率最优，这一"均衡状态"实质就是"帕累托最优（Pareto optimality）"，即资源得到优化配置、社会福利达

到最大化。土地资源空间配置也遵循这一条件。

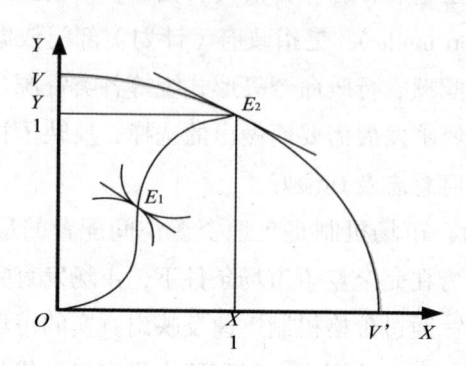

（引自：丁卫国等《西方经济学原理》（第二版），P175/图9.4，作者绘制）

图3-2 资源空间配置的一般均衡

如图3-2所示，在一定地域空间范围，假定生产要素分配落在生产可能性曲线VV'的E_2点处，此时相应的X产量为X_1，Y的产量为Y_1，并以X_1和Y_1两点构成既定产量组合下交换消费限制范围的埃奇沃斯盒状图（Edgeworth box）——矩形$OX_1E_2Y_1$，沿着交换契约线OE_2进行交换，在E_1处达到生产与交换的均衡，满足$MRS_{XY}=MRPT_{XY}$（商品X、Y对消费者边际替代率等于该商品边际转换率）。如果$1=MRS_{XY}>MRPT_{XY}=0.5$时，生产一方要素投入不变的情况下，每增加1单位X生产只需减少0.5单位的Y，而从消费一方，每增加1单位X消费需减少1单位Y，但效用不变。那么，社会选择上会多生产X来增加效用。如果$1=MRS_{XY}<MRPT_{XY}=2$时，生产一方每增加1单位X生产会减少2单位Y，而1单位X与1单位Y的效用相同。那么，社会选择上会多生产Y增加效用。以此类推，直到满足$MRS_{XY}=MRPT_{XY}$时实现资源利用空间配置一般均衡，即一般均衡条件为$MRPT_{XY}=MRS_{XY}^A=MRS_{XY}^B$，均衡点为$E_1$，达到帕累托最优。

人类在追求帕累托最优的过程实际是管理决策过程，即在土地资源管理中，充分利用现有条件，优化土地资源空间配置方式，尽可能实现最小成本投入产生最优效率的过程。帕累托最优状态就是经济效率最优。通常，帕累托最优是假定在完全竞争市场条件下，规模报酬不变，且不存在外部经济或外部不经济的。因此，依据帕累托最优条件，实现最优经济效率，得到最大的社会经济福利，必须同时满足以下几个边际条件（丁卫国，2014）。一是交换边际条件。对消费者A、B来说，任意商品X、Y之间的边际替代率必须相等，即$MRS_{XY}^{A}=MRS_{XY}^{B}$，表明消费者的交换达到了帕累托最优状态。二是生产边际条件。对于生产者C、D而言，任何两种生产要素地X、Y的边际技术替代率使得其在任何用途上均是相同的，即$MRTS_{LK}^{X}=MRTS_{LK}^{Y}$达到帕累托最优状态。三是产品替代的边际条件。任意两种产品A、B在生产中的边际转换率相等，且边际替代率等于边际转换率，即$MRS_{XY}=MRPT_{XY}$，使土地资源空间配置达到帕累托最优状态，即无法通过生产要素和产品重新分配使得一部分人福利增加，而又不使他人福利减少。

以上帕累托最优条件是土地资源空间配置效率实现最优的重要条件。然而，帕累托最优只是一个"理想王国"，现实世界的竞争并非完全的，经济状态通常是非均衡的，单凭市场机制是不能完全实现社会经济福利的最大化的，这也再次印证合理的土地资源空间配置以实现经济最优效率离不开政府的适度、有效干预。

第二节 主体功能区与土地资源空间配置的内在联系

一、主体功能与土地资源利用

（一）主体功能及其特征

土地利用系统是由多个子系统组成的复合型系统，其子系统要素主要由土地的经济子系统、社会子系统和生态子系统三大方面构成。系统论认为，作为某个系统，应从整体出发探究系统及其各要素子系统之间的相互作用关系（陈磊，2017）。依据系统论原理，土地利用的系统结构是由各种用地类型构成的，决定着系统的结构效应，并作用于土地（利用）功能。然而，一个地域范围的土地具有诸多功能属性，但必有一种体现自身结构特性的主体功能。主体功能就是事物自身所发挥的一项核心效能（或功效），是由自身资源禀赋条件、社会经济基础决定的。以生活功能、生产功能和生态功能构成的"三生功能"与可持续发展的联系最为紧密，以其为土地利用主体功能已被学界广泛接受（刘继来 等，2017；张晓琳 等，2019），且各主体功能相互协作，共同影响着地区经济发展状况，最终促进经济效益、社会效益和生态效益的协同，推进综合效益最优（图3-3）。

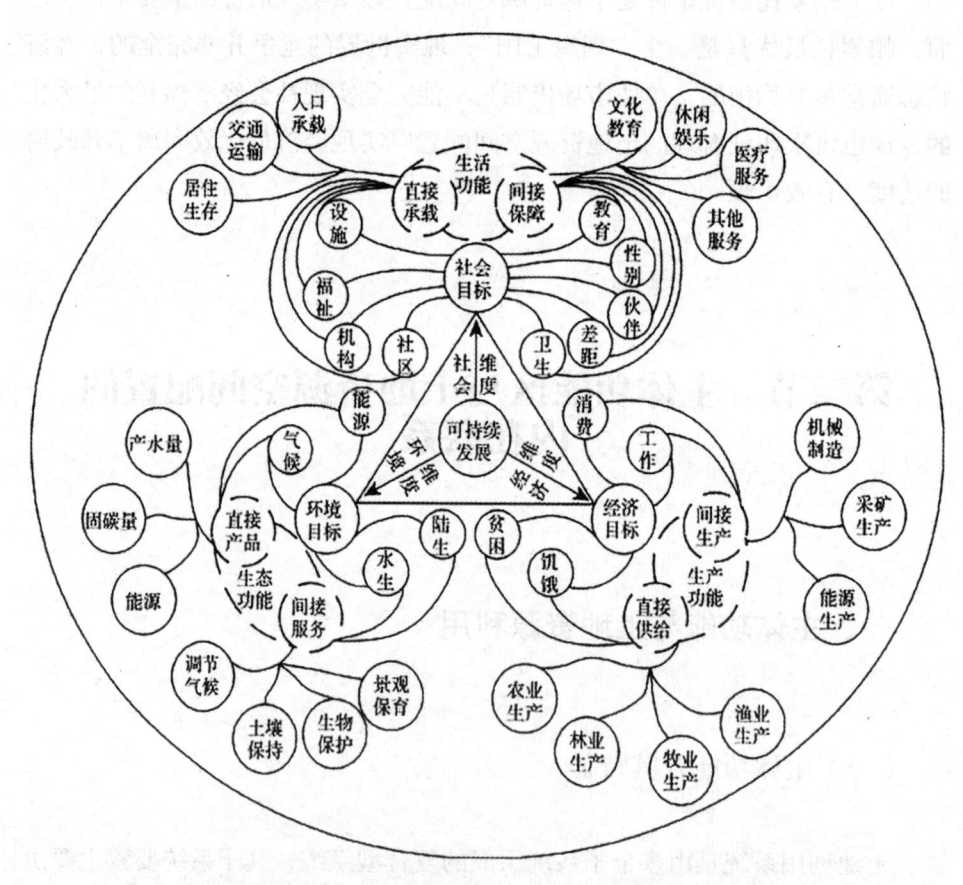

（引自：张晓琳等《自然资源学报》，2019，34（04）：P692/ 图1）

图3-3　土地利用主体功能作用关系

第三章　主体功能区与土地资源空间配置：理论分析

因此，土地的主体功能一般特征体现在三个方面。（1）依附性。在地区经济社会发展过程中，政府基于地方实际情况、依据不同经济发展目标实施区域差异化、协同性发展规划，其主要目的在于解决一定时期社会经济发展特定问题。地域主体功能的实现并不会涉及经济社会发展的大格局（思想）的转变或调整，是依附于时代发展大格局（思想）而存在的。（2）空间性。一个地区范围内，区域间存在开发适宜程度等方面的差异，主体功能属空间单元的一种特定效能，要充分发挥区域资源禀赋（比较）优势，强化空间功能性分工协作，引导分区管理政策实施，规制区域空间经济开发，以协调空间结构合理布局，实现地区空间整体经济社会建设与生态环境保护。（3）战略性。主体功能是与国家经济社会发展特定阶段主要矛盾相关联的概念，是超越了一般功能和特殊功能基础之上的功能定位（高国力，2007），却不排斥一般功能和特殊功能的存在，是具有时代性色彩的一种战略性定位。

（二）主体功能与土地资源利用的一般关系

不同主体功能是区域空间范围差异化建设与协调性发展的重要出发点，以立足地区资源环境可持续、实现土地资源最优利用与开发为最终目标，但其基本侧重点具有一定的差别，其中，生产功能是以经济发展与地区建设为基本出发点；生活功能是围绕基本生存所需而开展的基础性生产活动（如农业生产活动），以满足人口基本生活所需；生态功能重点关注生态环境的有效保护。这也使得土地资源在不同空间上的利用方式存在一定的差异，其主体功能的基本出发点不一，在不同程度上影响着土地资源利用在空间上的效益（率）差异。一般来讲，不同主体功能相互独立、相互关联，共同影响地区土地资源利用状态。

1. 生产功能是影响土地资源有效利用的先导

生产功能在人类社会发展过程中起着决定性作用，是影响土地资源有效利用的先决要素（条件）。地域生产空间是物质资料生产方式的基础，是由物质生产地位决定的。物质生产离不开土地资源，人与自然的物质交换就是人类利用（开发）土地资源而获取物质产品（效益）的过程，而生产功能具备空间属性，这一过程亦可理解为物质空间配置过程。生产空间的集约化发展是土地资源利用在空间上的效益提升的根本，也就是说，在空间总量一定的条件下，生产空间集约化往往会促进生产场所占用空间范围的比例缩小，有利于减少非生产空间的占用，为生活空间、生态空间留有更多余地，并为其发展奠定物质基础。

2. 生活功能是提升土地资源有效利用的基础

生活功能是满足人类基本生存所需的空间功能形式，是提升土地资源有效利用的基础性纽带。以人为本是生态文明建设的重要出发点，宜居适度、富裕文明的时代理念就强调了生活空间有效配置对人的积极作用。生产功能在于提升生产效率以满足基本生存之需，生态功能在于创造优质的生活环境以满足日益增长的生态需求。无论是生产功能，还是生态功能，无疑是最终回归于生活功能之中。那么，人是发挥主观能动性的主体，完善生活功能性，提高人类生活空间的适宜度是土地资源在空间范畴有效利用的重要基础。

3. 生态功能是提升土地资源有效利用的保障

生态功能立足于生态环境的保护，是生产功能、生活功能的重要约束条件，规制着生产空间与生活空间开发与布局的行为，是土地资源有效利用的保障性要素。通常，良好且有序的生态环境是满足生产与生活需求的初始源泉。生态功能为社会经济发展提供最为直接的自然物质资料——为农业发展提供耕地、为畜牧业发展提供草地、为工业发展提供工矿开发与建设用地等（刘燕，2016）。只有更好地发挥生态功能，保护生态环境及其空间要素，才能合理地保障生态资源的可持续性供给，以满足生产功能、生活功能的基本需求。

二、主体功能区与土地资源空间配置：重要条件与作用关系

土地资源的主体功能在很大程度上决定着土地利用与开发类型（或用途），是以土地资源基本属性为基础的主体功能区划定的重要依据。在我国，主体功能区经历了规划、战略和制度三种演变形态，属于一项战略性、基础

性、约束性规划，是政府行政配置的基础手段和方式，在其地位逐步上升的过程中，主体功能区的生态保护属性及其对经济建设与开发的约束性更为鲜明和突出。土地是主体功能区实施的物质载体，强化主体功能定位，要明确主体功能区土地资源空间配置的重要条件，厘清主体功能区与土地资源空间配置关系，这既是推进我国生态文明建设的重要基础，也是构建国家空间现代化治理结构体系的重要要求。

（一）主体功能区土地资源空间配置基础：资源环境承载力

资源和环境是人类生存与发展的基础，资源环境承载力概念对于提高人类生产生活活动对未来资源（特别是土地资源）增长极限的科学认知起到了十分重要的现实作用，并在自然（国土）资源管理中得到了广泛应用。主体功能区建设理念下资源环境可持续承载的重心集中在国土空间差异化管控问题上，是影响土地资源空间配置的基础性要素，其关键在于把控地域人口承载与生产极限，提升土地资源承载能力，保障人类生产生活发展的永续性。

1. 土地资源承载力与国土空间管制的消长关系

土地是国土资源中最为重要的物质基础，在为人类生产生活活动提供空间和载体的同时，也提供物质资源并容纳废弃物，其核心价值体现在为人类生存发展需求提供重要的支持。通常，土地作为一个庞杂的自然经济系统，其物质构成具有一定的数量比例和空间分布规律，对人类生产生活活动的支持能力是有限的。长期以来，我国经济发展进程中，地区竞争导致产业重复建设，布局极为不合理，造成国土空间矛盾突出，土地资源利用负荷较大，地区土地资源承载能力面临着巨大的压力。对于土地资源承载力而言，国土空间管制（包括管制行为、手段、措施等）起到重要的影响作用——国土空间管制作为一项管制手段，决定着土地资源承载力的大小，二者之间存在着一种相互消长的关系，这一消长关系主要表现为二者相互作用、相互影响的互动关系。一是国土空间开发与建设的有序程度（更多的是产业空间布局的有序程度）对土地资源承载能力水平具有直接的影响，关系到地区土地资源空间配置效率高低；二是土地资源承载力大小在一定程度上能够反映出地区国土空间布局的合理程度。只有正确认识二者之间的消长关系，才能使产业建设与开发行为被限制在最大的地区土地资源承载力范围内,即国土空间管制在追求经济发展中实现地区产业布局空间的最大开发程度基础上,不能超过地区土地资源所能承受的最大承载阈值(范围)。

2. 主体功能区对土地资源环境与发展的调节作用

虽然我国国土面积幅员辽阔,但是可利用的土地资源面积是有限的,空间资源空间分布不均且资源相对稀缺,可利用的土地资源多集中于我国东部地区和中部地区,而西部地区由于地形地貌差异显著多为难利用的土地空间。同时,我国生态环境十分脆弱,耕地面积只占世界7%的国土却养育着22%的世界人口,工业化与城镇化的适宜地区相对有限的。随着社会经济的快速发展,大气、土壤、水源等环境污染程度不断加深,生物多样性备受人类生产生活行为的威胁,加之气候变暖、极端天气等问题的出现,已经给人类生存发展带来了极其不利的影响,甚至部分地区污染程度已超过地区环境容量的最大限度,造成了难以(不可)逆转的生态环境问题,导致地区土地资源承载能力濒临极限,出现了明显的生态退化等现实问题,进而造成资源环境与社会、经济、人口之间的关系不协调,地区发展与空间结构布局差异明显——部分地区人口集聚规模不断扩张,土地开发强度急速增大,生态环境空间不堪重负,而部分地区则与之相反。面对这一系列突出问题和现实矛盾,其关键应通过资源环境与经济发展、人口集聚的有效配置进行解决,其最终需要落脚于土地资源空间有效、合理和科学性配置。土地资源的有效、合理和科学性配置表现为:一是特定空间范围内资源环境、经济集聚规模和人口数量应该在充分考虑地区土地资源承载能力的基础上按照一定的数量比例加以组合,形成科学的生产生活配置比例;二是这一数量比例组合要配置到地区国土空间范围内,形成差异化和特色化的空间布局模式。

主体功能区战略理念目标就是实现资源环境、经济集聚与人口规模之间的协调发展,通过主体功能区划实施明确土地资源利用与开发的极限边界(界线),为实现地域空间按照差异化(优势区)结构布局以提升国土(土地)空间效益(效率)奠定了重要的技术基础和规范依据。主体功能区是国土空间管制的重要措施,也是当下国土空间治理的关键性规划,更是调节土地资源环境与发展关系的一种有效手段,能够引导土地资源环境自主更新,并与土地资源环境承载力相适应。特别是经济规模扩张带来地区人口急剧膨胀，对区域土地资源环境造成巨大压力，区域土地空间环境（人口）容量备受影响。因此，在主体功能区建设过程中，主体功能约束条件下的产业选择和经济结构布局行为更要注重人口规模的控制或数量的有效转移，注重生产空间、生活空间和生态空间的协调关系，满足社会可持续发展及对土地资源环境可持续的需求。

（二）主体功能区土地资源空间配置保障：生态环境质量

主体功能区是顺应生态文明建设时代要求而提出的，一个国家或地区的生态环境应有益于该国或该地区的生产生活，这就要求在土地利用结构及其空间配置方式等方面的选择上注重生态环境质量的提升。尤其是在经济增速稳定时代背景和空间治理要求下，土地利用变化及其空间布局合理性对生态环境的影响显著。

1. 经济发展中土地利用结构变化及其对生态环境的影响

进入20世纪以来，我国经济发展水平迅速增长并逐步处于稳定增速状态。2001—2011年间，我国经济发展持续处于高速增长阶段，国内生产总值（GDP）由2001年的110 863亿元增长至2011年的487 940亿元，增长量超过4倍，增长了77.28%，年均增长率处于10%~14%之间；自2012年起，我国GDP增速开始回落，连续三年（2012—2014年）年均增长率处于7.5%左右的平稳变化趋势，我国经济增长阶段发生根本转变，经济增速由高速增长转为中高速增长，进入经济新常态（图3-4）。与此同时，我国经济增长中出现新的结构变化特征，即处于投资需求带动经济"重型"增长的工业化中期与城市化加速时期阶段。这一阶段呈现出"经济增速稳定、工业化与城镇化水平加速"的经济发展特征。在面对结构转型现实压力的同时，对资源要素需求以满足社会财富积累增加的趋势日益凸显，加剧了对土地（耕地）等生产要素的需求竞争。从图3-4可知，2001—2017年建设用地面积呈持续增长的演变趋势，与此同时，耕地面积也基本呈现下降变化趋势。也就是说，随着经济的发展，耕地面积随着建设用地面积的增加而不断减少，经济增长与建设用地面积需求呈正相关，与耕地面积变化呈负相关。

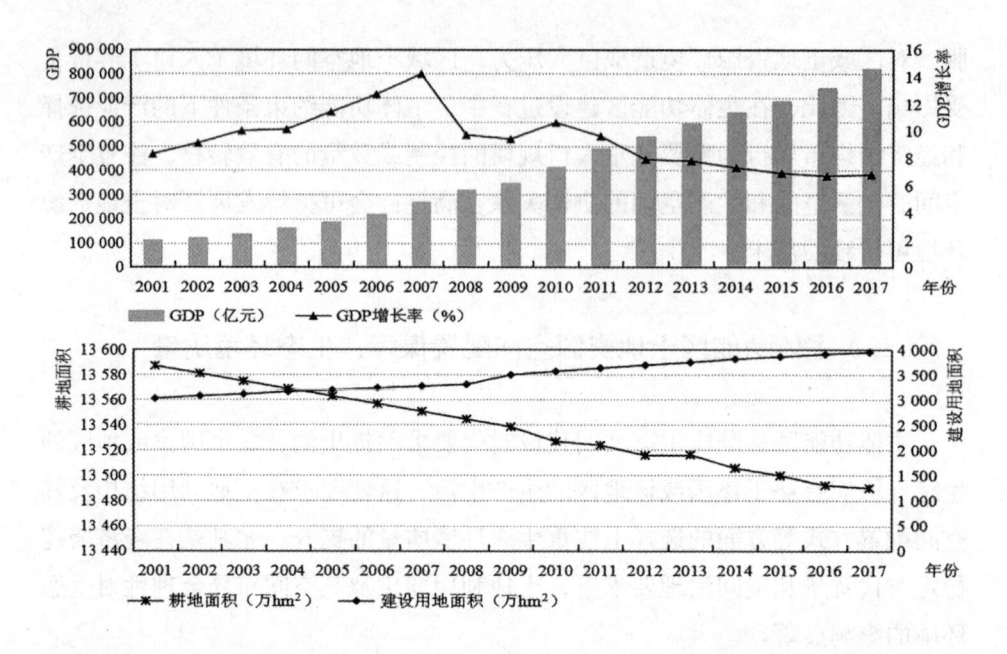

（数据来源：GDP 源于 2002—2018 年《中国统计年鉴》；耕地面积和建设用地面积源于 2001—2016 年中国国土资源公报和 2017 年中国土地矿产海洋资源统计公报；数据由作者整理[①]。）

图3-4　2001—2017年我国经济发展水平及其影响下土地利用结构变化趋势

但应该看到，自然界并无孤立存在的物质方面，土地利用结构变化并非其内部用地类型的单一转变，而是关系到整个土地系统及其与生态系统的循环运行。一般而言，非农建设占用耕地是不可逆的。耕地不仅具有为国民经济发展提供物质产品的经济功能，而且其自身环境即耕地环境，包括区位、耕种的农作物及其周围空间他项物质因素（兴志谷尔，2018）更加具有重要的生态作用，其生态价值在于它既是生物能量的源泉，更是生态系统不可或缺的组成部分，为人类和动植物提供重要的生存空间（与条件）。然

---

① 图3-5中耕地面积和建设用地面积由于部分年份数据存在较大偏差，依据"年均变化率"对其部分年份的基础数据进行平滑性处理。其中，2001年的建设用地面积是以2002—2008年年均建设用地面积增长率为参考进行数据修正，2001—2008年耕地面积是以2009—2017年年均耕地面积减少率为参考进行数据修正，数据修正后的变化趋势符合经济发展中建设用地面积和耕地面积变化的一般规律。

而，不合理的开发利用与管理，使得耕地退化与污染等（生态）环境问题越发凸显。一方面，耕地是农地资源中最为重要的部分，在利用过程中受人为影响较大，尤其是耕地转变为建设用地（耕地非农化），通常会造成耕地优质表层土壤功能丧失，使得对优质耕地的占用是得不偿失的行为，会对农业生产、土地生态功能（状态）造成巨大损失，这一损失的弥补需要花费更大的人力、物力和财力，甚至有时无法弥补或扭转。另一方面，耕地非农化后的非农建设活动会造成严重的耕地转移性环境污染。2014年，我国首次出台的《全国土壤污染状况调查公报》显示[①]，全国土壤总超标率达16.1%，其中耕地点位超标率为19.4%，受镉、汞、砷等重金属污染的耕地面积占全国耕地总面积的比重高达1/6，这在很大程度上受工业生产活动的影响。据统计[②]，2017年我国（企业）工业污染调查显示，SO_2、烟尘等排放量及化学需氧量（COD）等分别为87.40万吨、796.26万吨、1 021.97万吨，固体废弃物产生量达331592万吨，这些污染性物质增加了土地及其生态环境的脆弱性。为保护耕地、保障建设用地需求与耕地保护相协调，实行耕地占一补一，保障耕地总量占补平衡，在很大程度上遏制了耕地粗放利用行为，提升了土地资源利用集约化程度，提高了土地资源利用效率。然而，我国大多耕地占补措施实施行为是对区域林地、草地及未利用地等耕地后备资源进行开垦，这直接会改变原有用地类型的生态属性和基础功能，在一定程度上破坏了原有用地类型及其空间范围的生态状况及其与周围物质的关联度，对生态环境产生一定的负面影响。

2.经济发展中生态用地需求与土地生态限域

（1）生态用地范畴及其需求的必然性。

生态用地（ecological land）本身并无严格意义上的学术内涵，这是由于任何类型用地均具有生态意义上的功能，对其概念界定通常是基于研究问题的导向。生态用地内涵的核心在于土地资源利用的生态功能特性，王静等

---

① 数据来源于2014年环保部（2018年改为生态环境部）和国土资源部（2018年改为自然资源部）颁布的《全国土壤污染状况调查公报》。

② 数据来源于2018年《中国统计年鉴》。

（2017）从主导功能和多功能两个视角对生态用地内涵进行了系统的阐述，其中，主导功能生态用地是在生态、生活、生产中以生态功能为主的用地类型，包括湿地、滩涂、冰川等；多功能生态用地是具有生态功能、生活功能、生产功能的生态用地类型，包括耕地、林地、草地等，归属农用地概念范畴。本书生态用地从多功能生态用地范畴甄别，其分类体系见表3-1。

表3-1 基于土地利用分类的主导功能生态用地类型

生态系统类型	生态用地类型	生态系统类型	生态用地类型
耕地生态系统	水田	林地生态系统	有林地
	水浇地		灌林地
	旱地		
	果园		
	茶园		其他林地
	其他园地		
草地生态系统	天然草地	其他	水库水面
			坑塘水面
	人工牧草地		沟渠
			空闲的
	其他草地		设施农用地

资料来源：引自王静等《地理研究》，2017，36（03），P456/表2中部分内容。

土地资源利用系统中非农经济建设极大地推动了社会经济的迅速发展，但同时也促使土地无序或过度开发造成资源环境开发强度增大，导致农用地资源数量不断减少、生态环境质量不断下降，使得土地社会经济系统发展与土地生态环境系统保护出现不均衡的现象，也就是说，在一定程度上，社会经济的不断发展正在以牺牲生态环境为代价。同时，遭受破坏的生态环境势必会反过来制约土地的社会经济稳定、协调发展，最终使得整个土地系统处于用地空间失衡的现实状态。长期以来，把经济增长作为地区建设与发展关键性目标的这一社会经济发展误区导致地区工作重点多关注于GDP的增长速度，这一行为在很大程度上忽略了生态环境的保护需求与合理利用。一方面，单一的经济增长目标会造成地区经济发展缺乏强劲稳健的竞争能力，短时期的经济增长并不能有效且时常满足地区高质量发展与建设的需求。另一方面，高昂的生态环境代价直接危害到地区生产生活所必需的生态屏障和环境基础，危及地区的可持续发展。因此，随着环境问题日益突出以及人类对生态环境价值认识的不断深入，生态用地边际效益逐渐显化，生态环境对土地资源价值变化影响也逐步明晰。

（2）经济发展中土地生态限域：土地开发强度。

经济社会快速推进常伴随着人口数量急剧增加和城镇土地规模不断扩张，使得区域土地开发强度迅速提升，导致区域生态环境保护面临着巨大的挑战。这是由于城镇化与工业化进程中，地区人口数量增加直接造成建设用地数量刚性需求增大，而各项建设规模扩张通常会占用大量耕地资源，为保障（国家）地区粮食安全而开垦耕后备资源，直接导致地区水域用地、未利用地等面积不断缩减，造成地区具备生态功能的用地类型遭到破坏，使得其生态环境压力不断增大。因此，地区适度规模开发、土地集约节约利用应是保护土地生态环境的基本出发点。

然而，适度的建设空间规模仅是一个绝对数量，并不能有效反映建设用地与生态用地的比例关系，土地开发强度作为一项具有相对意义的指标，体现了重要的代表性作用。土地开发强度是指建设用地占用地区土地总面积的比例。一般而言，土地开发强度越大，生态环境压力越大，反之土地开发强度越小，生态环境压力越小。因此，合理且适度地把控土地开发强度是守住土地生态阈值的关键之处。虽然受自然资源禀赋条件及经济空间布局结构差异影响，适度土地开发强度会存在着一定差异，但此方面的国际经验仍具有重要参考价值——国际上把"30%"的土地开发强度作为生态环境保护警戒值（杨伟民，2012），倘若某一地区超过"30%"这一极限阈值，其生态环境就会受到影响。2003—2017年我国及各省（直辖市）土地开发强度呈现逐年持续增大变化趋势（增速较缓）（表3-2），地区差异明显，表现为东部沿海发达地区土地开发强度明显高于中西部地区，这是优势区位经济要素集聚驱使土地开发建设行为强度不断增加的结果，造成我国东部沿海地区生态空间压力大于中西部地区。但随着工业经济向发达经济阶段演进，以及人们对美好生活追求和城乡区域不平衡不充分发展社会矛盾的认知，作为经济社会

表3-2 2003—2017年我国及地区土地开发强度变化时序特征

年份		2003	2004	2005	2006	2007	2008	2009	2010	2011	2012	2013	2014	2015	2016	2017
全国		2.59	2.77	2.87	2.91	2.98	3.04	4.03	4.33	4.62	4.94	5.20	5.54	5.73	5.93	6.14
东部地区	北京	18.80	19.48	19.68	19.94	20.29	20.60	20.48	20.91	21.18	21.40	21.51	21.77	21.76	21.92	21.95
	天津	26.36	28.83	29.06	29.26	30.21	30.88	32.13	32.74	33.23	33.73	34.06	34.52	34.56	34.77	35.02
	河北	8.98	9.02	9.19	9.40	9.46	9.52	10.73	10.93	11.09	11.22	11.27	11.50	11.61	11.78	11.90
	辽宁	8.96	9.20	9.25	9.32	9.39	9.45	10.09	10.32	10.56	10.74	10.79	10.94	10.97	11.01	11.10
	上海	27.52	28.36	29.14	28.78	29.49	30.83	34.52	35.27	35.97	36.47	36.65	37.21	37.28	37.45	37.48
	江苏	16.34	16.93	17.16	17.51	17.82	18.12	19.86	20.29	20.54	20.75	20.85	21.18	21.27	21.47	21.65
	浙江	8.29	8.60	8.93	9.25	9.61	9.95	10.89	11.16	11.40	11.59	11.77	12.07	12.16	12.34	12.51
	福建	4.55	4.65	4.75	4.94	5.09	5.22	5.73	5.92	6.08	6.22	6.34	6.52	6.61	6.72	6.81
	山东	14.86	15.17	15.42	15.67	15.84	15.98	16.82	17.06	17.28	17.50	17.59	17.86	17.95	18.10	18.35
	广东	9.19	9.37	9.54	9.75	9.88	9.95	10.11	10.33	10.51	10.64	10.74	11.01	11.15	11.33	11.52
	广西	3.69	3.75	3.83	3.93	3.97	4.02	4.67	4.76	4.84	4.93	4.97	5.08	5.13	5.19	5.27
	海南	8.23	8.26	8.28	8.29	8.37	8.43	8.72	8.88	9.19	9.32	9.40	9.57	9.64	9.73	9.85
中部地区	山西	5.28	5.34	5.36	5.48	5.52	5.55	6.08	6.16	6.22	6.32	6.39	6.53	6.55	6.59	6.64
	内蒙古	1.22	1.24	1.26	1.27	1.29	1.30	1.28	1.31	1.34	1.36	1.38	1.41	1.42	1.45	1.46
	吉林	5.45	5.47	5.49	5.52	5.55	5.57	5.39	5.44	5.52	5.59	5.62	5.70	5.70	5.74	5.79

续表

年份		2003	2004	2005	2006	2007	2008	2009	2010	2011	2012	2013	2014	2015	2016	2017
中部地区	黑龙江	3.23	3.25	3.26	3.27	3.28	3.30	3.42	3.47	3.51	3.54	3.53	3.58	3.58	3.60	3.62
	安徽	11.41	11.51	11.57	11.70	11.79	11.86	13.39	13.55	13.72	13.87	13.87	14.12	14.14	14.26	14.38
	江西	5.33	5.37	5.43	5.56	5.63	5.72	6.81	6.96	7.12	7.26	7.33	7.52	7.62	7.73	7.83
	河南	12.83	12.93	13.00	13.09	13.16	13.21	14.44	14.64	14.88	15.07	15.22	15.52	15.62	15.81	15.97
	湖北	7.23	7.29	7.36	7.41	7.48	7.53	8.19	8.34	8.49	8.68	8.78	9.06	9.12	9.23	9.35
	湖南	6.24	6.28	6.32	6.43	6.49	6.56	7.10	7.23	7.33	7.40	7.47	7.61	7.65	7.73	7.80
西部地区	重庆	6.56	6.79	6.92	7.02	7.12	7.21	7.19	7.39	7.53	7.69	7.76	7.94	8.02	8.21	8.32
	四川	3.17	3.20	3.23	3.26	3.28	3.31	3.41	3.49	3.53	3.58	3.61	3.71	3.74	3.79	3.86
	贵州	2.98	3.04	3.07	3.10	3.13	3.16	3.13	3.22	3.36	3.50	3.59	3.78	3.87	4.00	4.13
	云南	1.96	1.99	2.02	2.06	2.09	2.13	2.43	2.47	2.52	2.56	2.59	2.75	2.78	2.84	2.88
	西藏	0.05	0.05	0.05	0.05	0.05	0.06	0.11	0.11	0.11	0.11	0.12	0.12	0.12	0.13	0.13
	陕西	3.83	3.86	3.88	3.91	3.93	3.97	4.08	4.16	4.23	4.37	4.41	4.53	4.57	4.63	4.70
	甘肃	2.38	2.39	2.39	2.40	2.41	2.42	1.98	2.01	2.05	2.10	2.14	2.20	2.22	2.25	2.28
	青海	0.43	0.44	0.45	0.45	0.45	0.46	0.42	0.43	0.44	0.45	0.47	0.47	0.48	0.49	0.50
	宁夏	3.60	3.80	3.91	3.95	4.02	4.08	5.12	5.32	5.47	5.66	5.77	5.95	6.04	6.15	6.23
	新疆	0.72	0.73	0.73	0.74	0.74	0.74	0.79	0.81	0.84	0.87	0.90	0.93	0.95	0.97	0.99

数据来源：原始数据源于 2004—2018 年《中国统计年鉴》，由作者计算所得。

发展核心载体的土地利用与开发方式也会随之发生变化,生态环境保护需求也会随之增强,表现为土地资源增量逐渐下降、土地资源集约化程度不断提升,这既是地区经济空间结构优化和土地生态阈值约束共同构成的"内生推动力-外生约束力"的结果,也是经济高质量发展的必然趋势。

(三)主体功能区与土地资源空间配置的作用关系

基于上述基本分析可知,主体功能利用方式下的土地资源开发与建设行为是对人地关系的协调,通过规范主体功能形成的区域空间范围内以及主体功能区之间人类生产活动、生活活动及生态环境保护活动等调整人地关系,促进土地资源系统空间结构和功能有序,以实现经济、社会、生态的可持续发展。作为国土空间规划重要基础的主体功能区规划,是土地资源空间配置的重要手段,二者的作用关系可用图3-5进行描述。

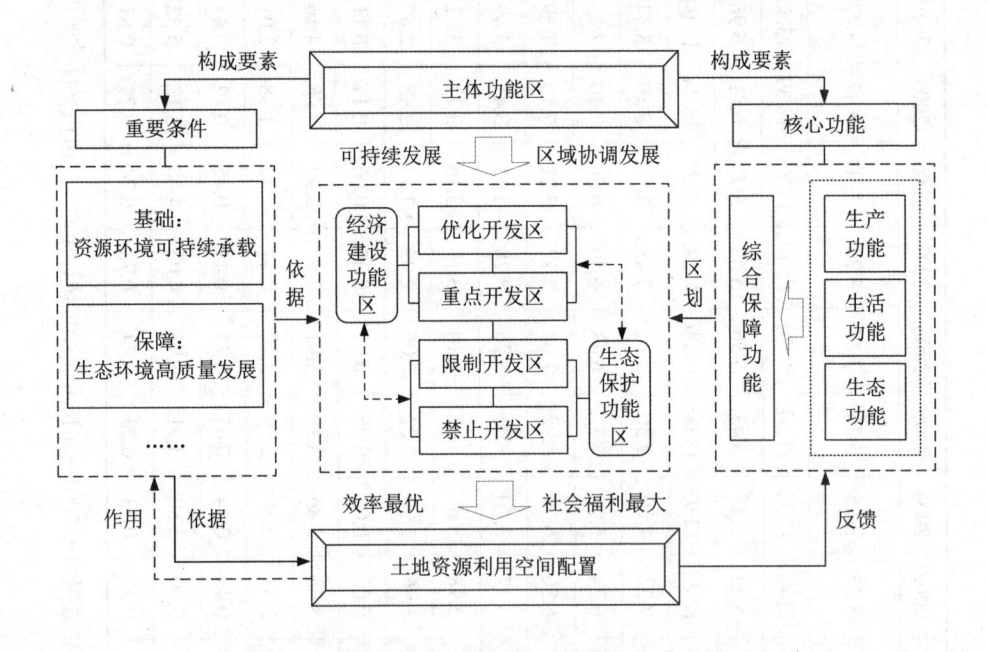

图3-5 主体功能区与土地资源空间配置作用机制

一方面,主体功能区是以土地资源承载能力为基础,突出生态环境保护的重要性，并通过功能区划形式明确各类主体功能的重点（或关键），对土地利用结构与空间布局形式产生着最为直接的影响，其目的在于差别化提升各类功能区空间配置效率。依据不同类别的主体功能，按照其空间属性大致可归类为经济建设功能区和生态保护功能区两大类——经济建设功能区是以生产功能和生活功能为主的优化开发区和重点开发区；生态保护功能区是以生态功能为主的限制开发区和禁止开发区。依据区域空间特色、地区经济发展阶段（过程），兼顾可持续和区域协调的地区发展目标，其中优化开发区以改善生活功能为先，提升生产功能、生态功能，注重土地资源空间配置的集约化程度；重点开发区以优化生产功能、生活功能为先，兼顾生态功能，注重土地的规模开发与利用；限制开发区以保障生态功能为先，在生态环境容量约束下适度提升生产功能，注重土地的农业（自然）生产能力；禁止开发区以保障生态功能为根本，尽可能降低生产功能、生活功能，注重土地可再生性和土地生态系统平衡。

另一方面，土地资源空间配置（效率）状况能够反映主体功能区建设成效，是我国生态文明建设的新时代需求。土地是生态文明建设的重要（空间）载体，土地资源空间开发与布局首先要尊重生态环境保护的时代理念，以生态优先、绿色发展为导向，注重土地资源承载能力的提升，这也与主体功能区建设的出发点相统一。土地资源空间配置状况常用"效率"反映，土地资源空间配置的差异化效率最优是主体功能区建设的重要考量内容，有利于在遵循空间结构自然秩序客观规律的原则上开发与利用土地资源，协调并完善政府区域（空间）治理体系，以满足土地资源自然系统在空间上可持续发展的要求。

第三节　主体功能区与土地资源空间配置效率

空间有效配置要求承认地区经济差异，协调地区经济发展，在地区经济建设过程中力争生态环境代价最小、社会经济效率最优，以推进经济、社会、生态的协调与高效统一，实现社会福利最大化。功能区划理念下空间配置并不是空间要素资源的平均分配，而是以资源环境承载力为基础、以生态环境质量为保障的经济建设与生态环境保护协调与差异化发展，其本质在于发挥地区土地资源比较优势，差异化调控地区土地资源利用与经济建设模式，以实现经济、资源、环境的帕累托效率，保障土地资源的可持续利用。

一、主体功能区土地资源空间配置与可持续利用

（一）可持续利用下土地资源空间配置的基本规律

从经济学中"经济人"把土地资源作为经济增长的固定变量到生态学中"生态人"要求加强土地资源生态保护并提高其利用效率的时代理念变迁过程中，土地资源空间配置行为经历了从弱可持续利用逐步向强可持续利用的转变，土地资源空间配置效率也随之在不断提升。这一可持续利用的强弱特征主要表现为经济规模大小与生态环境质量之间的替代关系（图3-6）。图3-6中，X表示经济规模，Y表示生态环境，X'表示经济规模下限，Y'表示生态环境下限，无论是低于经济规模下限还是低于生态环境下限，均会对人类基本生存带来不同方面的影响，AD为要素替代曲线。

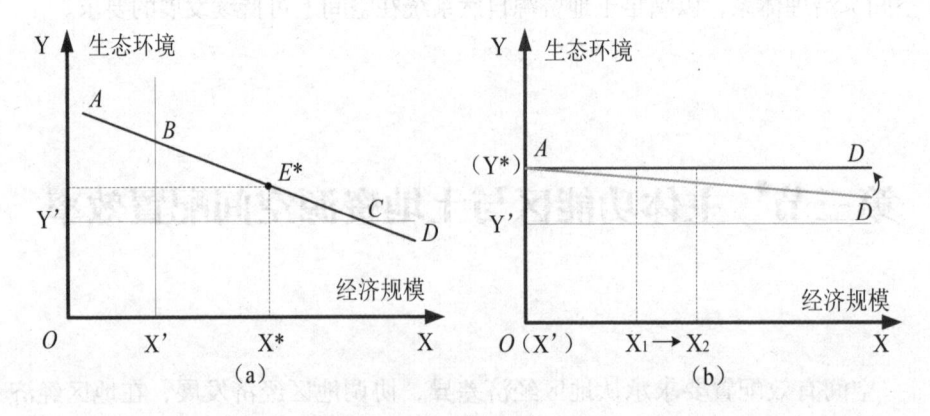

图3-6 可持续利用下土地资源空间配置经济规模与生态环境状况变化规律

第三章　主体功能区与土地资源空间配置：理论分析

如图3-6（a）所示，当生态环境质量处于相当良好的状态时（即AB阶段），土地资源并未被大量开发用于经济建设，其空间配置效率较低，加之工业化水平不高，经济发展基本处于较小的规模开发状态，这一状态并不能有效满足人类物质生活所需。因此，物质稀缺引发经济建设不断扩张，促使工业基础设施及城镇建设等对土地资源空间开发与利用的强度不断增大，在满足人类物质生活需求的同时，促进了土地资源空间配置效率的不断提升，但空间无序及其结构失衡问题也随之出现，造成生态环境质量不断下降，表现出显著的经济规模与生态环境的替代关系（即BC阶段），即以牺牲较小的生态环境能够带来较大的经济效益（效率）。BC阶段中，均衡点E^*处土地资源空间配置的经济规模和生态环境关系处于最优状态，这也表明均衡点E^*处土地资源及其周围生态环境自我修复能力尚好，生态环境容量能够最优化地满足经济建设需求（BE^*阶段）。但随着对土地资源空间配置经济效率的持续追求，突破均衡点E^*（即生态环境承载经济发展的均衡度或极限被突破），生态环境问题逐渐凸显，若及时采取必要的生态环境治理生物或工程等措施，仍然具备修复的可能（E^*C阶段）。一旦突破生态环境下限Y'进入CD阶段，无节制的土地资源空间开发与利用必然导致严重的生态环境问题，甚至出现不可逆的生态环境破坏，直接造成生态效率下降，威胁人类的基本生存。显然，这是一个弱可持续的土地资源空间配置行为。在这一过程中，虽然对土地资源空间开发与建设带来了较高的经济效益，也提升了土地资源空间配置经济效率，但无疑是忽略了土地资源空间结构及其与周围环境之间，以及人类自身生存空间范围内的生态环境效率，直接造成社会总福利减少。

那么，面对这一突出问题，达到一定社会财富积累的人类开始反思唯经济论发展思想的弊端，逐渐认识到生态环境的稀缺对自身生存的重要性与不可或缺性，在维持经济建设与发展水平持续提升的同时更加注重生态环境质量，突出强可持续的土地资源空间配置行为，这也相当符合当前我国生态文明建设深化改革时期空间分区差别化治理的时代性需求，也是国土空间治理的现实要求。因此，在以协调生态环境保护与经济发展需求行为关系的强可持续发展时代要求下，且当各项土地资源空间开发与建设行为足够重视生态环境质量保护时，在很大程度上能够接近经济规模与生态环境协同发展的理想状态[图3-6（b）]，至少不再以牺牲生态环境在空间上配置土地资源经济规模，使得要素替代曲线AD呈现出水平状态或近似水平状态。那么，在现实需求中，加强土地资源利用空间管制，实行差别化功能分区，协调空间布局结构，能够有效地促进土地资源利用与开发的有效性，提升土地资源空间配置效率，增加社会总福利。

（二）主体功能区土地资源利用空间最优配置的可持续利用要求

快速城镇化与工业化的当今，土地资源利用过程中最为突出的表现是对农用地的保护，特别是耕地资源保护的重要性。作为人口大国，我国人均耕地面积仅为1.39亩（约0.093 hm^2），不足世界人均水平的40%，"中国人的饭碗任何时候都要牢牢端在自己的手上"，粮食安全是根本。那么，在经济发展与农用地（耕地）保护问题突出的人地关系矛盾以及土地资源利用空间结构失衡等现实问题下，农用地保护最为重要的途径之一就是优化土地资源空间配置。也就是说，要通过对土地资源各种竞争性用途（或比较优势用途）的空间合理分配（布局）上获取土地利用总效用（效率）最优。然而，在现实情况下，由于我国土地资源极为稀缺，土地资源用途竞争导致其空间配置问题越发严重，特别是在缺失农用地非市场价值认知（可理解为农用地比较优势较低或农业比较利益较低）的情况下，这种用途竞争最终导致相当数量的农用地被占用，转为非农建设用地，直接威胁我国粮食安全。因此，土地资源利用空间有效配置是关键。

土地资源利用与开发的空间差异特性集中表现在土地位置固定的自然属性上，其空间概念的核心是区位（邵绘春 等，2009），包括自然区位和经济区位。正如前文所述，人类利用土地进行生产生活主要源于土地资源的经济供给，也就是对土地资源经济优势区位的利用，这在一定程度上能够解释为什么具有相同属性的自然区位条件的土地资源因经济等优势区位条件差异而呈现出大不相同的地域经济空间结构，表现出地域空间上的主体功能特性不一，土地资源空间配置行为存在差异。为扭转这一局面，就要求做到以最小的空间布局结构成本，合理协调土地资源用途竞争，追求最优的主体功能效益（效率），同时不能忽视"公平"问题。因此，从主体功能分区出发，为实现土地资源空间配置的可持续利用目标，应重视两大方面关系。一是"代内-代际公平"的统一。可持续的土地资源利用空间最优配置实质是如何有效处理代际与代内的配置公平问题。代内公平与代际公平是土地资源空间配置可持续利用的一项基本价值目标，在强调人类基本生存权利平等的基础上，更加强调资源利用与分配的权利与公平。由于土地资源空间开发与利用存在外部性，在代内配置中表现为地区土地资源空间开发行为可能对其局部有利而将外部成本转嫁至其周围地区，直接影响地区整体效率大小；在代际配置中表现为当代人利用土地资源满足自身利益需求的同时可能以损害后代人利益需求为代价。因此，可持续利用理念下土地资源空间配置的代内与代际间的关系应处理好外部性问题，其中代际公平应注重"局部-整体"利益、代内公平应注重"当代人-后代人"利益。二是"生态效益、经济效益和社会效益"相统一。土地本身就是集经济社会属性和生态属性为一体的自然经济综合体，人类利用土地资源进行生产生活既是一种经济开发过程，也是一种生态消耗过程。与传统的土地资源空间配置实现经济效益最大化的目标不同，可持续的土地资源空间配置更多的是强调资源利用在经济、社会和生态效益上的统一，在追求经济效益帕累托最优的同时强调生态保护的重要性，注重社会福利最大化。

二、主体功能区土地资源空间配置效率的经济学阐释

主体功能区土地资源空间配置的实质在于探究不同主体功能区及内部土地资源在空间上的有效（最优）配置，也就是权衡土地资源用途在不同主体功能区及内部的利用方向转换，以促进土地资源空间配置效率最优。正如前文分析，资源空间配置属于资源配置类型的一个方面，依据经济学基本理论及其相关原则可知，资源有效配置是通过边际效率相等实现的，把制度环境作为外生条件并不考虑市场交易费用，那么可以通过有效调控资源的价格和数量来实现其边际效率的均衡状态。因此，由于不同主体功能区之间自然资源禀赋、社会经济条件等方面存在差异，土地资源在空间上的最优配置条件及特征应该是土地资源在不同空间上边际收益相等，也就是说，只要满足不

同主体功能区及内部不同区域对土地资源配置的边际（净）收益相等就能实现地区土地资源空间配置效率最优，这就是最基本的判定标准。

农业用途和非农业用途是土地资源利用的两大基本用途，农业用途向非农业用途转化是土地资源空间配置的基本方式，是关系到资源保护与经济发展的一项关键性的博弈命题。因此，主体功能区土地资源空间配置首先应是不同类型主体功能区之间以及主体功能区内部地区（或区域）之间（以下以"地区"代称）土地资源在不同用途利用方向上的权衡，即农业用途方向和非农业用途方向之间的博弈权衡，也可理解为在农用地与非农建设用地之间转换的权衡。但在现实社会中，非农建设用地既源于农用地，也源于未利用地，鉴于非农建设用地来源的两种途径在审批管理、资金投入、技术操作等方面明显不同，加之非农建设占用农用地的比例占据绝对数量，对当前地区经济建设与社会发展的可持续发展影响最大，而未利用地仅在其中起"缓冲矛盾"的作用（唐丽静 等，2018）。改革开放以来，农用地资源面临着日趋加大的城镇化与工业化压力，考虑到当前以及未来很长一段时间内土地资源空间配置中均存在以资源保护与经济发展为主导矛盾的土地资源用途竞争现实情况，本书聚焦非农建设占用农用地情况，这虽然在一定程度上可能造成不同主体功能区及内部土地资源空间配置效率损失被低估，但这一结果可能更有利于突出我国农用地保护与经济建设需求矛盾下土地资源空间配置不合理的现实问题（王博 等，2016）。

（一）主体功能区土地资源用途合理转换的度

如果把土地资源农业用途边际收益（marginal revenue，MR）视为农业用途向非农业用途转换的边际成本（marginal cost，MC），把土地资源非农业用途边际收益看作农业用途向非农业用途转换的边际收益，则可用图3-7表示其经济学关系（曲福田，2010）。图3-7中，MC表示边际成本，MR表示边际收益，MC′表示考虑了农用地资源生态服务价值后的边际成本。正如前文分析可知，农用地资源具有生态功能属性，具备生态服务价值。若仅考虑边际成本MC，土地资源配置最优数量为Q；考虑了农用地资源生态服务价值后的边际成本MC′，则土地资源空间配置最优数量为Q^*。因此，理论上区域空间合理配置土地资源的度应该限定在数量Q^*处,也就是说,主体功能区土地资源空间配置应充分考虑农用地资源的边际生态效益(marginal ecological revenue,MER)。

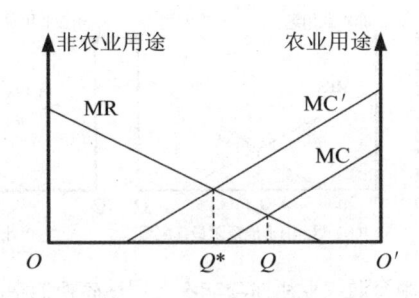

图3-7 土地资源最优配置

(二)主体功能区土地资源利用空间最优配置

依据上述分析思路,为了更好地理解不同主体功能区及内部不同用途土地资源在空间上的最优配置,进一步构建了土地资源利用空间最优配置示意图(图3-8)。如图3-8所示,假定在一定时期内,某一地区所辖范围内包括A、B两个区域,这一区域范围的土地资源的总量为Q_T,且土地资源利用的最初状态为农业用途。同时,地区A和地区B满足其内部土地资源在农业用途和非农业用途的边际收益相等(考虑农用地资源的边际生态效益),即$MR_A=MC_A'$[图3-8(a)]、$MR_B=MC_B'$[图3-8(b)]。基于此,在不存在他项空间配置效率损失的情况下,要使得该地区土地资源空间配置效率达到最优状态,就应使A、B两个区域的土地资源边际净收益(即边际收益与边际成本之差)相等,即$MNR_A=MNR_B$。此时,区域A和区域B空间效率上土地资源空间配置最优数量分别为Q_1Q^*和Q^*Q_2[图3-8(c)],这就意味着区域A和区域B最优经济产出分别为"①+②""③+④"[①]。因此，判别不同主体功能区及内部土地资源利用是否符合空间配置效率应是辨别不同区域之间土地资源农业用途向非农业用途转变的边际净收益是否相等。

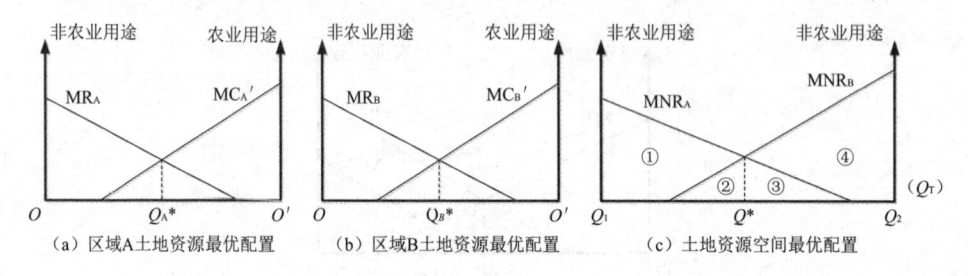

图3-8 土地资源农业用途与非农业用途转换的空间最优配置

(a) 区域A土地资源最优配置
(b) 区域B土地资源最优配置
(c) 土地资源空间最优配置

（三）主体功能区土地资源空间配置效率损失

在我国，地区土地资源空间配置在很大程度上采取用地指标计划分配模式，这虽然极大地推动了我国初期社会经济发展，并且有效地抑制了土地投机等行为对地区经济发展的影响，但带有浓厚计划经济色彩的配置模式同样地带来了资源供需和主体利益诉求之间的现实矛盾，集中体现在省级以下层级单元土地资源在农业用途和非农业用途之间配置行为通常受建设用地增量、耕地保有量和生态保护红线等指标控制，在具体落实中常伴有空间上的错配问题。这是由于实际操作过程中，受决策者有限理性与信息不对称的局限，主观判断的影响多造成建设用地指标决策者忽略了农用地生态服务价值，这会直接导致建设用地指标实际配置数量与最优配置数量存在一定的偏差。同时，为避免地区间"政治博弈"而进行建设用地指标平均分配促使其在逐层分解过程中指标下达的实际配置数量与最优配置数量存在偏差。此外，在现行建设用地指标行政考核压力下，加之土地利用规划导致缺

[①] 主要参考王博，陈笑筑，何晓波.省级以下建设用地空间配置效率测度及优化探讨[J].中国人口·资源与环境，2016，26（01）：89-96.；下同（3）。

乏有效的弹性机制调整用地指标分配导致建设用地指标配置秩序紊乱，最终的配置行为只能落实现有分配指标。如图3-9所示，假定上级政府配额用地指标为Q'，那么分配给A、B两个区域用地指标分别为Q_1Q'、$Q'Q_2$，但A、B两个区域均偏离了最优配置数量Q^*。从整体来看，虽然区域A用地指标过剩，区域B用地指标不足，但由于缺乏相应的弹性机制进行区域间用地调节，因而在现行计划配置模式下，A、B两个区域最终的非农建设用地增量只能是Q_1Q'、$Q'Q_2$，地区间非农建设用地增量的边际净收益不会相等（即$MNR_A \neq MNR_B$），必然会造成整个地区土地资源配置过程中出现空间上的失灵，造成空间配置上地区经济总产出损失（即$S_{\triangle abc}$），社会总福利下降。这一情况也可用数学表达式加以描述：

在地区土地资源利用空间最优配置情况下，其配置数量为Q^*，A、B两个区域的经济产出和地区经济总产出分别为

$$EO_A = ① + ② \tag{3-1}$$

$$EO_B = ③ + ④ + ⑤ + ⑥ \tag{3-2}$$

$$ETO = EO_A + EO_B = ① + ② + ③ + ④ + ⑤ + ⑥ \tag{3-3}$$

在上级政府按照指标下达进行用地配额配置的情况下，其配置数量为Q'，A、B两个区域的经济产出和地区经济总产出分别为

$$EO_A = ① + ② + ③ \tag{3-4}$$

$$EO_B = ④ + ⑥ \tag{3-5}$$

$$ETO = EO_A + EO_B = ① + ② + ③ + ④ + ⑥ \tag{3-6}$$

通过上述分析可以看出，配额配置总产出与最优配置总产出之间存在差异，不可避免地导致经济总产出减少，其减少数量为图3-9中的"⑤"，即造成土地资源空间配置效率损失。

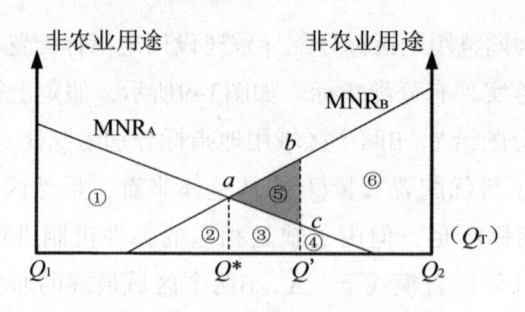

图3-9 土地资源空间配置效率损失

（四）主体功能区土地资源空间配置的差别化效率最优

我国在"十二五"规划纲要中明确指出，要"实行差别化的土地利用政策"，这一"差别化"要做到区域差别化、产业差别化和管理差别化。据此，《全国土地利用总体规划纲要（2006—2020年）》与主体功能区规划相结合，提出了不同主体功能区差别化的土地利用管制策略，其目的在于以土地利用结构调整经济结构，提高土地资源整体效率，促进土地资源节约集约利用，确保耕地红线不突破。

差别化分类指导的主体功能区土地资源空间配置在一定程度上改变了原有按计划平均分配用地指标的模式，既满足不同地区的实际需求，也满足不同层级政府经济建设要求。在明确土地资源空间配置总量的基础上，差别化分配非农建设用地指标使得土地资源管理从"增量管控"转向了"总量管控"。正如上一小节分析，由于地区经济发展是不确定的，土地资源在不同地域空间的配置效率具有一定的差异，同时受土地利用规划等因素影响导致缺乏有效的用地指标配置弹性机制，造成土地资源空间配置指标分配到地区的配额数量与土地资源空间配置的最优效率（即Q^*处）存在一定的偏差（图3-10）。一般来说，这一规划实施持续的时间越长，造成的这一偏差就会越大，用Q_3加以表示，这就意味着分配给A、B两个区域的非农建设用地指标分别能达到Q_1Q_3和Q_3Q_4，此时的地区经济总产出损失为"①+②"，即社会总福利损失为$S_{\triangle acd}$。

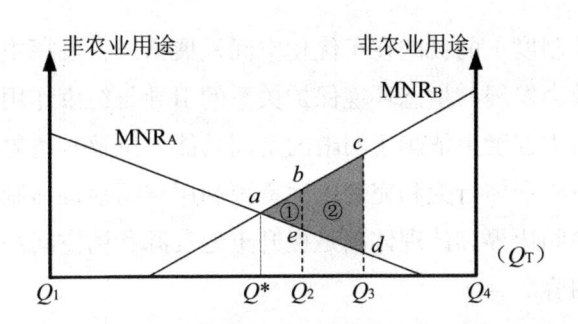

图3-10 主体功能区土地资源空间配置差别化管理

如果根据主体功能区差别化土地利用定位,结合地区土地利用规划实施过程中土地资源利用效率的变化状况,通过对确定的非农建设用地指标因时因地而适度调整,使非农建设用地指标配置向边际产出更高的区域倾斜,例如区域B向区域A调整,就会使A、B两个区域的用地分配指标Q_2更接近最优配置Q^*,此时A、B两个区域非农建设用地指标配置分别为Q_1Q_2和Q_2Q_4,地区经济总产出损失也就随之不断减小,即减少为"①"($S_{\triangle abc}$)。换句话说,通过对土地资源空间配置指标进行空间上差别化的适当且动态的调整能够促使地区经济总产出增加,提高土地资源空间配置的整体效率,最终使得地区社会总福利水平不断提升,在图3-10中表现为地区经济总产出损失减少了"②"(即$S_{四边形bcde}$)。总之,主体功能区差别化土地资源空间配置实施能够促使用地效率提升,减少自发优势区竞争的土地资源空间配置效率损失,同时使得地区社会福利水平具有明显的比较优势。

第四节 主体功能区的确定:空间边界与治理体制

前文从理论上分析了主体功能区与土地资源的空间配置及效率问题,而主体功能区(规划)本身就是一种用地空间管制行为(策略),主体功能区战略理念的(用地)空间管制边界界定及其治理体制构建实属必要。实施主体功能区战略（制度）的目的在于优化空间发展格局，发挥主体功能分区对协调地域经济社会发展与生态环境保护关系的引导与约束作用。而空间结构与布局状况在很大程度上依赖于明晰的空间功能定位及其边界界线，其重点在于把握边界事权主体行为和完善土地资源利用空间治理体制。因此，明晰的主体功能区空间边界和治理体制是提升土地资源利用空间均衡配置水平及其效率的重要内容。

一、主体功能区规划的重要作用

（一）主体功能区规划与国土空间管制的关系

生态文明体制改革是建设美丽中国的时代要求，其主要内容之一在于优化国土空间结构布局。《中共中央 国务院关于建立国土空间规划体系并监督实施的若干意见》指出，"将主体功能区规划、土地利用规划、城乡规划等空间规划融合为统一的国土空间规划"，主体功能区规划的理念、技术、内容、政策等将纳入国土空间规划体系之中，成为我国国土空间规划的重要组成部分。主体功能区治理是坚持以人为本、协调人地关系、尊重自然的生态文明建设理念融入国土空间开发与布局总图的重要保障，是优化国土空间结构的战略重点。传统优势区分工格局下国土空间开发在很大程度上容易忽视或弱化自然生态保护、经济空间均衡布局等内容，表现为在追求物质生产过程中，通常会出现生产空间与生态保护空间错位、外部利益与内部成本不对等等现实问题，加之缺乏有效的协同调控机制，极易造成资源环境损失，导致区域空间分布不够合理，违背人与自然、生态与经济和谐共生的生态文明建设宗旨。

主体功能区治理可视为土地利用功能管制，是建构有序、协调空间结构的重要手段和方式，能够合理组织不同区域之间土地资源空间结构配置，从而发挥出主体功能区划在国土空间管制中的基础性和约束性作用，为实现国土空间有效管制提供了重要支撑。因此，空间管制是主体功能区划与建设的基本方法，能够通过环境容量、生态环境红线、资源供需调节等一系列制度安排，对开发建设极限、边界、范围等内容进行整体规定和局部限制（调控），进而明确国土空间管制总体格局，为完善国土空间规划体系提供重要依据。主体功能区划作为一项战略性制度，对国土空间管制的作用重点集中于两大空间范围：一是开发密度高、资源环境承载力弱的空间范围；二是关系国家"粮食-生态"重大安全的空间范围。

（二）国家与省级主体功能区规划对县级的作用及其必要性

我国实行"国家、省、市、县、乡"五级行政区划，各项规划基本按照国家、省级、市级和县级制定并实施，主体功能区规划是开展土地利用规划、城乡规划、专项规划等各类规划的基础和依据，按照"分级"编制已成共识。当前，我国实行"自上而下"的主体功能区规划，并已完成国家和省级两大层级规划编制，二者共同组成"全国主体功能区"（盛科荣 等，2016）。在全国主体功能区规划中，不同主体功能区依据资源环境承载能力、现有开发强度和未来发展潜力三大要素，从开发方式和开发内容两个角度进行类型划分，其中，按开发方式可分为优化开发区、重点开发区、限制开发区和禁止开发区；按开发内容可以分为城市化地区、农产品主产区和重点生态功能区。国家和省级主体功能区规划基本思路十分明确——实际操作中，国家和省级主体功能区划分基本按照开发方式进行，国家层级的主体功能区规划起"统领"作用，要求省级主体功能区规划遵循《国务院关于编制全国主体功能区规划的意见》和《全国主体功能区规划》的指导思想，坚持以人为本、尊重自然的时代理念，从适宜比例出发，突出地区功能特色，注重综合效益、长期效益及地区的整体效益。

县域主体功能区规划工作尚且处于探索之中，存在着诸多争议。有研究认为，县域主体功能区划分碍于资料与数据缺乏完整性，加之权限、职能和手段的差异或限制，并不能有效地开展与实施，但这并不是阻碍县域主体功能区规划的关键因素。县域层级是我国分布最为广泛的基本行政单元，占我国土地总面积的90%以上，是资源开发、环境污染和生态退化的主要空间载体。县域的可持续发展能力事关国家和地区的长远发展（仇方道，2003）。尤其是"省直管县"管理模式的试点实行，县级主体行为权责不断增大，具有更大的地区经济发展、财税支配等权限及其与之对应的责任（秦诗立，2006），实施县域主体功能区划分对完善我国国土空间规划体系和确保主体功能区规划精准落地具有重要的现实意义，是一项战略性任务。与此同时，主体功能区规划是我国国土空间规划的重要基础，是从中央到地方都应遵循的国土空间管制的战略规划。由于每一行政层级都具有自身空间范围特点、经济管理权限，一定的国土空间范围内体现并引入主体功能区战略理念和实施规划对地区可持续发展十分重要，特别是2019年5月，中共中央 国务院印发《关于建立国土空间规划体系并监督实施的若干意见》中明确指出乡镇国土空间规划的必要性（中共中央 国务院，2019），乡镇体制改革下，乡镇财政、社会事业等权责由县级统管，那么实施县域主体功能区规划具有现实可行性。为保证主体功能区规划的权威性、约束性和规范性，县域主体功能区规划务必要与国家和省级主体功能区规划保持一致，特别应突出与省级主体功能区规划相统一的重要性，才能有效保证主体功能区不同层级规划的连贯性和可操作性。

二、主体功能区空间边界划定：对县域层级的思考

（一）县域主体功能区划分原则与类型

1. 县域主体功能区划分原则

已有研究表明（曹伟 等，2011；朱丽萌，2012），无论是在省级主体功能区划分研究中，还是在市（县）级主体功能区划分研究中，学者们采用的区划方法和主体功能划分类型各不相同，使得区划方法实际应用不易推广、实用性较差，主体功能区类型划分难以有效衔接上一级主体功能区划分结果。因此，县域主体功能区划分的首要原则在于依托国家主体功能区划分要求、遵循省级主体功能区划分定位，即县域主体功能区划分应在国家主体功能区划分要求基础上遵循省级主体功能区划分对县域主体功能的定位及其实施原则。同时，中共中央明确指出，主体功能区战略格局要精准落地于县域层级，其最终目的在于规范并落实国土空间用途管制，保障土地资源利用

第三章 主体功能区与土地资源空间配置：理论分析

空间均衡配置，提高土地资源利用配置效率，促进经济社会可持续发展。因此，县域主体功能区划分还应遵循因地制宜、公众参与、比例适宜、区划简明且操作性强等原则。

2.县域主体功能区划分类型

为了有效地承接上一级主体功能区规划，确保主体功能区规划顺利实施，县域主体功能区划分应该依据国家和省级主体功能区划分标准，从宏观角度把县域主体功能区类型按照开发方式划分为优化开发区、重点开发区、限制开发区和禁止开发区四大类。一般情况下，一个地域空间范围内的禁止开发区是固定不变且界线明确的，不依赖评价指标，不需要对其重新划分（丁于思 等，2010）。因此，在县域主体功能区划分实施过程中只需要划分出优化开发区、重点开发区和限制开发区三种主体功能类型。同时，考虑到县域国土空间范围资源环境、开发现状和发展潜力等情况的相对明显，在遵循资源环境不可逆原则下，可将优化开发区、重点开发区和限制开发区因地制宜地进一步进行功能空间细分，考虑到禁止开发区的功能性是单一的，则其不需要进一步细分。也就是说，在保证县域宏观层级的主体功能区类型与省级主体功能区划分相一致的基础上，除禁止开发区之外，其他某一主体功能区内部可依据实际情况进一步细分（图3-11）。需要说明的是，图3-11中县域主体功能区划分类型仅为示意作用，不同县域（地区）主体功能区类型具有差异性，应遵循因地制宜的原则。

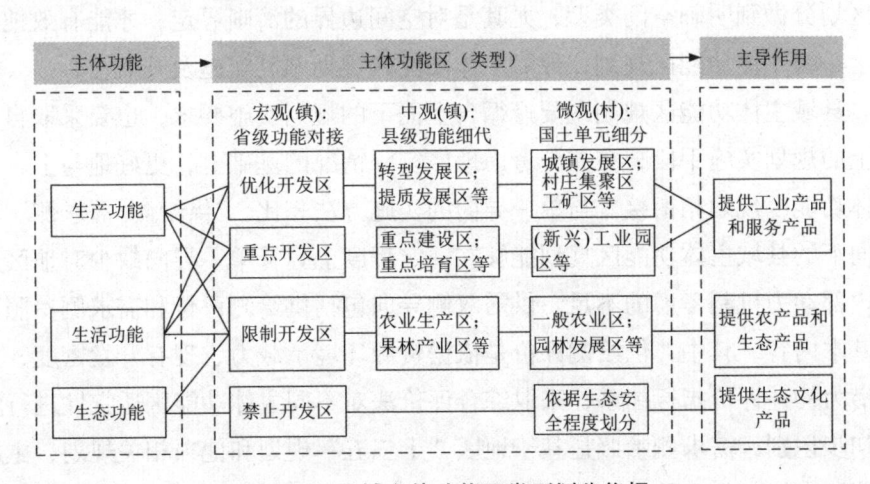

图3-11 县域主体功能区类型划分依据

（二）县域主体功能区划分思路

我国县域主体功能区划分尚未形成统一的划定方法。从现有研究来看，县域主体功能区规划主要采用单一导向的实施方法，划分流程大致基于国土开发和地理基础数据及相关资料，按照单项因子和综合评价方式对地域空间资源环境承载力、现有开发密度和发展潜力进行分析，形成地区国土空间开发与利用的适宜性评价结果，并依据评价结果采用聚类、空间叠加等方法划定主体功能区空间类别。这一实施方法虽然能够反映县域主体功能区空间划定工作，但仍存在着一定的不足。一方面，这一方法适用于较大尺度主体功能区空间划定，对县域主体功能区划分的指导作用仍有待改进和完善。全国、省级层面主体功能区划分由于大尺度空间范围具有十分丰富的自然资源禀赋、多样且复杂的地形地貌与环境等因素，能从宏观尺度开展主体功能区划定工作，以便国家和省级层面从宏观尺度实施空间规划、把握空间分区结构及其特征。而县域层级空间单元范围较小，地区空间差异相对较小，在借鉴国家和省级主体功能区划分方法的基础上，应结合地区实际进一步深入开展。另一方面，单一地自上而下划定不同主体功能区，虽然能够较好地体现地区空间布局特征，但并不能科学地反映出县域层级空间布局与发展规律及其空间发展需求，存在空间功能适宜性边界不清晰等问题。国家明确要求主体功能区规划要精准落地于市县层级，"精准落地"就要求县域层级主体功能区划分做到明确空间类型，尤其是对空间边界的清晰界定，才能有效地衔接上一级主体功能区规划，保障主体功能区规划顺利实施及开展。

县域主体功能区规划既要遵循自上而下的规划实施要求，也要采取自下而上的规划实施手段，在充分考虑地区实际情况的基础上，更好地与上一级主体功能区规划相衔接。与单一导向的实施方法相比，"供给侧-需求侧"双导向下的县域主体功能区规划能够在一定程度上弥补单一导向缺少对地区发展内部动力机制考虑的不足。供需双侧导向包括供给侧评价和需求侧参照两大基本内容，其中，供给侧评价是依据资源环境承载力、现有开发密度、发展潜力构建评价指标体系，采取综合评价法对不同主体功能区适宜性进行空间初步识别；需求侧参照是基于地区"十三五"规划和他项相关规划、主体功能区省级定位和县域定位等明确地区国土空间开发与经济建设需求的关键参数、技术规程和战略方向。那么，供需双侧导向下的县域主体功能区规划就是在供给侧评价主体功能区划分初步识别结果的基础上，结合需求侧地区关键规划约束下国土空间开发与经济建设需求对初步识别结果进行校验、调整和修订，得到最优的主体功能区划分结果，使得划分结果能够在发挥其自身特有功能的基础上与地区他项现有规划相契合，以达到最优配比效果（图3-12）。

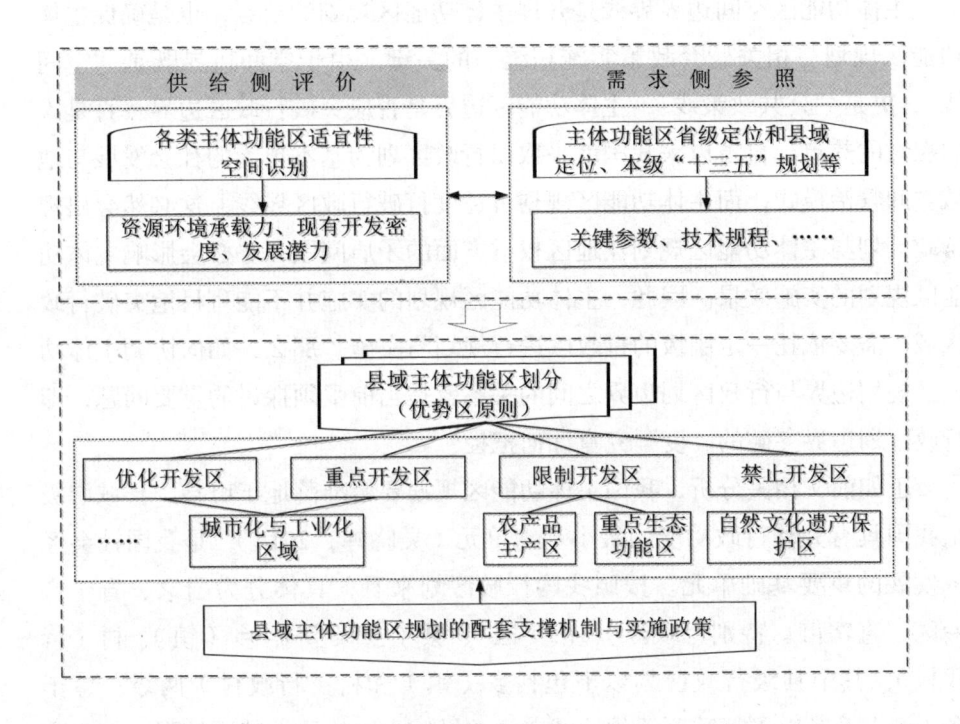

图3-12 供需双侧导向下的县域主体功能区划分思路

同时，县域主体功能区划分中，首先要依据优势区原则，明确主体功能区的基本类型，正如前文所述，在遵循国家和省级主体功能区划分类型的基础上，可进一步根据区域空间实际状况和宏观层面不同主体功能区侧重点不同分别对优化开发区、重点开发区和限制开发区进行细分，例如可考虑将优化开发区和重点开发区围绕城市化和工业化重点差异进行进一步划分，其中优化开发区可进一步划分为提升发展区和转型发展区，重点开发区可进一步

— 111 —

划分为重点培育区和一般发展区，而限制开发区进一步划分为农产品主产区和重点生态保护区。当然，考虑到不同县域地区差异不一，具体的细化分区类型可根据县域地区实际情况和发展需要因地制宜地开展。

（三）县域主体功能区空间边界的划定

主体功能区空间边界界线是开展主体功能区规划的要点，也是确保主体功能区规划与相关配套政策实施相统一的关键。由于空间边界既是"空间线"，更是"公共政策线"，主体功能区边界是否应突破行政区边界一直是人们探讨的热点。自古以来我国就采取以行政区划为基本单元的社会发展与地域空间管治模式，而主体功能区规划可适度打破行政区界线，这必然会出现行政区划与主体功能区规划在地区权益方面的矛盾问题，势必会影响主体功能区规划的实施效果。因此，主体功能区规划的实施并不能盲目地突破行政区域，需要依托一定层级的行政区进行规划与实施。那么，如何协调主体功能区规划边界与行政区划边界之间的关系就是当前亟须探讨的重要问题，即行政区划边界突破的"度"究竟如何把控？

正如前文相关分析，我国主体功能区规划要精准落地于市县。县域层级是我国具有完整行政功能的最小基本单元（吴晓婵，2014），是我国社会经济发展的重要基础单元。按照我国行政区划来看，具体分为国家、省（自治区、直辖市、特别行政区）、市（区）、县（县级市）、乡（镇）、村（行政村），其中县级行政区划以下包括乡（镇）和村（行政村）两级。鉴于乡（镇）及其以下行政单元的地域空间差异较小，均质性特征较强，加之乡镇体制改革中部分权责已纳入县级，县域主体功能区划分的最小单元为乡（镇），原则上不再细化至行政村。按照不同主体功能区边界"既符合行政区划管理要求，又满足主体功能区规划要求"的原则，县域主体功能区规划边界界线的"度"应是落地于镇行政边界，若有条件，可适当突破乡镇行政区划边界，最终可落于行政村区划边界之上（图3-13）。也就是说，考虑到空间边界的模糊性，可依据行政区划管理边界实际情况，遵循"折中"原则对模糊边界进行适度调整，这一"适度"原则应基于所涉及的镇情，使得相应类别的主体功能区空间边界明晰到镇行政界线上。同理，若突破乡镇行政区

第三章 主体功能区与土地资源空间配置：理论分析

划边界，则应明晰到行政村界线上。这一县域主体功能区规划边界界定的度只是相对意义上的"度"，在一定程度上能够满足主体功能区突破行政区边界和尊重行政区划管理的要求，以避免二者之间的潜在矛盾。

（a）镇域区划边界　　　　　（b）行政村区划边界

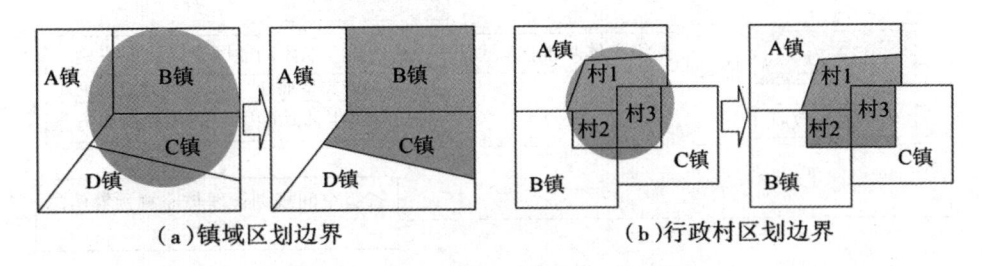

图3-13　县域主体功能区规划边界界定

县域主体功能区边界划定过程应包括技术过程与主体协商过程。技术过程是从县域资源环境承载力、现有开发密度、发展潜力三大方面出发，通过科学性的定量分析划分出不同主体功能区初步结果（方案），即"供给侧评价"；主体协商过程是在以镇为基本空间单元的县域主体功能区初步结果（方案）的基础上，由省级政府制定明确的边界落实协商规则或程序，在依据土地利用总体规划、城乡规划等相关规划、人工地物、自然资源禀赋条件、社会经济发展需求以及正在开展或拟开展的建设项目等现实情况下，以实地访谈或座谈等形式充分听取与之直接相关的企业、农户意见或建议，采取"上下结合"的方式，与县级政府协商最终边界界线，以达成省级政府与县级政府共同认可且明晰的主体功能区空间边界，并由省级政府监督、县级政府实施，这一过程即为"需求侧参照"。而以行政村为基本空间单元的县域主体功能区划分更多的是应遵循"多规融合"思想，在综合依据土地利用总体规划、城乡规划等相关规划等供给侧参照与主体协商的基础上开展。县域主体功能区空间边界划定实施路径见图3-14。

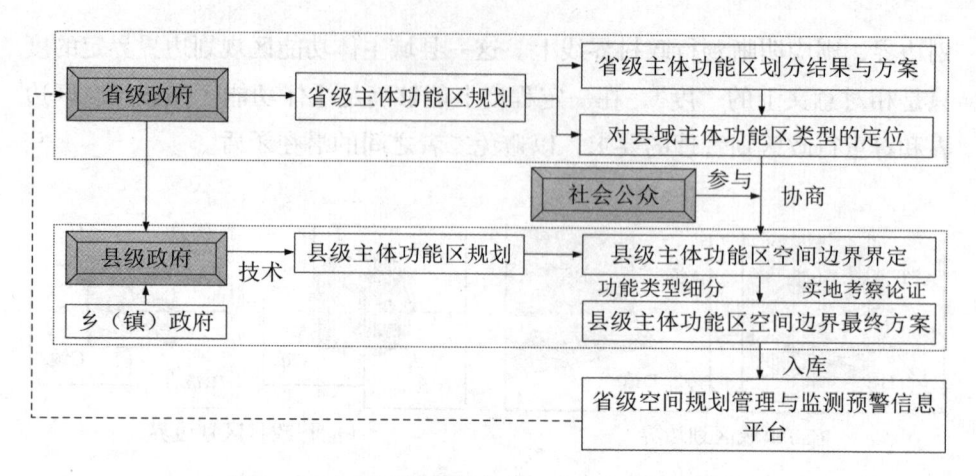

图3-14 县域主体功能区空间边界确定实施过程

三、县域主体功能区空间治理主体及监管体系

（一）县域主体功能区空间治理相关主体：政府与社会公众

政府与社会公众是县域主体功能区的基本空间治理最为直接的主体。我国《宪法》明确规定，中央和地方国家机构职权划分，在遵循党中央集中统一领导下，充分发挥地方的主动性和积极性，同时"地方各级人民政府对上一级国家行政机关负责"。因此，地方事务的监管与实施既要接受本级政府的指导，又要接受上级主管部门的指导，也要服从上级政府和国务院的领导，但这并不能与上级乃至中央义务等同（赵广英 等，2019）。

县域主体功能区空间边界事权管制作为地方事务，与之直接相关的主体是省级政府和县级政府。这是由于地级市政府本质上属于区域政府，与其所辖县级之间的空间治理关系较为松散；而镇政府是我国最小层级的一级政府，空间治理能力弱，部分事权在乡镇体制改革中已纳入县级政府统管。同时，要确立符合当前管理习惯、权责一致且符合地区管理特点的治理体制，发挥行业专家、企业、农户等社会公众参与决策的积极性。

（二）县域主体功能区空间事权监管体系

主体功能区规划具有基础制度作用。一方面，主体功能区规划所开展的国土空间治理与建设布局是国土空间规划与政策实施的依据，引导着新时期国土空间治理体系的有序发展方向。另一方面，主体功能区战略规划为国土空间治理战略提供了管理方式的基础性保障，在规范空间事权主体行为之时能够有效避免市场失灵或政府失灵问题。因此，县域主体功能区边界事权监管体制既要明确差别化的空间事权，也要注重监管机制的构建。

县域主体功能区边界既涉及省域层级空间事权，又涉及县域层级空间事权，在具体规划实施与监管过程中主要围绕县级空间事权开展各项工作。空间事权包括规划审批权和用地许可权（桑劲，2019）。针对县域主体功能区建设，县域范围内的空间事权应归属于县级政府所有。但某类主体功能区范围的建设备用地，在进行建设用地与备用地等量置换时，其规划审批权应归省级政府，用地许可权归县级政府。县域主体功能区空间边界界线一旦明确并落实，应采取省级政府直接监管机制。依托大数据构建"省级—县级"两级互通的数据信息共享机制，通过省级空间规划管理与监测预警信息平台，由县级政府将不同主体功能区行政许可上传至平台，以实现省级政府直接监管。因此，充分考虑县级空间事权关系，依据事权主体层级与主体权责明晰的原则，县域层级应采用以"省级政府—县级政府"为主体、全社会共同参与的县域主体功能区空间边界治理体系（图3-15）。

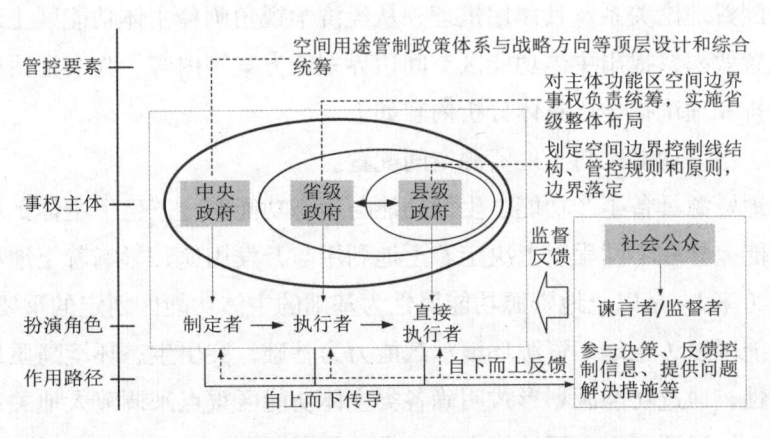

图3-15　县域主体功能区空间边界事权监管体系

"省级政府—县级政府"为主体管制。在遵循中央政府主导管制要求的基础上,省级政府依据省级主体功能区划分对县级空间范围的定位,对县域主体功能区规划在规划编制、管制条件、管制权责等方面做出符合地区的制度性、全局性安排。县级政府按照省级政府的安排,依据分权原则,从自身实际情况出发,进一步明确地方性主体功能区规划实施办法、具体规划方案与编制内容等。

社会公众参与。社会公众是主体功能区规划结果的直接承受者,理应有权参与主体功能区空间边界界线落实相关环节,是县域主体功能区空间边界事权不可或缺的主体之一。社会公众参与可从县域主体功能区法律法规体系构建、县域主体功能区规划编制、主体功能区战略实施行为监管等方面建立社会公众,尤其是与之直接相关的企业代表、农户等主体权利人意见表达、权益诉求的实现途径。

第五节　本章小结

本章起承上启下和统领实证分析的作用。通过分析主体功能区与土地资源空间配置理论关系及其作用机理,从经济学视角阐释主体功能区土地资源空间配置效率,提出主体功能区空间边界划定方案等内容,为实证研究提供框架安排和理论指导。具体分析内容如下。

(1) 主体功能区与土地资源空间配置。

土地资源具备生产功能、生活功能与生态功能的"三生(主体)功能",主体功能差异在不同程度上决定着土地利用与开发用途,影响着土地利用空间效益(率),是以土地资源功能属性为基础的主体功能区划定的重要基础。主体功能区以(土地)资源环境承载能力为基础,突出生态环境高质量发展的重要性,通过功能区划形式明确各类主体功能区重点来调节人地关系,促进地区土地资源利用空间结构有序,是土地资源空间配置的重要手段;而土

第三章 主体功能区与土地资源空间配置：理论分析

地资源空间配置是主体功能区建设的重要依据，以生态优先、绿色发展为基本导向，注重土地资源承载能力的提升，满足土地资源自然系统在空间上可持续发展要求，能够反映主体功能区建设（实施）成效。二者相互依存、共同影响。

（2）主体功能区与土地资源空间配置效率。

在以协调生态环境保护与经济发展需求行为关系的强可持续发展时代要求下，加强土地资源利用空间管制，实行差异化功能分区，协调空间布局结构，需要重点处理好代内与代际公平关系、生态-经济-社会效率相统一的关系。人类利用土地进行生产生活最终源自土地经济供给，土地经济供给遵循土地资源由农业和自然（生态）用途向城乡建设用途转换的流动规律。土地资源空间配置就是基于土地经济供给中土地资源用途流向在不同空间或地区的有效配置。理论上，土地资源利用空间最优配置（配置效率最优）判定标准是土地资源在不同空间上边际收益相等；而现实中，由于用地指标计划分配常伴有空间上的错配问题，不可避免地存在土地资源空间配置效率损失问题。而主体功能区差别化土地资源空间配置实施能够促使用地效率的提升，减少自发优势区竞争的土地资源空间配置效率损失问题。

（3）县域主体功能区空间边界划定。

县域主体功能区划分应细化主体功能区类型，在国家主体功能区划分要求基础上遵循省级主体功能区划分对县域主体功能的定位，从供需双侧导向原则出发，供给侧依据资源环境承载力、现有开发密度、发展潜力对主体功能区适宜性进行空间初步识别；需求侧基于地区"十三五"规划等明确地区国土空间开发与经济建设需求的关键参数、技术规程和战略方向。考虑到空间边界的模糊性与监管职责交叉的可能性，县域主体功能区空间边界应以行政区划管理边界为根本，构建以省级政府—县级政府为主体、全社会共同参与的空间边界治理体系，通过技术-协商过程把县域主体功能区空间边界落地于镇行政边界之上，可适当突破乡镇行政区划边界，最终落地于行政村区划边界之上。同时，要明确差别化的空间事权，构建以省级政府为中心的监管机制。

第四章 国土空间主体功能区划分的县域样本：江苏省连云港市赣榆区

县域（国土）空间单元是我国现行行政体制和经济发展模式下的具备完整政府职能和土地资源管理职能的最小行政单元。在依据国家，尤其是省级国土空间管制基本思路和原则的基础上，考察县级国土空间优化配置问题对打通国土空间现代化治理"最后一公里"实属必要。本章在上述几章分析的理论指导下，试图探究我国县域层级主体功能区建设的可行性。在明确研究区选取依据的基础上，首先分析研究区实施主体功能区战略的基本条件，包括行政区划与自然地理概况、经济发展阶段及其时空演变特征和土地资源利用与特征等内容；其次，提出研究区主体功能区划分实施方案，构建主体功能区适宜性评价指标体系；最后，依据主体功能区划分实施方案及方法应用划分出研究区主体功能区类型。

第一节 研究区的选取

一、研究区选取原则

研究区的选取应该遵循以下基本原则：一是典型性原则，即研究区选取应具有地区典型性或代表性特征，以保证研究方法的应用和研究结果具备一定的参考价值和推广的可能性；二是可操作性原则，即研究区选取应具备数据、资料可获取性等基本条件，以保障研究的现实可操作性；三是主题衔接性原则，即研究区选取应与研究主题紧密相关或相关性较强，且在外部环境和宏观条件等方面与研究主题具有较强的契合度和研究的可行性。

二、研究区选取结果

考虑到长期以来我国县域主体功能区管理缺位（或乏力）背景下土地开发格局及其效率研究的必要性，选取江苏省连云港市赣榆区为实证研究区，主要基于以下三个方面的考虑。第一，赣榆区无论是在地形地貌、产业布局，还是在经济发展水平上均具有显著的区域特征，遵从优势区发展向主体功能区转型的国土空间治理结构布局，即区域特征分布明显，主体功能显化，具有一定的代表性。从地形地貌来看，东部到西部表现为沿海到内陆的延伸，即东部沿海、中部平原、西部丘陵山地；从产业布局来看，东部到西部产业分布明显，表现为东部沿海地区以工业发展为主，中西部地区以农业生产为主；从经济发展水平来看，经济发展水平由强到弱的顺序是东部、中部、西部。第二，赣榆区地区情况与我国国情相似，该地区东部、中部和西部的现实状况可以看作我国全国区域（大陆的东部、中部和西部）差异的浓缩。第三，前期对赣榆区进行了较长时间的研究探索，通过实地调研等形式收集、整理了一批重要的基础数据与资料，具有前期研究基础。

第二节　主体功能区划分实施方案

　　县域主体功能区划分应遵循省级主体功能区定位，基于镇域空间单元地（水土）资源条件、经济发展水平、自然地理状况等地域功能基本条件差异，综合考虑地域空间资源环境承载力、现有开发密度及其发展潜力，遵循在对接省级主体功能区四大类型的基础上，运用定量（供给侧评价）与定性（需求侧参照）相结合的方法对县域范围空间进行四类主体功能类型确定。同时，考虑到四类主体功能区内部仍存在差异，为保障差别化政策措施落地，力求打通国土空间治理"最后一公里"，有必要进一步结合（专家等）主观判别（需求侧参照），依据四类主体功能区内部镇域空间差异进一步细化县域主体功能区类型，对有效落实主体功能区治理目标具有实践意义。因此，县域层级主体功能区划分应是覆盖全县域的区划实施方案。

　　赣榆区主体功能规划首先应该遵循江苏省主体功能区规划对赣榆区的主体功能定位。根据江苏省主体功能区规划（结果），赣榆区在江苏省主体功能区规划中划分为农产品主产区，即定位为"限制开发区"，在（江苏省）省级层面具备农业生产（或粮食安全）和生态保护的重要功能，应围绕这一主体功能定位从全区产业布局、经济建设空间合理配置等方面出发实施主体功能区划分方案。从（江苏省）省级重要生态保护区来看，赣榆区的小塔山水库和石梁河水库等为省级重要生态保护区；同时，依据《连云港市赣榆区土地利用总体规划（2006—2020年）》，赣榆区以小塔山水库和石梁河水库为主的湖泊水面属禁止开发建设红线范围。那么，赣榆区禁止开发区可以以小塔山水库和石梁河水库的法定范围（自然边界）为界。

　　因此，赣榆区主体功能区划分实施路径（图4-1）主要包括5个基本步

第四章 国土空间主体功能区划分的县域样本：江苏省连云港市赣榆区

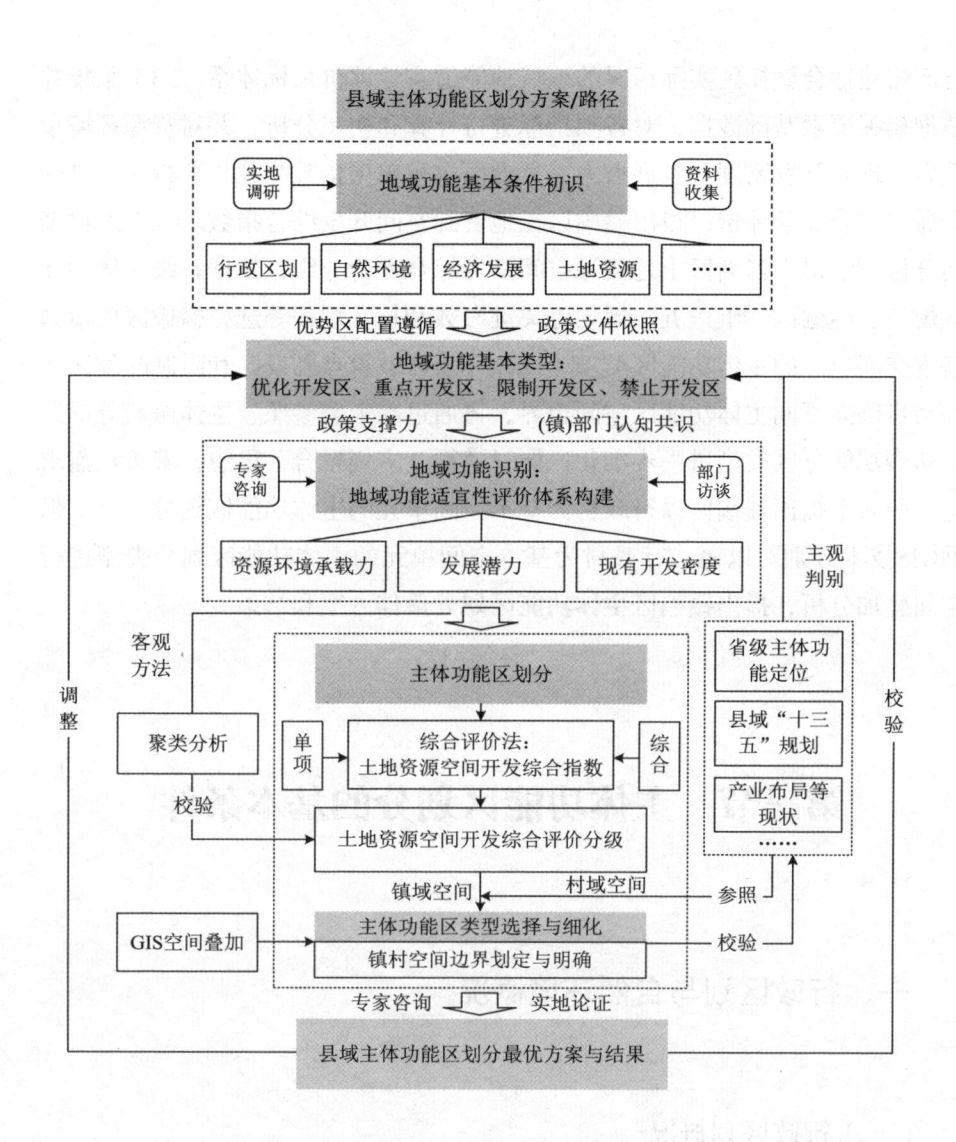

图4-1 赣榆区主体功能区划分技术流程

骤：（1）从县域单元实际出发，通过对县域行政区划、自然地理、经济发展和土地资源等内容展开分析，把握赣榆区主体功能基本条件，明确赣榆区禁止开发区范围及其边界。（2）在国家层面对主体功能区划分要求的基础上，参考省级主体功能区划分指标体系设置，并通过现有文献研究梳理，充分考虑赣榆区实际情况，从资源环境承载力、现有开发密度和发展潜力三大

— 121 —

方面构建适合赣榆区实际情况的地域功能适宜性评价指标体系。（3）采集并整理相关要素基础数据，对各项指标进行计算和初步分析，并对资源环境承载力、现有开发密度和发展潜力三大方面进行单项指数测算与分析，再进一步通过综合要素评价，得出赣榆区土地资源空间开发综合指数。（4）通过聚类分析方法得出赣榆区土地资源空间开发综合评价分级，依据省级主体功能区规划、赣榆区"十三五"规划等关键参数和技术规程等选择赣榆区以镇为基本空间单元的主体功能区类型（优化开发区、重点开发区和限制开发区），并初步确立不同主体功能区空间边界，再通过需求侧参照、主体协商等形式对初步功能分区类型进一步细化；同时遵循"多规融合"思想，着重从需求侧参照入手提出赣榆区以行政村为基本空间单元的主体功能区划分。（5）借助GIS技术分别对以镇、行政村为基本空间单元的主体功能区划分类型进行空间叠加分析，提出赣榆区主体功能区划分最佳方案和结果。

第三节　主体功能区划分的基本条件

一、行政区划与自然环境概况

（一）行政区划概况

赣榆区（原赣榆县），于2014年7月9日撤县设区，是江苏省连云港市"三区"之一，位于我国华东、长江三角洲地区，地处江苏省东北部（119°18′E—34°50′N），属苏鲁（江苏省与山东省）两省交界处，江苏沿海经济带和东陇海产业带东部交会点。东临黄海海州湾（海岸线长62.5 km），北临山东省日照市，西靠山东省临沂市，南至西南接江苏省东海县和连云港市海州区、连云区，与日本、韩国、朝鲜半岛隔海相望。全区总面积

第四章 国土空间主体功能区划分的县域样本：江苏省连云港市赣榆区

1 514.08 km²，共辖15个镇、427个行政村、42个社区。截至2017年，全区户籍人口119.58万，其中，非农业人口69.82万人，农业人口49.76万人。距连云港机场30 km、连云港港口40 km，高速南北贯通，国道和省道境内交会，处于中国"沿海南北过渡、海陆东西连接"枢纽部位，逐步形成集公路、铁路、内河航运于一体的沿海"大通道"。

（二）自然环境特征

赣榆区全区地形地貌自西向东呈现梯次结构布局，依次为西部山地、中部平原、东部沿海，且三类地形地貌面积各占全区面积的1/3。境内河道纵横，水资源丰富，拥有江苏省最大的两个人工水库——石梁河水库和塔山水库。全区气候温和湿润，四季分明，年平均气温13.2~22.8℃，无霜期214 d，全年平均日照2 532.9 h，年降雨量976.4 mm，属暖温带季风气候。受海洋影响，与同纬度内陆地区相比，赣榆区春季温度较低，气温回升缓慢，且春秋两季干旱少雨；冬季带有大陆性气候特征，温度变化平缓，寒冷干燥；夏季属海洋性气候，盛行低纬度太平洋偏南北风，炎热多雨。植被属温带落叶阔叶林区南端，以人为植被为主，自然落叶阔叶林、常绿针叶林为辅。矿产多分布于西北部山岭地区，资源储量丰富，以非金属矿产为主，可开采的主要有花岗岩、大理石、矿泉水、黄沙等三十余种，且开发潜力较大。

二、经济社会发展及其时空演变特征

（一）工业化与城镇化进程

"十二五"以来，赣榆区工业化与城镇化水平不断提升（图4-2）。2011—2017年，全区农业和工业在国民经济和社会发展过程中的地位略有下降，表现为第一产业增加值比重从2011年的15.34%下降至2017年的14.60%，下降了0.74%；第二产业增加值比重从2011年的51.03%下降至2017年的47.57%，下降了3.46%。同时，全区服务业经济地位略有上升，表现为第三产业增加值比重从2011年的33.63%增加至2017年的37.84%，增加了4.21%。虽然2011—2017年赣榆区工业产值表现为下降趋势，但从整体上看，工业产值比重在50%左右波动，工业在全区经济地位中仍占据主导地位。

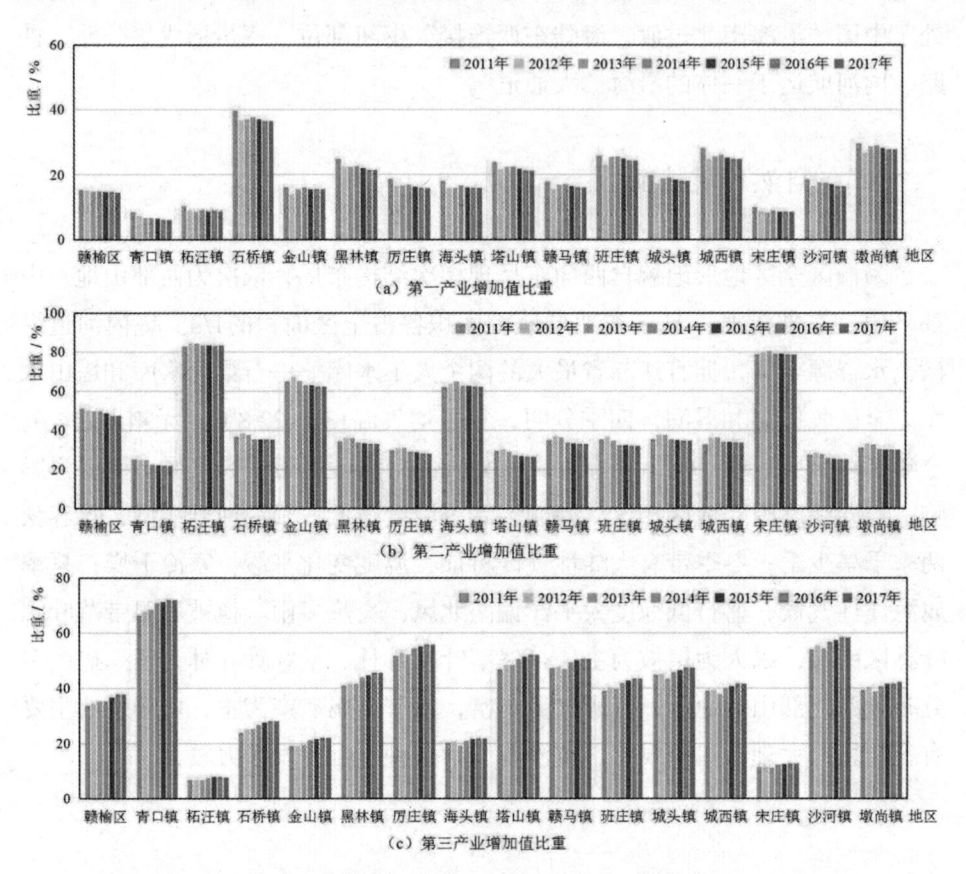

图4-2 2011—2017年赣榆区产业结构变化

2011—2017年，全区各镇第一产业增加值比重均呈波动下降趋势，其中石桥镇经济发展中第一产业占据绝对优势，接近40%的比重，其次是墩尚镇和城西镇；第二产业增加值比重也呈波动下降趋势，经济发展中第二产业对柘汪镇、金山镇、海头镇和宋庄镇具有显著优势，其中柘汪镇和宋庄镇比重最高，比重均已突破80%；第三产业增加值比重均呈上升趋势，青口镇、黑林镇、厉庄镇、塔山镇、赣马镇、班庄镇、城头镇、沙河镇和墩尚镇具有明显优势，其中青口镇已突破70%的比重，大部分镇处于50%（左右）的比

第四章 国土空间主体功能区划分的县域样本：江苏省连云港市赣榆区

重。综合来看，赣榆区辖区内各镇的工业化水平均在不断提升。

在一、二产业增加值占比略有下降、第三产业增加值占比逐年上升的演变趋势下，赣榆区城镇化进程在不断加快（图4-3）。2011—2017年，全区城镇人口比重从2011年的45.21%增加至2017年的58.39%，年均增加1.88%。与此同时，二、三产业从业人口比重从2011年的21.98%增加至2017年的23.31%，增加了1.33%。

2011—2017年全区各镇城镇人口比重基本呈上升趋势。以人口比重50%为界线，2017年赣榆区各镇中，超过人口比重50%的镇为青口镇、金山镇、黑林镇、城头镇和城西镇，接近人口比重50%的镇为柘汪镇、石桥镇、厉庄镇和墩尚镇，其余的镇基本在人口比重30%~40%左右浮动。同时，2011—2017年全区各镇二、三产业从业人口比重也大致呈上升趋势。2017年赣榆区各镇中，大部分镇仍以20%的人口比重浮动（趋势与2011年相似），海头镇、塔山镇已接近或突破40%的人口比重，而赣马镇、沙河镇已突破人口比重50%，分别达到53.34%、63.82%。可见，全区各镇的城镇化水平也在不断提升。

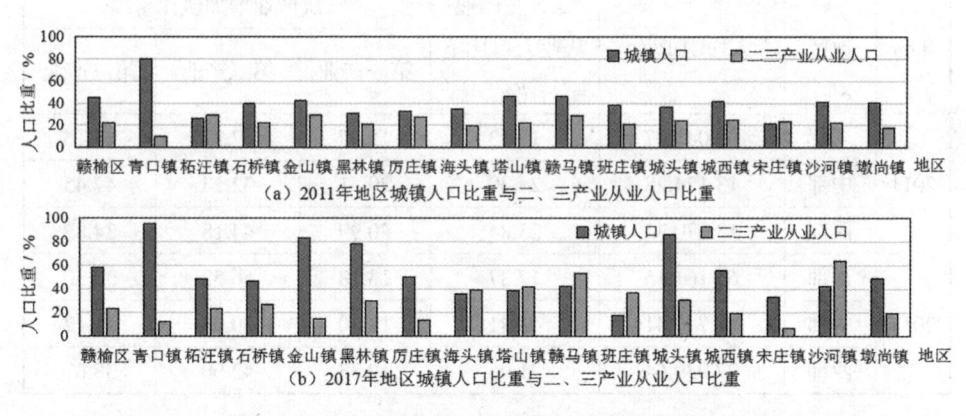

图4-3 2011年和2017年赣榆区城镇化水平变化

（二）经济发展差异及其特征

赣榆区经济发展具有较为明显的地区差异，可通过地区人均GDP、非农从业人口数、三次产业结构加以表征（表4-1）。由表4-1可知，赣榆区东部、中部和西部地区经济发展具有显著的梯度结构，其中，东部地区既是全区经济发展的"快艇"，也是"航母"，人均GDP增速最快，2011—2017年增长速率高达103.32%。同时，东部地区工业化和城镇化水平均高于中部地区和西部地区，工业产值比重稳居产业增加值比重55%左右，虽然三大区域内部二、三产业从业人口比重中，东部地区低于中部地区和西部地区，但实际中，中西部地区剩余劳动力多转移至东部地区，补给东部经济发展对劳动力的需求。中部地区和西部地区经济发展水平较为接近且经济增长水平不断提高。2011—2017年，西部地区变化趋势比较平稳，中部地区变化趋势十分明显，表现为二、三产业从业人口比重增速最大，增加了16.02%，从三次产业增加值比重可知，二、三产业从业人口很大可能转移到从事第三产业，即三次产业增加值比重中，中部地区第三产业增加值比重变化最大，由2011年的47.45%增加至2017年的51.12%，增加了3.67%。

表4-1　2011年和2017年赣榆区域经济发展水平

年份	地区	人均GDP/元	二、三产业从业人口比重/%	三次产业增加值比重/% 第一产业	第二产业	第三产业
2011	东部	32 048.07	17.13	15.47	57.37	27.16
2011	中部	13 174.28	24.39	20.41	32.13	47.45
2011	西部	13 670.35	23.84	20.99	44.18	34.82
2017	东部	65 161.15	17.37	13.18	56.52	30.30
2017	中部	27 749.41	40.41	18.30	30.58	51.12
2017	西部	27 939.64	21.06	19.33	42.00	38.67

数据来源：2012年和2018年《赣榆统计年鉴》，作者整理所得。

三大区域经济发展差异造成了区域人口空间分布存在明显的非均质性。三大区域所面临的人地压力由大到小依次为东部地区、中部地区和西部地区。此外，从人均GDP变化趋势来看（图4-4），"十二五"以来，赣榆区东部地区与中西部地区的经济发展差距呈不断增大的变化趋势。

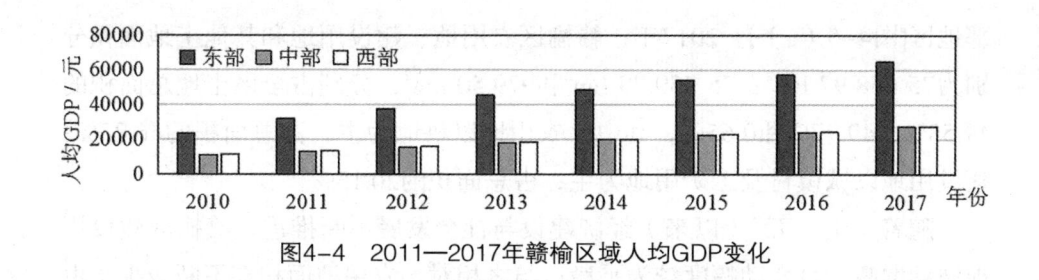

图4-4 2011—2017年赣榆区域人均GDP变化

此外，根据2017年人民币和美元平均汇率（全年平均汇率为6.7547）折算①，赣榆区人均GDP高达8 968美元。根据世界银行人均收入水平划分标准（2017—2018）②，同年赣榆区已达到中等偏上收入水平地区。同时，根据钱纳里经济阶段划分标准③，赣榆区现处于发达经济初期。可见，在进一步追求经济高质量提升的同时，在快速城镇化各项建设的资源需求下，赣榆区经济社会发展对土地资源的刚性需求仍然很大。

三、土地资源利用现状与特征

（一）土地资源利用现状：数量与增量

赣榆区三大区域土地总面积由多到少依次为东部地区、中部地区、西

---

① 中国外汇交易中心统计数据显示，2017年1—12月美元兑人民币平均汇率分比为6.891 8、6.871 3、6.893 2、6.884 5、6.882 7、6.801 9、6.765 4、6.673 6、6.563 4、6.615 4、6.618 6、6.594 2。《赣榆区2017年国民经济和社会发展统计公报》显示，2017年赣榆区人均GDP为60 574元。

② 世界银行人均收入水平划分标准（2017—2018年）：低收入（<1 005美元）、中等偏下收入（1 006~3 955美元）、中等偏上收入（3 956~12 235美元）、高收入（>12 235美元）。

③ 钱纳里经济阶段：不发达经济时期[人均GDP（1995年可比价）为530~1 060美元]、工业化初期（人均GDP为1 060~2 120美元）、工业化中期（人均GDP为2 120~4 230美元）、工业化后期（人均GDP为4 230~7 940美元）、发达经济初期（人均GDP为7 940~12 700美元）、发达经济时代（人均GDP为12 700~19 050美元）。

部地区[图4-5（a）]。2017年，赣榆区农用地、建设用地和其他土地面积分别为75 068.97 hm²、75 359.79 hm²和979.50 hm²，分别占全区土地总面积的49.58%、49.77%和0.65%。其中，农用地以耕地为主，占总面积的46.23%；建设用地以城镇村及工矿用地为主，占总面积的20.15%。

随着"十二五"（以来）经济建设与社会发展不断推进，赣榆区建设用地波动增减，且变动幅度较为平稳；与之相对，农用地面积在不断减少（由2011年的80 689.13 hm²减少至2017年的75 068.97 hm²，减少了5 620.16 hm²，降速达6.96%）。具体来看[图4-5（b）]，"十二五"开局之年（2011年），耕地减少、建设用地增加较为明显，此后（2012年）耕地平缓减少，建设用地小幅波动，其中城镇村及工矿用地增速显著。

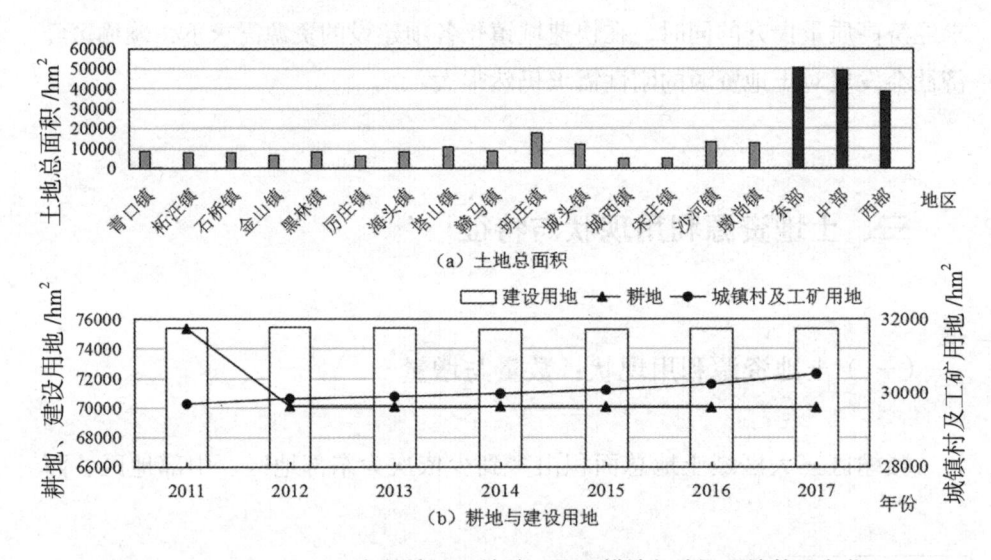

图4-5 2011—2017年赣榆区土地总面积及耕地与建设用地数量变化

1. 耕地数量与区域变化状况

2011—2017年，赣榆区耕地面积净减少5 350.00 hm²。表现为2011—2012年全区耕地面积迅速减少，由2011年的75 352.92 hm²减少至2012年的70 081.66 hm²，减少了5 271.26 hm²，减速为7.00%，其中中部地区耕地减少数量（5 162.30 hm²）远大于东部地区（83.62 hm²）和西部地区（24.50 hm²），随后（2012年后）全区耕地面积减少幅度较为平缓（大致处

第四章 国土空间主体功能区划分的县域样本：江苏省连云港市赣榆区

于0.03%左右的减幅）[图4-6、图4-7（a）]。从赣榆区各镇来看，青口镇、柘汪镇、石桥镇、黑林镇、厉庄镇、海头镇、塔山镇、赣马镇、班庄镇、城西镇耕地数量不断减少；金山镇、城头镇和宋庄镇大致呈"减少—增加—减少"变化趋势，沙河镇和墩尚镇大致呈现"减少—增加"变化趋势，与2011年相比，2012年后这五个镇耕地数量均在不同程度上有所增加（图4-6）。从三大区域来看，赣榆区的东部地区耕地面积净减少177.07 hm^2，占全区净减少量的3.31%；中部地区耕地净减少5 020.99 hm^2，占全区净减少量的93.85%；西部地区耕地面积净减少151.30 hm^2，占全区净减少量的2.83%。具体表现为2011年中部地区耕地面积减速大于东部地区和西部地区，2012年后东部地区耕地面积持续减少，中部地区略有增加，西部地区略有减少[图4-7（a）]；2011年中部地区耕地面积占比减速和东西部地区的增速都十分迅速，但2012年后东部地区和西部地区耕地面积占比略有下降，中部地区明显增加[图4-7（b）]。

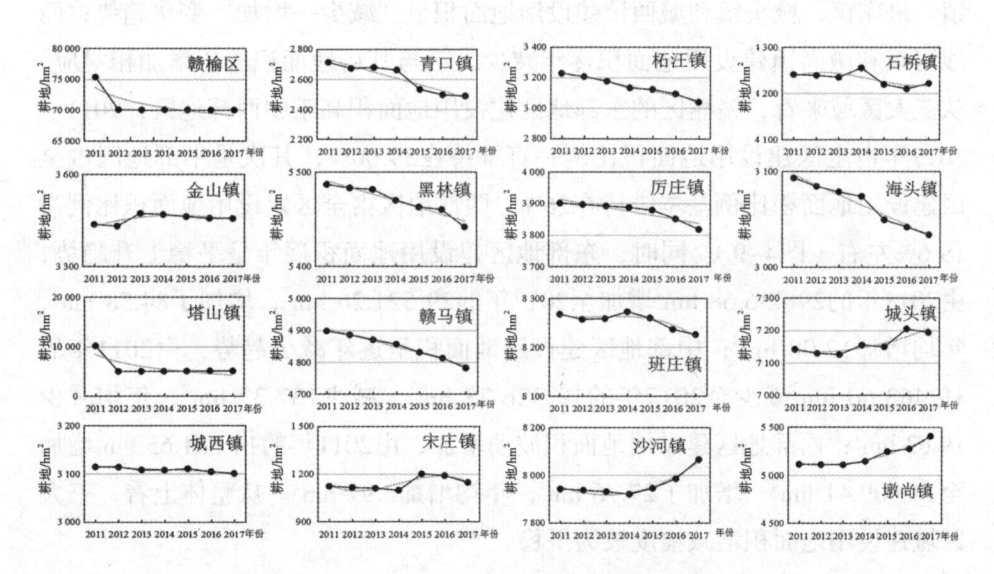

图4-6　2011—2017年赣榆区及各镇耕地数量变化

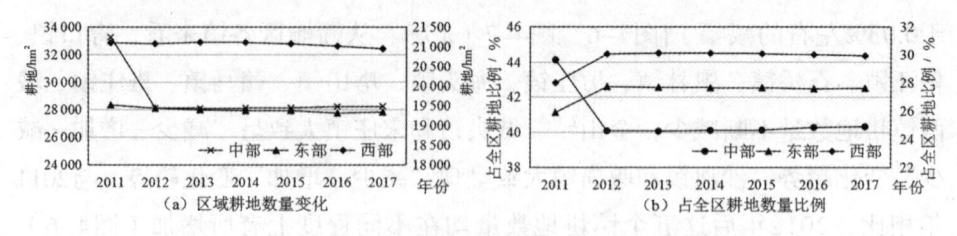

图4-7 2011—2017年赣榆区耕地区域分布及其占比状况

2. 建设用地数量与区域变化状况

2011—2017年，赣榆区建设用地面积波动增减，且变动幅度较为平稳。2017年全区建设用地面积占土地总面积的比重为49.77%，建设用地面积在全区占据绝对数量。从赣榆区各镇来看（图4-8），青口镇和金山镇建设用地面积呈"增加—减少—增加"变化趋势；柘汪镇、石桥镇、黑林镇、厉庄镇、海头镇、赣马镇、宋庄镇建设用地面积均在不同程度上有所增加；塔山镇、班庄镇、城头镇和城西镇建设用地面积呈"减少—增加"变化趋势；而沙河镇和墩尚镇建设用地面积逐年减少，正与其耕地面积逐年增加相对应。从三大区域来看，赣榆区的东部地区建设用地面积高于中西部地区，2011—2017年占全区建设用地面积比例一直维持在39.00%，其次是中部地区占全区建设用地面积比例基本维持在26%、西部地区占全区建设用地面积比例为19.6%左右（图4-9）。同时，东部地区建设用地面积逐年呈平稳上升趋势，由2011年的29 436.68 hm²增加至2017年的29 521.26 hm²，增加了84.58 hm²，年均增加12.08 hm²；中部地区建设用地面积呈逐年减少趋势，由2011年的19 463.60 hm²减少至2017年的19 326.23 hm²，减少137.37 hm²，年均减少19.62 hm²；西部地区建设用地面积波动增加，由2011年的14 881.65 hm²增加至14 909.41 hm²，增加了27.76 hm²，年均增加3.97 hm²。从整体上看，三大区域建设用地面积增减幅度较为平稳。①

---

① 赣榆区建设用地面积除了15个镇之外，还应包括海岸、沙河子园艺场和青口盐场，考虑到其特殊用地属性，加之研究范围仅为15个镇。因此，仅考虑15个镇的建设用地变化状况，下同。

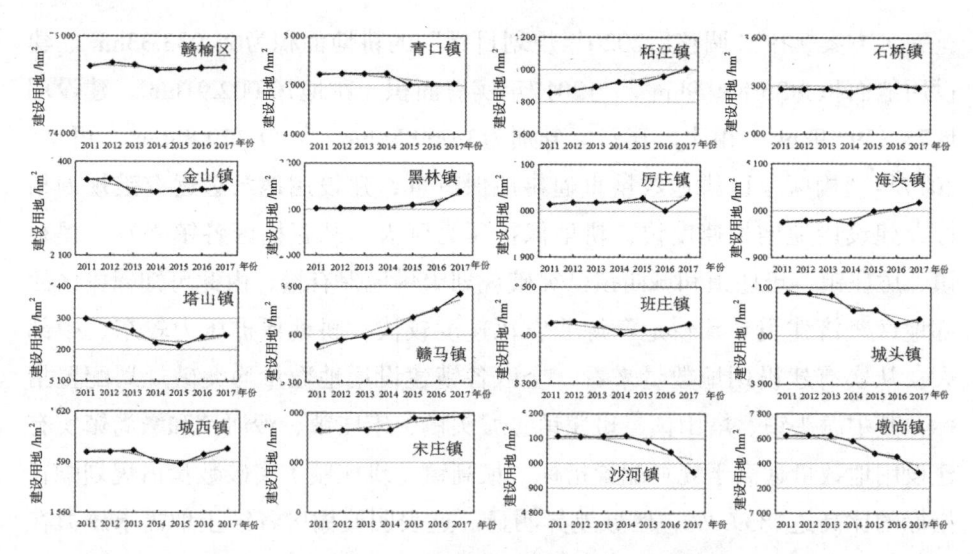

图4-8　2011—2017年赣榆区及各镇建设用地数量变化

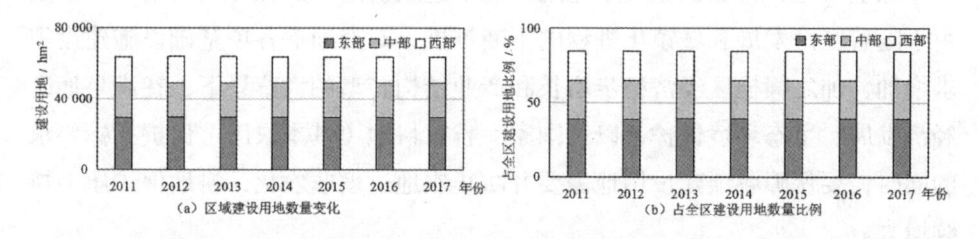

图4-9　2011—2017年赣榆区建设用地区域分布及其占比状况

（二）土地资源利用特征

1. 土地利用控制指标区域配置与经济建设矛盾突出

赣榆区土地利用控制指标区域配置与经济增长之间的矛盾表现为耕地实际数量和建设用地实际数量与土地利用规划中土地利用结构调整后的规划目标数量之间的差异（表4-2）。随着城市化与能源、交通、水利等基础设施建设进程加快，赣榆区各项建设用地需求增大，呈快速扩张趋势，耕地保护压力持续增大。从全区来看，《赣榆区土地利用总体规划（2006—2020）调整完善方案》中"调整后2020年规划目标"的耕地面积为66 933.33hm², 建设用地面积为35 879.9hm², 与2017年实有面积(耕地70 002.91hm²、建设用地75 359.79hm²)相比, 其差值分别为3 069.58hm²、-39 479.89hm²。可见, 2017年赣榆区全区耕地数量直逼耕地保有量, 建设用地已远远突破规划指标, 建设用地增长速度快, 耕地保护压力巨大。从赣榆区各镇来看, 黑林镇、厉庄镇、班庄镇和城西镇已突破规划中耕地保有量, 由此可知赣榆区西部地区经济建设导致耕地资源非农化速度较快, 耕地保护压力较东、中部大。从实有建设用地数量来看, 全区各镇建设用地数量均突破规划配置指标, 其中海头镇、塔山镇、班庄镇、城头镇、宋庄镇、沙河镇和墩尚镇实有建设用地数量远高于规划配置指标, 最高镇(班庄镇)突破数量占规划配置指标的比高达183.09%, 区域差异明显。这表明赣榆区各镇土地需求压力在空间分布上是不均衡的, 土地需求压力由高到低的顺序为西部地区、中部地区、东部地区。

综上所述, 赣榆区建设用地刚性需求造成耕地保护压力不断增大。这是由于随着经济发展和城镇化进程的不断推进, 对交通等各项基础设施建设需求增加, 加之赣榆区经济稳步增长和产业结构转型的大背景下, 在满足地区经济发展、生态环境保护, 以及国家、省市耕地(基本农田)保护指标要求的同时, 要保障各项建设用地需要并防止农地过度非农化, 耕地保护压力持续增大。

表4-2 赣榆区耕地和建设用地规划指标实现情况

地区	耕地 /hm²			建设用地 /hm²		
	调整后2020年规划目标	2017年实有数量	指标完成情况	调整后2020年规划目标	2017年实有数量	指标完成情况
赣榆区	66 933.33	70 002.91	3 069.58	35 879.90	75 359.79	-39 479.89
青口镇	2 159.72	2 487.47	327.75	4 914.77	6 053.21	-1 138.44
柘汪镇	2 695.13	3 037.33	342.20	3 183.09	4 004.54	-821.45
石桥镇	4 045.12	4 221.43	176.31	2 380.25	3 284.93	-904.68
金山镇	3 422.01	3 455.80	33.79	1 330.14	2 315.31	-985.17
黑林镇	5 464.38	5 441.83	-22.55	1 082.17	2 137.46	-1 055.29

续表

地区	耕地 /hm² 调整后 2020 年规划目标	2017 年实有数量	指标完成情况	建设用地 /hm² 调整后 2020 年规划目标	2017 年实有数量	指标完成情况
厉庄镇	3 852.24	3 817.04	−35.20	1 054.10	2 033.65	−979.55
海头镇	2 692.62	3 033.90	341.28	3 572.76	5 017.56	−1 444.80
塔山镇	5 075.60	5 080.74	5.14	1 484.18	5 245.43	−3761.25
赣马镇	4 746.87	4 781.91	35.04	2 361.52	3 484.95	−1 123.43
班庄镇	8 266.48	8 225.57	−40.91	2 975.36	8 422.99	−5 447.63
城头镇	7 175.74	7 193.90	18.16	2 463.03	4 035.02	−1 571.99
城西镇	3 104.92	3 100.25	−4.67	1 069.77	1 597.69	−527.92
宋庄镇	943.41	1 145.94	202.53	2 504.55	3 835.86	−1 331.31
沙河镇	7 914.97	8 065.35	150.38	2 730.94	4 963.15	−2 232.21
墩尚镇	5 218.94	5 403.98	185.04	2 657.50	7 325.16	−4 667.66

数据来源：2017 年实有数量源于《赣榆统计年鉴 2018》；调整后 2020 年规划目标源于《赣榆区土地利用总体规划（2006—2020）调整完善方案》。

2．土地开发高强度与土地资源配置效率矛盾显化

高强度的土地开发与低效率的土地资源配置之间的矛盾主要表现为过高的土地开发与利用并未有效地保障土地资源的集约利用，以提升土地资源配置效率，导致建设用地需求压力倍增。"十二五"以来，赣榆区土地开发强度基本维持在49.70%左右，虽然土地开发强度波动平稳，但远远超过30%的国际警戒线，造成生存环境压力增大。一般情况下，土地开发强度与土地利用的经济效益呈正相关性，表现为土地开发强度越大，土地利用经济效益越高，土地资源配置效率就越高（尼建·齐敏格，2017），从而土地资源集约化程度也就越高。但从2017年赣榆区及其各镇实际情况来看，土地资源存在低效配置的问题。2017年赣榆区全区建设用地产出率低于连云港市建设用地产出率，其占连云港市建设用地产出率比重的52.82%，仅占江苏省建设用地产出率的20.93%；从赣榆区各镇来看，与赣榆区相比，青口镇、柘汪镇、金山镇、海头镇、赣马镇和宋庄镇建设用地产出率均高于全区建设用地产出

率，而石桥镇和城西镇基本与全区建设用地产出率持平，其余各镇均低于全区建设用地产出率；与连云港市相比，柘汪镇建设用地远高于连云港市，高出124.14元/m^2，其余各镇建设用地产出率均在不同程度上低于赣榆区建设用地产出水平；与江苏省相比，除柘汪镇占全省建设用地产出率比重的73.03%之外，其余各镇均远低于全省建设用地产出水平（图4-10）[①]。由此可见，赣榆区高强度的土地开发并未有效提升土地资源配置效率，且区域空间差异显著，土地资源在空间上的合理化配置与利用应当成为今后关注的重点之一。

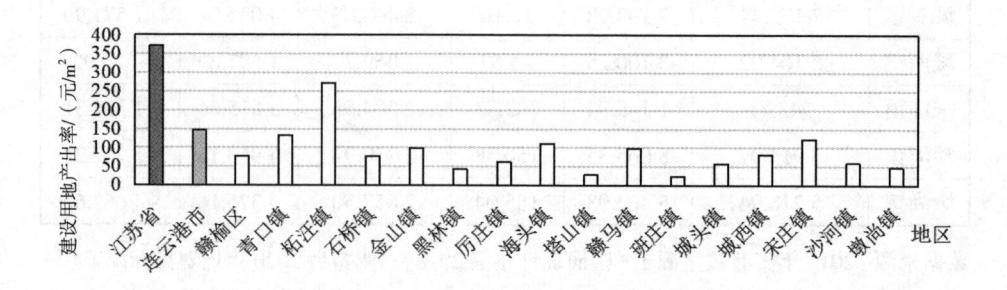

图4-10　2017年江苏省、连云港市和赣榆区及其各镇建设用地产出率

3.土地利用集约度不够高与数量供给日趋紧张矛盾凸显

土地资源低集约利用与数量有限供给之间的矛盾主要表现为地区土地资源利用集约化程度仍然不高，建设用地数量供给有限，可开垦的后备耕地资源不足。随着赣榆区开发区的日益壮大，大型工业企业涌入并落户开发区，中小型企业逐步向开发区和城镇工业集中区集中，城镇村建设用地集约度逐年提高。然而，在城镇化和工业化不断推进的过程中，仍存在土地资源粗放利用与开发的现象或问题，特别是城镇村建设用地仍然比较粗放，且存在

---

① 计算公式为：建设用地产出率=地区GDP/建设用地总量。连云港市与江苏省的数据来源于《连云港统计年鉴2018》和《江苏省统计年鉴2018》，下同。

闲置现象。2017年，赣榆区人均建设用地[①]为187.66m²/人，人均耕地数量为0.06hm²/人，人均耕地数量刚刚突破国际警戒线0.053hm²/人的标准。从全区各镇来看，青口镇、海头镇和宋庄镇人均耕地数量远高于国际警戒线；柘汪镇、赣马镇已突破国际警戒线；除黑林镇和厉庄镇之外，其余各镇直逼国际警戒线。同时，赣榆区全区地均投资强度为30.72万元/hm²，低于连云港市34.19万元/hm²，且全区各镇空间分布不均，东部沿海明显高于中西部地区（表4-3）。可见，从人均耕地数量和地均投资强度来看，赣榆区土地集约利用仍具有一定潜力，有待进一步挖掘。此外，受多年高强度土地开发和上一轮规划期间持续开发影响，加之现存河流水面、滩涂不宜再开发，且西部地区坡度大于25°丘陵山地禁止开垦，赣榆区可开垦后备耕地资源极少。

第四节　主体功能区划分指标体系分析与构建

一、国内典型研究成果比较

由于主题称谓不一，以主体功能区、主体功能区划、主体功能区规划等主题词在CNKI数据库收录的C刊和中文核心期刊中选取下载和引用频次较高（以年份为依据）且与主题最为相关的文献（刘传明 等，2007；王瑞君 等，2007；赵永江 等，2007；王敏 等，2008；王强 等，2009；张晓瑞 等，2010；唐常春，2011；林锦耀 等，2014；庞国彧 等，2016；孙乾翔 等，2018；郑菲 等，2018）。依据发表年份先后顺序，从指标构成、范围、方法、

[①] 这里的人均建设用地仅包括城市、建制镇和村庄。计算公式为：人均建设用地面积＝（城市＋建制镇＋村庄）/总人口数。

表4-3 2017年赣榆区及各镇人均耕地和地均投资强度

地区	赣榆区	青口镇	柘汪镇	石桥镇	金山镇	黑林镇	厉庄镇	海头镇	塔山镇	赣马镇	班庄镇	城头镇	城西镇	宋庄镇	沙河镇	墩尚镇
人均耕地数量/hm²	0.059	0.011	0.053	0.062	0.069	0.118	0.103	0.035	0.080	0.055	0.080	0.078	0.064	0.037	0.064	0.068
地均投资强度（万元/hm²）	30.72	87.05	94.61	29.04	34.01	10.64	14.27	83.37	9.44	18.98	13.02	7.23	17.81	143.82	11.83	14.72

数据来源：《赣榆统计年鉴2018》，作者整理所得。其中，地均投资强度=规模以上固定资产投资/土地总面积。

区划类型等方面进行对比分析（表4-4）。由表可知，我国主体功能区划分研究规范性较高，与国家政策理念契合度高，具有以下特征：第一，不同研究成果构建的一级指标体系较相似，大多按照"十一五"规划纲要提出的资源环境承载能力、现有开发密度和发展潜力三方面展开的，二级和三级指标差异较大，指标体系构建仍具有完善之处；第二，研究范围以省级和县市级为主，但碍于数据获取难易程度不同，基本空间单元中区县多、乡镇少，以行政村为最小空间单元极少，大多未突破行政边界；第三，指标权重确定方法多采用主客观综合赋权法，保证了确权科学性，但主体功能区划分方法不多；此外，指标体系构建定量研究多、定性研究少，特色成果少且标准烦冗、普适性不足，应用较为受限。

二、赣榆区主体功能区划分指标体系基本构成

（一）主体功能区划分指标体系构成要素

进一步对表4-1中相关文献分析（以县级为例，基本单元为乡镇）可以看出，同一行政层级主体功能区划分指标体系涵盖的视角不同：一是不同学者对主体功能区划分指标体系的构成观点不一致，同一指标构成要素中纳入的关键性指标要素差异性较明显；二是指标构成要素存在缺失、指标界定不清等不足之处；三是少数学者选取的指标数据获取难度较大（或不能保证数据的完整性），导致相关指标的实用性和参考价值有待进一步提高。

《全国主体功能区规划》明确指出，"推进形成主体功能区，就是要根据不同区域的资源环境承载能力、现有开发强度和发展潜力，统筹谋划人口分布、经济布局、国土利用和城镇化格局，确定不同区域的主体功能。""省级主体功能区规划要根据国家主体功能区规划，将行政区国家层面的主体功能区确定为相同类型的区域，保证数量、位置和范围的一致性。"因此，规范统一的指标体系涵盖视角是进行主体功能区划分的重要前提，也是提高主体功能区划分结果有效性与承接性的关键。那么，在评价县域主体功能适宜

表4-4 我国主体功能区划分指标体系、方法与类型对比分析

作者（年份）	指标构成			研究范围			研究方法			主体功能区类型	性质
	一级指标	二级指标	三级指标	行政范围	基本单元		权重方法	划分方法			
刘传明等（2007）	资源环境承载力、开发强度、发展潜力3个一级指标	资源承载力/环境承载力；社会经济基础/土地利用强度；区位优势/经济活力/开发效益。共7个二级指标	22个	湖北省	县/区		主客观赋值法相结合	综合集成法		优化开发区 重点开发区 限制开发区 禁止开发区	定量
王瑞君等（2007）	生态系统弹性力、资源承载力、现有开发密度、社会经济发展潜力5个一级指标	生态环境现状/生态环境敏感性/生态服务功能重要性；水资源承载指数/土地资源承载指数/森林资源承载指数/矿产资源承载指数/旅游资源承载指数；水环境承载指数/大气环境承载指数；社会经济发展压力指数；社会经济未来发展趋势。共12个二级指标	50个	平泉县	乡镇		未明确提及	"反规划"法		优化开发区 重点开发区 限制开发区 禁止开发区	定性
赵永江等（2007）	资源环境承载力、现有开发密度、发展潜力3个一级指标	资源丰度/环境容量/生态环境敏感性、生态重要性；土地资源开发强度/水资源开发强度/区位条件/发展基础/发展趋势。共11个指标	38个	河南省	—		—	—		—	—

— 138 —

第四章　国土空间主体功能区划分的县域样本：江苏省连云港市赣榆区

续表

作者（年份）	指标构成 一级指标	指标构成 二级指标	研究范围 二级指标	研究范围 行政范围	研究范围 基本单元	研究方法 权重方法	研究方法 划分方法	主体功能区类型	性质
王敏等（2008）	资源环境承载力、现有开发强度、开发潜力3个一级指标	可利用土地资源/可利用水资源；环境容量/生态系统脆弱性/生态功能重要性/灾害危险性；人口集聚度/经济发展水平/交通可达性/战略选择。共10个二级指标	21个	上海市	区	层次分析法	加权求和法/聚类分析法/主导因素法	优化开发区 重点开发区 限制开发区 禁止开发区	定量
王强等（2009）	社会经济发展水平、生态保护程度、资源环境承载力、现有开发强度、开发潜力5个一级指标	—	11个	福建省	县域	因子权重赋值法	国土空间开发综合评价指数	优化开发区 重点开发区 限制开发区 森林公园 自然保护区	定量
张晓瑞等（2010）	资源环境承载力、经济社会潜力、环境压力、生态阻力4个一级指标	资源丰度/环境容量；经济/交通/城镇社会；污染物排放；地形/水体/植被/保护区。共11个二级指标	36个	京津地区	区县	层次分析法	综合划分指数	优化开发区 重点开发区 限制开发区 禁止开发区	定量

— 139 —

续表

作者 （年份）	指标构成		研究范围		研究方法			主体功能区 类型	性质
	一级 指标	二级 指标	二级 指标	行政 范围	基本 单元	权重 方法	划分 方法		
唐常春等 （2011）	开发约束（生态与农业约束）、开发强度（开发密度与水平）、开发潜力（未来发展潜力）3个一级指标	生态脆弱性/生态重要性/农业重要性；开发密度/工业化水平/城镇化水平；经济发展后劲/交通优势度。共8个二级指标	22个	长江流域	县区	德尔菲法和层次分析法相结合	动态加权求和法的综合评价模型	提升发展区 转型发展区 优先开发区 重点培育期 一般发展区 农业保护区 生态保护区 严格保护区	定量
林锦耀等 （2014）	资源环境承载力、现有开发密度、开发潜力3个一级指标	绿当量/环境容量/人均可利用水资源/人均GDP/人均可利用地GDP/适宜建设用地利用率/城市化强度指数/人口密度/人口流动强度/公路网密度/交通通达度/"十一五"期间GDP平均增长率。共13个二级指标	无	东莞市	乡镇	未明确提及	空间自相关	优化开发区 重点开发区 限制开发区 禁止开发区	定量

— 140 —

续表

作者（年份）	指标构成 一级指标	指标构成 二级指标	指标构成 三级指标	研究范围 行政范围	研究范围 基本单元	研究方法 权重方法	研究方法 划分方法	主体功能区类型	性质
庞国锋等（2016）	自然生态开发约束、社会经济发展潜力2个二级指标	自然资源约束/生态环境约束；人口集聚度/交通优势度/经济发展水平/社会发展水平。共6个一级指标	16个	丽水市	乡镇/街道	未明确提及	综合指数法	"三级"分区	定量
孙乾翔等（2018）	资源环境承载力、现有开发密度、发展潜力3个一级指标	—	13个	徐州市	县区	未明确提及	层次聚类法	发展核心区 重点发展区 优化发展区 限制发展区	定量
郑菲等（2018）	经济承载力、社会承载力、资源承载力、环境承载力4个一级指标	—	16个	安徽省	市	熵权法	突变级数模型	优化开发区 重点开发区 适度开发区	定量

资料来源：作者通过文献整理所得。表中"作者"仅罗列文献第一作者；符号"—"表示相应文献中未列出相应内容；"未明确提及"表示相应文献中有所体现，但未直接说明。

性、划分县域主体功能区时，应以全国统一的指标体系构建视角为前提，根据省级主体功能区划分对县域主体功能的定位，结合县域自身发展目标定位和空间布局基本条件与规划，综合考虑资源环境承载力、现有开发密度和发展潜力三大要素内容。其中，资源环境承载能力是指在自然生态环境不受危害并维系良好生态系统的前提下，特定区域的资源禀赋和环境容量所能承载的经济规模和人口规模，包括水土资源丰裕程度、水土资源生态敏感性、生物多样性和水源涵养等生态重要性，地质、地震、气候、风暴潮等自然灾害频发程度等。现有开发密度是特定区域工业化、城镇化的程度，包括土地资源、水资源开发强度等。发展潜力是指基于特定区域一定程度上的资源环境承载能力，该区域潜在的发展能力，包括经济社会发展基础、科教水平、区位条件等地缘因素以及国家、地区战略取向等。

（二）赣榆区主体功能区划分指标体系的构建

指标的选择既要注重指标的科学性，突出重点、明确目标，又要注重指标的数据可获取性、可操作性，把握关键、注重导向，做到因地制宜。同时，指标构建要避免数量过多，层次过繁，这会导致指标交叉性突出、准确性下降。因此，在主体功能区价值导向的基础上，借鉴已有研究成果，充分考虑省级主体功能区划分结果和国家对主体功能区划分的要求，力求县域主体功能区划分结果的科学性、承接性与合理性。县域主体功能区划分指标体系应以定量指标体系构成为主，包括资源环境承载能力、现有开发密度和发展潜力三个方面，且重点应突出资源与环境方面的指标及其与相关层级的关联性。通过实地调研、部门访谈和专家论证，赣榆区主体功能区划分指标体系见表4-5。

（1）资源环境承载能力。资源环境承载能力是特定区域经济建设与开发的重要基础条件，是区域社会经济可持续发展的先导要素，包括资源承载能力和环境承载能力两大方面。

资源承载力是特定区域资源的质量和数量对该区域空间范围内人口基本生存与发展的支撑力，以水土资源承载能力为基础，其中，土地资源中耕地资源最为重要，选用人均水资源占有量和人均耕地资源加以衡量。

表4-5 赣榆区主体功能区划分指标体系

目标层 (A)	支持层 (B)	因素层 (C)	指标层 (D)	单位	指标表征内涵	指标计算公式
主体功能区适宜性 (A)	资源环境承载能力 (B₁)	资源承载能力 (C₁)	人均耕地面积 (D_1)⁺	hm²/人	土地资源承载能力	耕地面积与总人口的比值
			人均水资源占有量 (D_2)⁺	m³/人	水资源承载能力	水资源总量与总人口的比值
		环境承载能力 (C₂)	水污染负荷 (D_3)⁻	mg/L	水资源生态敏感性	以"化学需氧量COD"衡量
			单位面积农药负荷 (D_4)⁻	kg/hm²	土地生态敏感性	农药施用量与耕地面积比值
			单位面积化肥负荷 (D_5)⁻	kg/hm²	土地生态敏感性	化肥施用量与耕地面积比值
			林木覆盖率 (D_6)⁺	%	水土保持重要性	林地面积与土地总面积比值
			湿地面积占比 (D_7)⁺	%	水源涵养重要性	湿地面积与土地总面积比值
	现有开发密度 (程度) (B₂)	社会经济发展程度 (C₃)	非农产业占比 (D_8)⁺	%	工业化水平	第二产业产值占国民生产总值比重
			城镇化率 (D_9)⁺	%	城镇化水平	城镇人口与总人口比值
			人口密度 (D_{10})⁺	人/km²	人口集聚程度	总人口与辖区面积的比值
			地均GDP (D_{11})⁺	万元/km²	经济集中程度与效率	GDP与辖区面积的比值
		资源利用强度 (C₄)	复种指数 (D_{12})⁺	%	耕地利用强度	农作物总播种面积与耕地面积比值
			土地开发强度 (D_{13})⁺	%	土地集约化利用强度	建设用地面积与辖区面积比值
			水资源开发利用率 (D_{14})⁺	%	水资源利用强度	区域用水量与水资源总量比值

续表

目标层(A)	支持层(B)	因素层(C)	指标层(D)	单位	指标表征内涵	指标说明	指标计算公式
主体功能区适宜性(A)	发展潜力(B₃)	经济活力(C₅)	GDP增长率(D_{15})⁺	%	经济发展速度		当年与上一年GDP的差值与当年GDP的比值
			固定资产投资增长率(D_{16})⁺	%	经济建设投入力度		当年与上一年固定资产投资额的差值与当年的比值
			人口迁移率(D_{17})⁺	%	经济发展吸引力		流入人口与流出人口之和与总人口的比值
			居民可支配收入(D_{18})⁺	元	地区消费能力		以"农民人均所得"表征
		区位条件(C₆)	国有公路面积率(D_{19})⁺	%	交通优势条件		国有公路面积与区域面积比值
			区位优势度(D_{20})⁺	m	区位集聚辐射度		以"到市中心的距离"衡量
		科教水平状况(C₇)	基础教育状况(D_{21})⁺	人	教育水平重视程度		以"劳动年龄内上学的学生数"衡量
			科技投入强度(D_{22})⁺	%	科技水平重视程度		科技从业人员与乡村从业人员数的比值

注：指标层中，"符号—/+"表示指标属性，其中："—"表示负向指标，"+"表示正向指标。

环境承载力是特定区域（生态）环境对人类社会及其生产生活活动支撑能力的忍耐力，包括环境容量、生态敏感性、生态重要性等要素，选用水污染负荷、单位面积耕地农药负荷、单位面积耕地化肥负荷、林木覆盖率、湿地面积占比加以衡量。其中，林木覆盖率包括园地和林地，水污染负荷选用"化学需氧量（COD）"表征，化学需氧量（COD）是一个能快速测定有机物污染水体的参数，是表征水体有机物污染状况最为重要且最常用的指标。同时，由于赣榆区地处沿海，自然灾害主要集中在气象灾害，又以台风等自然灾害为主，且地区自然灾害均质性较强，地区空间范围差异较小，因此本书不考虑有关自然灾害频发程度的指标。

（2）现有开发密度。现有开发密度是特定区域工业化和城镇化程度的反映，指标选取应突出特定区域工业化和城镇化的现实特征，主要通过社会经济发展程度和（水土）资源利用强度两个方面内容加以表征。

社会经济发展程度反映了特定区域社会经济现象在某一时期的规模化与集约化程度，是特定区域经济开发与建设水平的重要体现，选取非农产业占比、城镇化率、人口密度、地均GDP加以衡量。

资源利用强度又称资源利用的效率，对一个单位的资源投资或开发强度，以土地利用强度为主，兼顾水资源利用强度，选用复种指数、土地开发强度、水资源开发利用率加以衡量。

（3）发展潜力。发展潜力特指地区社会经济发展的潜在能力，以区域经济发展潜力为核心，受特定区域经济活力、区位条件和科教水平等要素的影响。由于县级以下行政单位（乡镇级）发展战略定位通常是县级宏观发展战略目标为导向，因此本书不考虑地区战略定位（取向）要素。

经济活力是指特定区域一定时期内经济中供给与需求的增长潜力，是特定区域经济发展状态的标志，选取GDP增长率、固定资产投资增长率、人口迁移率和居民可支配收入加以衡量。其中，人口迁移率反映某一地区（国家）在一定时期内人口迁入和迁出所引致的人口数量变化，主要受社会经济因素的影响，一般表现为人口由经济（相对）落后的地区向经济发达的地区迁移，是表征地区经济发展吸引力的重要指标之一；居民可支配收入是反映地区消费能力（开支）最为重要的一项具有决定性的因素，选用"农民人均所得"表征，这是由于城镇居民自身（本身）具备较高的消费能力，在县域行政单元中，有必要从农村居民收入角度入手，通过考察农村居民人均所得来衡量农村居民消费潜能，以探寻地区消费能力提升的潜在可能性。农民人均所得是农民劳动生产所得，是从生产领域出发，反映农民通过劳动所获得的各种（项）可支配收入状况。

区位条件是经济区位布局的主体，是特定区域地理范畴上经济的增长带（或增长点）及其辐射范围，分别选取国有公路面积率、区位优势度衡量地区交通优势条件和区位集聚辐射度。一般来讲，地区交通优势条件应选用公路密度加以表征，但考虑到数据的可获取性，选用"国有公路面积率"替代，国有公路面积占地区总面积的比在很大程度上能够反映地区交通发达程度；区位优势度选用"到市中心的距离"加以衡量。

另外，经济建设离不开科学进步和人口素质提升，是特定区域经济振兴的重要保障，选取基础教育状况、科技投入强度衡量区域科教水平。其中，科技投入强度可用经费和人员两类指标直接反映，由于数据获取权限，选用科技人员指标加以衡量。

第五节　主体功能区划分方法应用与结果分析

一、赣榆区主体功能区划分方法与过程

采用大多研究方法进行赣榆区主体功能区划分，即综合指数法和聚类分析法（系统聚类分析法）。根据以镇为基本单元的赣榆区主体功能区划分指标体系，首先运用线性比例变换法对原始数值进行归一化，采用熵权法确定指标权重；其次结合指标权重和综合指数法计算出以指标为基础的分指数和综合指数；再通过指数情况进行区域聚类，作为主体功能区判别初步依据；最后结合赣榆区新一轮土地利用总体规划（《连云港市赣榆区土地利用总体

规划（2006—2020年）》）、专家咨询、实地论证等形式对初步功能分区类型及其边界进行论证得到最终的划分结果，并借助GIS技术对不同主体功能区进行空间叠加，得到赣榆区主体功能区划分最佳方案。

二、赣榆区主体功能区划分基础数据处理

（一）数据来源与说明

由于本书重点考察县域主体功能区土地资源空间配置效率现状，那么，基于赣榆区主体功能区适应性评价指标体系，以2017年作为基础年份划分赣榆区主体功能区，以便为下一步开展2011—2017年赣榆区不同主体功能区土地资源空间配置效率现状分析提供重要依据。本章研究所用数据均来自2018年《赣榆统计年鉴》，赣榆区自然资源与规划局、农业农村局、生态环境局、水利局、发展和改革委员会和统计局的相关部门统计数据和调研数据。

（二）指标权重确定：熵权法

在进行指标权重计算之前，需要统一指标单位标准。指标归一化（或无纲量化）处理就是为了消除数据序列间的单位差别。当前，指标归一化处理方法较多，包括极差变化法、线性比例交换法、偏差法等，且各有优劣，而以极差变化法和线性比例交换法运用最为广泛。因此，首先采用线性比例交换法对赣榆区主体功能区划分指标进行归一化处理。公式如下：

正向指标：$Z_{ij} = X_{ij} / X_j^*$，其中，$X_j^* = \max\limits_{1 \leq i \leq n}(X_{ij}) \neq 0$ （式4-1）

负向指标：$Z_{ij} = X_j^* / X_{ij}$，其中，$X_j^* = \min\limits_{1 \leq i \leq n}(X_{ij}) \neq 0$ （式4-2）

式4-1和式4-2中，X_{ij}表示第i年第j项指标原始值，X_j^*表示最大值或最

小值，Z_{ij}表示第i年第j项指标归一化值。

其次，在指标数据归一化处理的基础上，进一步得出指标权重。指标权重方法包括主观和客观赋权法两大类，但考虑到研究涉及指标数量较多，为避免受主观因素影响，采用客观赋权法中常用的熵权法确定赣榆区主体功能区划分指标权重。熵权法能够很好地克服多指标变量间信息的重叠和人为确定权重的主观性，从而客观地反映各指标要素之间的内部变化。公式如下：

$$W_j = (1-E_j) / \sum_{j=1}^{m}(1-E_j), \text{且} \sum_{j=1}^{m}W_j = 1, W_j \in [0,1]$$

其中：$E_j = -\dfrac{1}{\ln nm}\sum_{j=1}^{m}(P_{ij} \times \ln P_{ij})$，$P_{ij} = Z_{ij}/Z_j$，$Z_j = \sum_{i=1}^{n}Z_{ij}$ （式4-3）

式4-3中，W_j表示第j项指标权重，E_j表示第i年第j项指标的信息熵值，Z_{ij}表示第i年第j项指标的归一化值，Z_j表示第j项指标归一化值之和，n表示地区数量，m表示变量数。赣榆区主体功能区划分指标权重见表4-6。

（三）综合指数法

综合指数法是把各项指标转为同度量个体指数，以便综合各项指标，并以综合指数作为度量对象评比排序的基本依据。各项指标权数是由其重要性决定的，体现了各项指标在综合值中作用的大小。其优点在于既可反映复杂现象总体变动方向及其程度，又可确切地、定量地说明现象变动所产生的实际效果。公式如下：

$$Y_d = \sum_{j=1}^{m}W_j Z_{ij} \qquad (式4-4)$$

$$Y = \sum_{d=1}^{z}W_d Y_d \qquad (式4-5)$$

式4-4和式4-5中，Y_d表示各系统得分指数，Y表示综合指数，W_d表示d系统权重，z表示d系统数。通常Y值介于0～1之间，其值越大，状况越合理，反之越不合理。赣榆区主体功能区划分分指数和综合指数见表4-7。

第四章 国土空间主体功能区划分的县域样本：江苏省连云港市赣榆区

表4-6 赣榆区主体功能区划分指标权重

支持层	因素层	指标层	青口镇	柘汪镇	石桥镇	金山镇	黑林镇	厉庄镇	海头镇	塔山镇	赣马镇	班庄镇	城头镇	城西镇	宋庄镇	沙河镇	墩尚镇
资源环境承载力	资源承载力	人均耕地面积	0.044 4	0.045 2	0.045 4	0.045 5	0.046 3	0.046 1	0.045 0	0.045 8	0.045 2	0.045 7	0.045 8	0.045 6	0.045 0	0.045 3	0.045 5
		人均水资源占有量	0.044 5	0.045 4	0.045 3	0.045 4	0.045 9	0.045 8	0.045 2	0.045 9	0.045 1	0.045 8	0.045 6	0.045 4	0.045 7	0.045 1	0.045 7
	环境承载力	水污染负荷	0.045 1	0.045 3	0.045 4	0.045 3	0.045 5	0.045 5	0.045 4	0.045 6	0.045 7	0.045 5	0.045 5	0.045 5	0.045 3	0.045 7	0.045 6
		单位面积农药负荷	0.044 4	0.045 3	0.045 2	0.045 2	0.044 9	0.045 5	0.044 9	0.045 0	0.048 5	0.044 9	0.044 9	0.045 0	0.044 7	0.048 1	0.044 9
		单位面积化肥负荷	0.045 0	0.044 9	0.045 0	0.045 1	0.045 7	0.045 4	0.044 8	0.045 2	0.047 3	0.045 3	0.045 7	0.045 6	0.044 9	0.048 6	0.045 2
支持层		林木覆盖率	0.044 6	0.045 9	0.045 3	0.047 6	0.046 3	0.045 8	0.044 4	0.045 0	0.045 1	0.045 6	0.045 7	0.045 6	0.044 7	0.044 7	0.044 7
		湿地面积占比	0.045 0	0.045 0	0.045 0	0.045 1	0.045 1	0.045 2	0.045 5	0.046 1	0.045 2	0.046 1	0.045 3	0.045 2	0.046 1	0.045 2	0.046 5

— 149 —

续表

支撑层	因素层	指标层	青口镇	柘汪镇	石桥镇	金山镇	黑林镇	厉庄镇	海头镇	塔山镇	赣马镇	班庄镇	城头镇	城西镇	宋庄镇	沙河镇	墩尚镇
现有开发密度(程度)	社会经济发展程度	非农产业占比	0.044 8	0.046 4	0.045 3	0.045 9	0.045 3	0.045 2	0.046 0	0.045 3	0.045 1	0.045 2	0.045 5	0.045 4	0.046 3	0.045 0	0.045 2
		城镇化率	0.045 7	0.045 5	0.045 3	0.046 6	0.045 3	0.046 4	0.044 8	0.045 0	0.044 8	0.044 7	0.045 6	0.045 6	0.046 5	0.044 6	0.045 5
		人口密度	0.047 0	0.045 2	0.045 4	0.045 3	0.045 2	0.045 2	0.045 7	0.045 3	0.045 5	0.045 1	0.045 5	0.045 7	0.045 1	0.045 4	0.045 2
		地均GDP	0.046 3	0.047 5	0.045 2	0.045 2	0.044 8	0.045 0	0.046 0	0.045 0	0.045 3	0.044 8	0.045 1	0.045 2	0.046 5	0.044 9	0.045 1
现有开发密度(程度)	资源利用强度(程度)	复种指数	0.045 5	0.045 4	0.045 2	0.045 3	0.045 1	0.045 2	0.045 5	0.045 5	0.045 6	0.045 2	0.045 7	0.045 7	0.045 7	0.045 8	0.045 5
		土地开发强度	0.045 7	0.045 5	0.045 3	0.045 2	0.045 1	0.045 1	0.045 8	0.045 7	0.045 7	0.045 5	0.045 4	0.045 3	0.046 0	0.045 1	0.045 7
		水资源开发利用率	0.045 2	0.045 4	0.045 4	0.045 4	0.045 5	0.045 5	0.045 5	0.045 6	0.045 3	0.045 5	0.045 6	0.045 6	0.045 4	0.045 3	0.045 5

第四章 国土空间主体功能区划分的县域样本：江苏省连云港市赣榆区

续表

因素层	指标层	青口镇	柘汪镇	石桥镇	金山镇	黑林镇	厉庄镇	海头镇	塔山镇	赣马镇	班庄镇	城头镇	城西镇	宋庄镇	沙河镇	墩尚镇
支持层	GDP增长率	0.045 2	0.045 5	0.045 4	0.045 4	0.045 5	0.045 5	0.045 5	0.045 6	0.045 3	0.045 4	0.045 6	0.045 6	0.045 4	0.045 3	0.045 5
	固定资产投资增长率	0.045 0	0.045 0	0.045 7	0.045 6	0.045 4	0.045 6	0.045 5	0.046 5	0.044 5	0.046 5	0.045 4	0.046 1	0.045 1	0.044 4	0.045 5
	人口迁移率	0.045 9	0.045 4	0.045 5	0.045 4	0.045 4	0.045 6	0.045 6	0.045 5	0.045 2	0.045 7	0.045 5	0.045 5	0.045 3	0.045 1	0.045 3
	居民可支配收入	0.045 5	0.045 4	0.045 4	0.045 4	0.045 1	0.045 3	0.045 8	0.045 4	0.045 7	0.045 2	0.045 5	0.045 6	0.045 6	0.045 3	0.045 7
发展潜力	国有公路面积率	0.046 8	0.045 1	0.045 4	0.044 6	0.045 4	0.045 4	0.045 4	0.045 0	0.045 6	0.045 0	0.045 2	0.045 2	0.046 6	0.045 1	0.045 6
	区位优势度	0.044 4	0.045 8	0.045 7	0.045 6	0.046 1	0.045 5	0.045 2	0.045 6	0.044 8	0.046 0	0.045 8	0.045 4	0.044 8	0.045 6	0.045 5
科教水平状况	基础教育状况	0.045 0	0.045 2	0.045 4	0.045 2	0.045 2	0.045 2	0.046 8	0.045 1	0.045 3	0.046 5	0.044 9	0.045 1	0.044 6	0.046 2	0.046 0
	科技投入强度	0.049 0	0.044 6	0.047 4	0.044 7	0.046 0	0.044 8	0.044 7	0.045 0	0.044 8	0.044 8	0.045 1	0.044 8	0.044 8	0.046 3	0.045 0

表4—7 赣榆区主体功能区划分分指数和综合指数

指数类别	指数要素	因素层分指数	青口镇	柘汪镇	石桥镇	金山镇	黑林镇	厉庄镇	海头镇	塔山镇	赣马镇	班庄镇	城头镇	城西镇	宋庄镇	沙河镇	墩尚镇
资源环境承载力	资源承载力指数		0.014 2	0.054 3	0.053 1	0.060 3	0.092 1	0.083 0	0.037 8	0.073 8	0.046 0	0.075 3	0.063 0	0.050 5	0.056 3	0.051 5	0.067 8
	环境承载力指数		0.094 0	0.128 4	0.128 0	0.157 3	0.137 0	0.141 3	0.094 1	0.121 3	0.379 6	0.141 7	0.115 8	0.110 4	0.100 6	0.327 8	0.136 2
社会经济因素	现有开发密度指数		0.119 1	0.131 0	0.062 3	0.105 2	0.048 0	0.072 9	0.080 8	0.036 9	0.056 8	0.035 0	0.059 7	0.065 6	0.128 9	0.042 7	0.056 1
	资源利用强度（程度）指数		0.116 9	0.097 2	0.084 6	0.083 6	0.068 1	0.074 9	0.101 2	0.090 9	0.097 2	0.086 1	0.088 1	0.088 8	0.120 1	0.103 0	0.101 7

第四章 国土空间主体功能区划分的县域样本：江苏省连云港市赣榆区

续表

指数类别	指数要素	青口镇	柘汪镇	石桥镇	金山镇	黑林镇	厉庄镇	海头镇	塔山镇	赣马镇	班庄镇	城头镇	城西镇	宋庄镇	沙河镇	墩尚镇
因素层分指数	经济活力指数	0.147 4	0.119 0	0.129 2	0.125 5	0.100 6	0.117 4	0.135 6	0.133 8	0.109 2	0.144 2	0.107 6	0.126 5	0.115 8	0.092 2	0.123 5
	发展区位条件指数	0.052 0	0.052 3	0.050 6	0.035 0	0.060 8	0.041 6	0.042 3	0.032 2	0.035 6	0.053 5	0.043 3	0.030 5	0.048 7	0.049 2	0.046 5
	发展潜力科教水平状况指数	0.064 5	0.017 9	0.046 4	0.017 2	0.027 4	0.014 1	0.048 1	0.011 1	0.022 1	0.043 4	0.009 8	0.010 0	0.005 9	0.053 8	0.033 0
支持层分指数	资源环境承载力指数	0.022 3	0.034 0	0.033 8	0.041 4	0.039 7	0.039 8	0.024 7	0.034 3	0.092 3	0.039 1	0.032 1	0.029 6	0.027 8	0.080 1	0.037 1
	现有开发（程度）指数	0.037 8	0.037 4	0.022 8	0.030 6	0.017 0	0.023 4	0.028 6	0.019 0	0.023 5	0.018 0	0.022 9	0.024 1	0.040 2	0.021 7	0.024 1
	发展潜力指数	0.037 6	0.027 9	0.032 4	0.027 5	0.026 3	0.026 4	0.033 0	0.028 4	0.024 9	0.035 2	0.024 4	0.026 8	0.026 0	0.026 0	0.029 7
综合指数		0.032 9	0.032 9	0.029 8	0.032 9	0.027 9	0.029 7	0.028 9	0.027 3	0.046 1	0.031 0	0.026 4	0.026 8	0.031 1	0.042 0	0.030 3

− 153 −

（四）系统聚类分析法

聚类分析是根据某些数量特征把观察对象进行分类的一种数理统计分析方法，包括系统聚类法、加入法、分解法和动态分类法。运用系统聚类法对赣榆区主体功能区划分指标的指数进行聚类分析，其原理在于：将n个样本看成n类，把性质最为接近的两类合并为一类，得到$n-1$类，再从这些类别中找出性质最为接近的两类合并成$n-2$类，依次重复以上步骤，直到所有样本聚为一类，这一过程可用聚类图或树状图加以表示。因此，根据表4-7，借助SPSS22软件运用系统聚类法和（平均）Euclidean距离（即欧式距离）[①]对赣榆区主体功能区划分指标分指数和综合指数系统聚类分析。系统聚类分析结果见图4-11[②]。

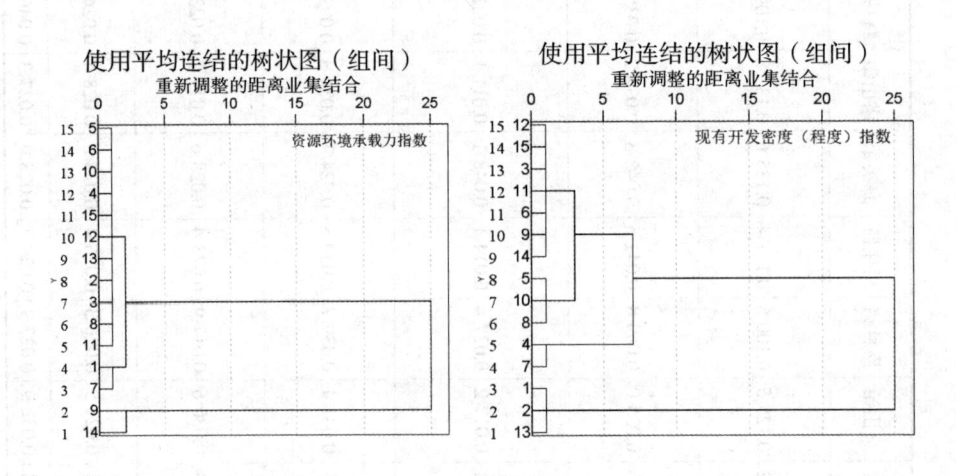

使用平均连结的树状图（组间）
重新调整的距离业集结合
资源环境承载力指数

使用平均连结的树状图（组间）
重新调整的距离业集结合
现有开发密度（程度）指数

---

① Euclidean距离（欧式距离）是距离（distance）的一种类型，属聚类统计量，也是系统聚类分析最为常用的方法，其定义为：对于任意两个样本i和k可以定义为欧式距离：

$$D = \sqrt{(X_{i1}-X_{k1})^2+(X_{i2}-X_{k2})^2+\cdots+(X_{im}-X_{km})^2} = \left[\sum_{j=1}^{m}(X_{ij}-X_{kj})^2\right]^{1/2}$$

上式中，X_{ij}和X_{kj}分别表示第i个样本第j个变量和第k个样本第j个变量值。

② 图4-15中，数字1~15分别表示青口镇1、柘汪镇2、石桥镇3、金山镇4、黑林镇5、厉庄镇6、海头镇7、塔山镇8、赣马镇9、班庄镇10、城头镇11、城西镇12、宋庄镇13、沙河镇14和墩尚镇15。

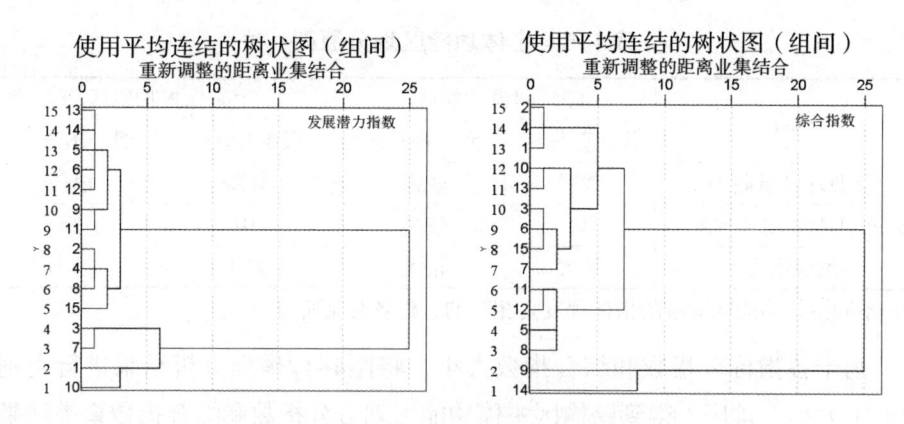

第四章 国土空间主体功能区划分的县域样本：江苏省连云港市赣榆区

图4-11 赣榆区主体功能区划分指数系统聚类图

三、赣榆区主体功能区划分结果与分析

（一）赣榆区主体功能区划分初步方案

依据表4-7和图4-12赣榆区主体功能区划分指标分指数［包括资源环境承载力指数、现有开发密度（程度）指数和发展潜力指数］和综合指数，对赣榆区进行主体功能区初步划分。在《全国主体功能区划分》基本原则（表4-8）要求下，以镇为基本单元，首先将赣榆区主体功能区初步划分为四大类，包括优化开发区、重点开发区、限制开发区和禁止开发区，其中优化开发区和重点开发区可归类为经济建设功能区，限制开发区和禁止开发区可归类为生态保护功能区。[1]

---

[1] 具体解释见前文第三章3.2.2.3。

表4-8 主体功能区划分原则

指标	经济建设功能区		生态保护功能区	
	优化开发区	重点开发区	限制开发区	禁止开发区
资源环境承载力	减弱	较强	较弱	很弱
现有开发密度（程度）	高	较高	中	低
发展潜力	较大	很大	较小	很小

注：不同主体功能区对应的指标程度是相对的，作者总结所得。

基于各指标分指数和综合指数大小，将图4-12聚类分析结果进行类别程度（大小）排序，得到赣榆区主体功能区划分分指数和综合指数聚类结果（表4-9）。由表4-9可知，赣榆区各镇在资源环境承载力、现有开发密度（程度）、发展潜力方面均存在着不同程度的差异，且指标内部差异较为明显。

表4-9 赣榆区主体功能区划分指标分指数和综合指数聚类结果

地区（镇）	资源环境承载力		现有开发密度（程度）		发展潜力		综合状况	
	指数	类别	指数	类别	指数	类别	指数	类别
青口镇	0.022 3	1	0.037 8	4	0.037 6	4	0.032 9	2
柘汪镇	0.034 0	2	0.037 4	4	0.027 9	2	0.032 9	2
石桥镇	0.033 8	2	0.022 8	2	0.032 4	3	0.029 8	2
金山镇	0.041 4	2	0.030 6	3	0.027 5	2	0.032 9	2
黑林镇	0.039 7	2	0.017 9	1	0.026 3	1	0.027 9	1
厉庄镇	0.039 8	2	0.023 4	2	0.026 4	1	0.029 7	2
海头镇	0.024 7	1	0.028 6	3	0.033 0	3	0.028 9	2
塔山镇	0.034 3	2	0.019 1	1	0.028 4	2	0.027 3	1
赣马镇	0.092 1	4	0.023 5	2	0.024 9	1	0.046 1	4
班庄镇	0.039 1	2	0.018 0	1	0.035 2	4	0.031 0	2
城头镇	0.032 1	2	0.022 9	2	0.024 4	1	0.026 4	1
城西镇	0.029 6	2	0.024 1	2	0.026 8	2	0.026 8	1
宋庄镇	0.027 8	2	0.040 2	4	0.026 0	1	0.031 1	2
沙河镇	0.080 1	3	0.021 7	2	0.026 0	1	0.042 0	3
墩尚镇	0.037 1	2	0.024 1	2	0.029 7	2	0.030 3	2

注："类别"属聚类结果，用数字1~4表示并衡量指标程度，分别表示低、中、较高、高。

第四章 国土空间主体功能区划分的县域样本：江苏省连云港市赣榆区

进一步根据表4-9中资源环境承载力指数、现有开发密度（程度）指数、发展潜力指数及综合指数的指数聚类结果和类别程度，运用ArcGIS10.3软件绘制出赣榆区主体功能区划分指标分指数和综合指数的空间聚类分异图（图4-12）。

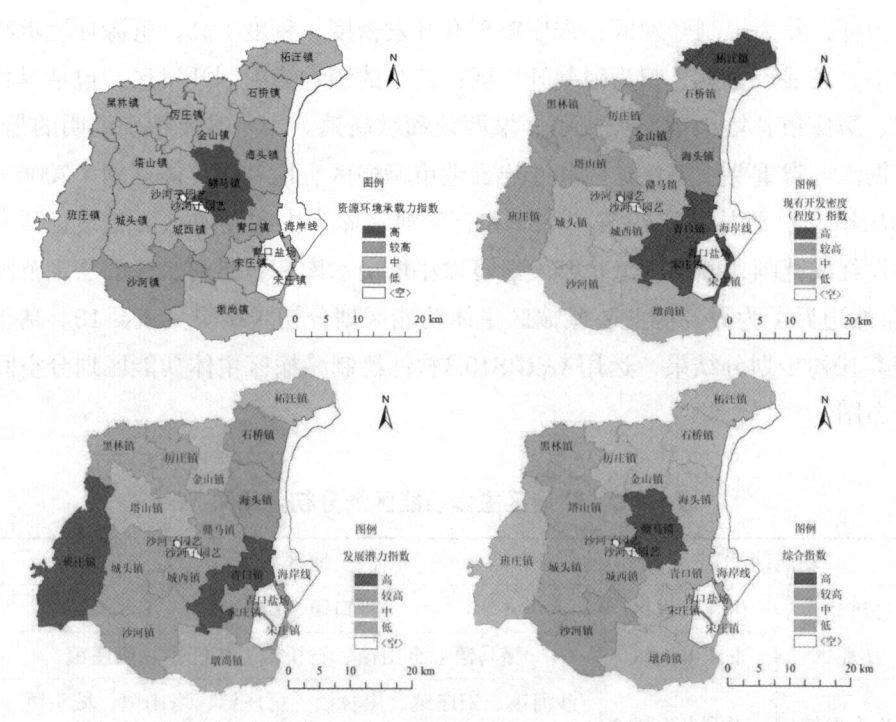

图4-12 赣榆区主体功能区划分指标分指数和综合指数空间聚类分异图

综上所述，依据表4-8主体功能区划分原则，对赣榆区主体功能区划分指标分指数和综合指数聚类结果（表4-9）和空间聚类分异图（图4-16）综合分析可知：（1）青口镇发展潜力最大，现有开发密度（程度）高，而资源环境承载力低，归为优化开发区；海头镇发展潜力较高，现有开发密度较高，而资源环境承载力低，归为优化开发区。（2）赣马镇资源环境承载力最高，现有开发密度（程度）一般（中），发展潜力低，但从综合指数来看，赣马镇综合指数最高，表明赣马镇与其他镇相比较，其实际情况最好，可归为重点开发区；金山镇现有开发密度（程度）较高，资源环境承载力

— 157 —

中，发展潜力中，可归为重点开发区；石桥镇发展潜力较高，资源环境承载力中，现有开发密度（程度）中，可归为重点开发区；柘汪镇现有开发密度（程度）高，资源环境承载力中，发展潜力中，可归为重点开发区；班庄镇发展潜力大，资源环境承载力中，现有开发密度（程度）低，可归为重点开发区。（3）沙河镇资源环境承载力较高，现有开发密度（程度）中，发展潜力低，归为限制开发区；宋庄镇现有开发密度（程度）高，资源环境承载力中，发展潜力低，归为限制开发区；其余的镇均为限制开发区，包括黑林镇、厉庄镇、塔山镇、城头镇、城西镇和墩尚镇。（4）需要特别说明的是，依据江苏省重要生态保护区和《连云港市赣榆区土地利用总体规划（2006—2020年）》，赣榆区以小塔山水库和石梁河水库为主的湖泊水面属禁止开发建设红线范围，赣榆区禁止开发区可以小塔山水库和石梁河水库的法定范围（自然边界）为界。因此，赣榆区主体功能区划分初步结果见表4-10。基于表4-10初步划分结果，运用ArcGIS10.3软件绘制赣榆区主体功能区划分空间分布图。

表4-10 赣榆区主体功能区划分初步结果

功能区类别		涉及地区（镇）
经济建设功能区	优化开发区	青口镇、海头镇
	重点开发区	赣马镇、金山镇、石桥镇、柘汪镇、班庄镇
生态保护功能区	限制开发区	沙河镇、宋庄镇、黑林镇、厉庄镇、塔山镇、城头镇、城西镇、墩尚镇
	禁止开发区	以小塔山水库水面、石梁河水库水面为主的湖泊水面

由图4-17可知，赣榆区主体功能区划分初步结果基本与现实状况相符，但班庄镇和宋庄镇存在着现实差异性。因此，基于赣榆区地区实际情况，将班庄镇由重点开发区调整为限制开发区，宋庄镇由限制开发区调整为重点开发区。从班庄镇来看，该镇位于赣榆区西部，靠沂蒙山余脉，属丘陵山区，以农业生产为主，素有"茶叶之乡、芦笋之乡"美誉，现已形成（或正在建设）特色水果园区、生态农业园区等特色农业生产园区，应归类为"农产品生产区"，即属于限制开发区；从宋庄镇来看，该镇濒临海州湾，北临青口

镇（赣榆区经济开发区），东接连云区（连云港市），与连云港港口隔海相望，区位优势显著且工业占据主导地位，应调整为重点开发区。因此，赣榆区主体功能区划分初步结果调整方案见表4-11和图4-13。

表4-11 赣榆区主体功能区划分初步结果调整方案

功能区类别		涉及地区（镇）
经济建设功能区	优化开发区	青口镇、海头镇
	重点开发区	赣马镇、金山镇、石桥镇、柘汪镇、宋庄镇
生态保护功能区	限制开发区	沙河镇、黑林镇、班庄镇、厉庄镇、塔山镇、城头镇、城西镇、墩尚镇
	禁止开发区	以小塔山水库水面、石梁河水库水面为主的湖泊水面

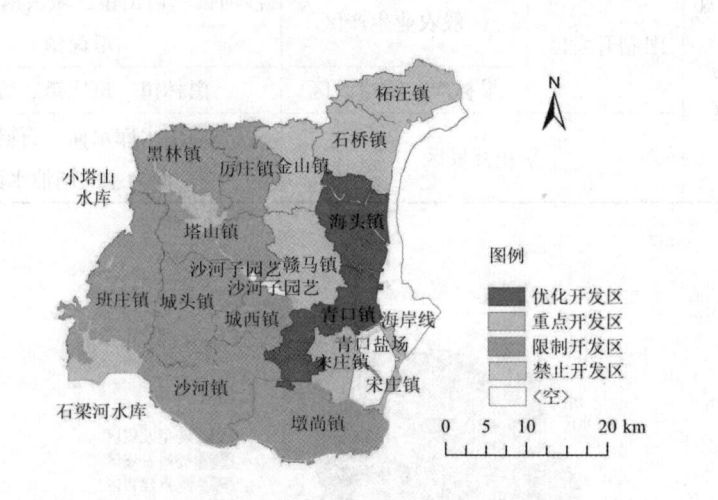

图4-13 赣榆区主体功能区划分初步结果调整方案空间分布图

（二）赣榆区主体功能区划分最优方案

在衔接省级主体功能区分区类型的同时，考虑到不同主体功能区仍存在内部差异，需结合赣榆区四类主体功能区内部各镇发展需求及产业布局（现状）差异（规划或发展远景），将四类主体功能区进一步细分，即优化开发区细分为转型发展区、提质发展区；重点开发区细分为重点建设区、重点培育区；限制开发区细分为一般农业生产区、果林产业园建设区；禁止开发区十分明确且类型单一，故不作细分。因此，赣榆区主体功能区划分最优调整方案见表4-12和图4-14。

表4-12　赣榆区主体功能区划分最优调整方案

功能区类别			涉及地区（镇）
经济建设功能区	优化开发区	转型发展区	青口镇
		提质发展区	海头镇
	重点开发区	重点建设区	石桥镇、柘汪镇、宋庄镇
		重点培育期	赣马镇、金山镇
生态保护功能区	限制开发区	一般农业生产区	沙河镇、塔山镇、城头镇、城西镇、墩尚镇
		果林产业园建设区	黑林镇、班庄镇、厉庄镇
	禁止开发区		以小塔山水库水面、石梁河水库水面为主的湖泊水面

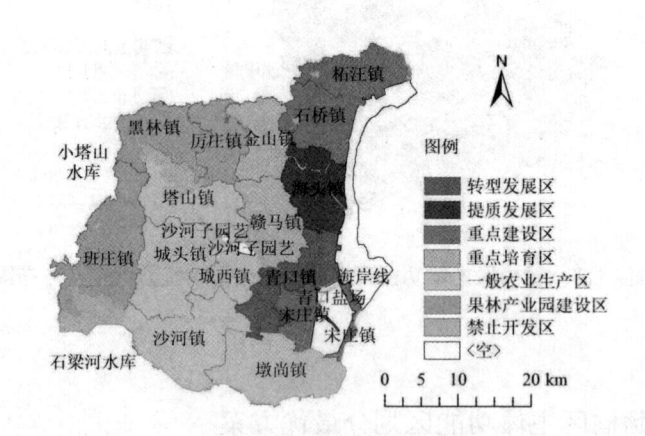

图4-14　赣榆区主体功能区划分最优调整结果空间分布图

（1）优化开发区。青口镇划为转型发展区，该镇作为赣榆区政治、经济、文化中心，基础设施完善，工业起步早且基础好，依据"招大、引强、选优"的发展战略思路，承接长江三角洲等经济发达地区产业转移项目，重点引进优势和新兴产业，助力产业结构转型升级。海头镇划为提质发展区，该镇作为工业集中区，生态污染问题较为突出，在追求（工业经济）高产值的同时，应将"生态工业、绿色发展"作为题中要义，注重工业"三废"污染处理，兼顾经济发展与生态保护协同、有效推进。

（2）重点开发区。石桥镇、柘汪镇和宋庄镇划为重点建设区，其中，柘汪镇和石桥镇濒临赣榆港区，赣榆港区是连云港"一体两翼"战略的北翼，是赣榆区跨越发展、承载临港产业的重要平台，发展潜力巨大且经济地位凸显，而宋庄镇北临青口镇（赣榆区经济开发区），东接连云区（连云港市），与连云港港口隔海相望，区位优势明显且工业占据主导地位。赣马镇和金山镇划为重点培育区，赣马镇和金山镇分别毗邻石桥镇和海头镇，且赣马镇南接青口镇，是地区经济发展紧密联系的重要地段，具有良好的区位优势和工业生产基础（条件），受区域低密度蔓延式经济要素扩散影响（或区域经济建设辐射带动效应影响），属后备经济发展拓展保障区。

（3）限制开发区。沙河镇、塔山镇、城头镇、城西镇和墩尚镇划为一般农业生产区，这是由于沙河镇、塔山镇、城头镇、城西镇和墩尚镇均地处中部平原地区，以种植水稻、蔬菜等农作物为主，是赣榆区重要的粮食生产区。黑林镇、班庄镇和厉庄镇划为果林产业园建设区，这是由于黑林镇、班庄镇和厉庄镇地处赣榆区西部丘陵山区，受地形地貌限制，不适宜进行传统农业生产活动，但具备水果、茶树等经济作物产业发展的天然优势，且果林产业规模逐步显化。

（三）赣榆区主体功能区划分的进一步思考

主体功能区规划不仅侧重空间范围功能划定，而且在于空间管制措施与政策的差别化实施，其实施过程更多的是需要依赖行政区划下的政府管控（推动）。虽然省级主体功能区已按照县级（空间）进行划分，但未能有效地反映出县域内部空间功能单元社会、经济、生态等要素在其国土空间范畴的基本构成与空间表达，相应的，差别化空间管控政策并不能有效满足镇域空间异质发展需求，存在潜在的区域空间发生利益冲突与矛盾，不利于区域空间内部有序竞争。因此，从以镇为基本空间单元出发探究县域主体功能区划分弥补了这一现实问题。同时，考虑到空间治理精准实施，有必要参照以镇为基本空间单元的县域主体功能区划分结果，结合地区发展需求及相关规划，力求打通国土空间治理"最后一公里"，尝试更为细化单元（以行政村为空间单元）的县域主体功能区划分。

　　由于我国现行规划存在"多头管理"和权责交叉的现实问题，且受部门"条块分割"管理模式影响（庞国彧 等，2016），不利于资源空间优化配置。主体功能区规划作为"多规合一"体系重要的框架性规划，弥补了（地区）发展规划对空间管制与结构布局设计的缺乏。基于多规融合技术层面，主体功能区与土地利用总体规划等规划及相关规划虽然具有差异，但仍存在共性，可通过"映射"调控方式进行有效整合。因此，赣榆区主体功能区村级空间单元划分更多的是应该遵循"多规融合"思想，从国土单元功能出发，围绕《连云港市赣榆区土地利用总体规划（2006—2020年）调整方案》、赣榆区各镇土地利用总体规划，以及镇村布局规划等规划及其相关规划，通过"映射"对照（以土地利用总体规划为关键规划示意"映射"关系，图4-20），借助ArcGIS技术整合和村行政边界叠加，从开发方式出发明确赣榆区主体功能区村级空间基本单元（图4-15）。

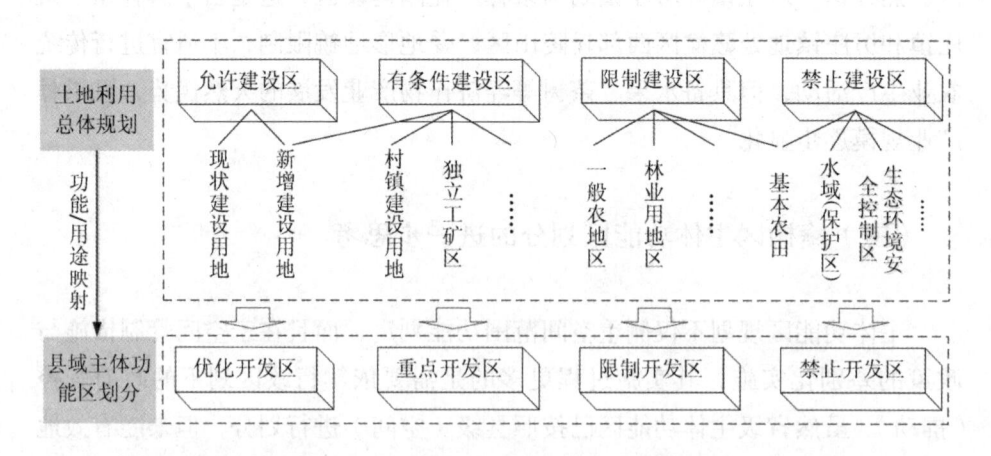

图4-20　县域主体功能区与土地利用总体规划映射关系示意

第四章　国土空间主体功能区划分的县域样本：江苏省连云港市赣榆区

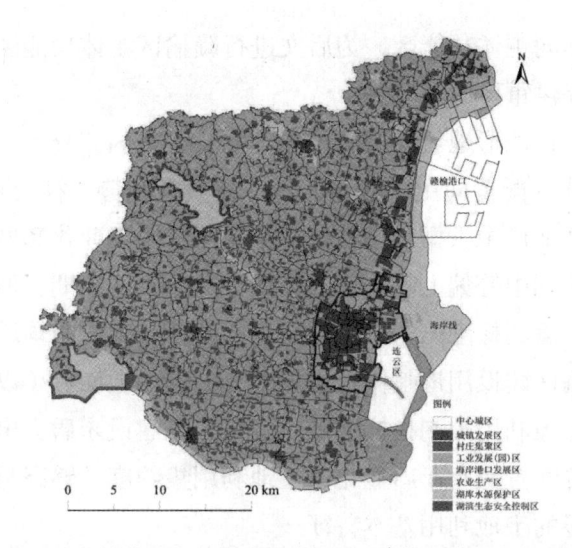

图4-15　赣榆区主体功能区村级空间单元划分初步思考

需要说明的是，由于县域主体功能区划分仍是一项复杂的系统性工程，尤其是落地于行政村范围的空间边界确定存在一定的操作难度和现实冲突，虽然综合现有（有限的）资料进行了赣榆区主体功能区村级空间单元划分初步探究与尝试，但这一研究（结果）远远不够，其合理性有待进一步深入探究与完善（修正）。但在某种程度上能够为现行国土空间规划修编在微观层面上的（土地）资源空间配置提供一定的参考。

第六节　本章小结

本章以江苏省连云港市赣榆区为实证研究区，开展县域主体功能区划分实证研究。在提出赣榆区主体功能区划分技术流程的基础上，分析了实施主体功能区战略的基本条件，并从资源环境承载力、现有开发密度（程度）和发展潜力方面构建了赣榆区主体功能区划分指标体系，运用综合指数法和系统聚类法划分不同主体功能区，为后文进行赣榆区主体功能区土地资源空间配置效率评价提供重要的基础。

（1）赣榆区在地形地貌和经济梯度方面具有我国"分区"共性特征，遵从土地资源优势区配置向主体功能区管理的演变趋势。社会经济发展方面，工业在全区经济地位中占据主导地位，辖区内各镇工业化和城镇化水平均在不断提升，已达到中等偏上收入水平，处于发达经济初期，但东、中、西部经济发展具有显著的梯度结构，区域人口空间分布存在非均质性。土地资源利用方面，赣榆区建设用地整体呈增加趋势，农用地面积（以耕地为主）不断减少，具有土地利用控制指标区域配置与经济建设矛盾突出、土地开发高强度与土地资源配置效率矛盾显化、土地利用集约度不够高与数量供给日趋紧张、矛盾凸显的土地利用基本特征。

（2）基于赣榆区情和主体功能区划分一般分析方法，以镇为基本单元，以镇行政边界为空间边界限域，结合地区现实发展需求和产业布局（发展现状）差异（产业规划或产业发展远景），赣榆区可划为转型发展区（青口镇）、提质发展区（海头镇）、重点建设区（石桥镇、柘汪镇、宋庄镇）、重点培育区（赣马镇、金山镇）、一般农业生产区（沙河镇、塔山镇、城头镇、城西镇、墩尚镇）、果林产业园建设区（黑林镇、班庄镇、厉庄镇）、禁止开发区（以小塔山水库水面、石梁河水库水面为主的湖泊水面）等主体功能区。基于此，进一步提出遵循"多规融合"思想，从国土单元功能出发，围绕土地利用总体规划等现有重要规划"映射"对照确定县域主体功能区村级空间基本单元的初步尝试。

第五章　赣榆区主体功能区土地资源空间配置效率

由于区域间社会经济发展水平与自然资源禀赋条件具有显著差异，土地资源在不同区域之间的配置效率具有明显的空间差异性。国土空间主体功能区规划是我国调控土地资源空间配置的重要手段，如何实现土地资源利用空间最优配置是我国国民经济与社会发展的重要任务与目标。本章基于上一章赣榆区主体功能区划分结果，从以镇为基本空间单元的主体功能区划分结果出发进一步定量分析赣榆区主体功能区土地资源空间配置效率现状：首先，分析赣榆区不同主体功能区及内部土地资源在农业用途和非农业用途之间的比较优势；其次，测算赣榆区不同主体功能区及内部土地资源空间配置效率状况。

第一节　主体功能区土地资源空间配置效率分析思路

在分析土地资源空间配置效率时，可以从产出最优和投入最优两个角度展开。其中，基于产出最优的土地资源空间配置效率是指区域土地资源总供给数量确定条件下经济总产出的最优程度；基于投入最优的土地资源空间配置效率是指为实现既定经济总产出而土地总供给数量最优的程度。鉴于土地资源开发与利用的直接目的在于服务经济建设、追求经济效益最大化（或最优），而土地资源是基础。因此，本书基于土地资源数量投入视角分析赣榆区主体功能区土地资源空间配置效率现状，具体实施步骤如下。

首先，分析赣榆区土地利用比较优势，把握不同主体功能区及内部土地资源农业用途与非农业用途比较优势；其次，基于不同主体功能区土地资源空间配置数量差异分析测算土地资源空间配置效率现状，即在保持赣榆区及各主体功能区土地资源总量不变的情况下，计算农用地资源边际生态效益，并通过调整土地资源农业用途与非农业用途空间配置，得出土地资源农业用途与非农业用途的边际收益，结合农用地资源边际生态效益得出土地资源农业用途与非农业用途的边际净收益，通过边际净收益比较判断土地资源农业用途与非农业用途数量是否符合空间配置最优（或是否存在空间配置效率损失的可能）；再次，依据不同主体功能区及内部土地资源配置边际净收益相等，得出土地资源最优配置数量，同时可以通过比较土地最优配置数量和实际配置数量差异把握不同主体功能区及内部土地资源空间配置偏差（即损失数量）；然后，用实际配置数量除以最优配置数量得到不同主体功能区及内部土地资源空间配置效率指数，比较效率指数大小判别不同主体功能区及内部土地资源空间配置效率现状；最后，依据当前土地资源空间配置最优数量与土地资源空间配置实际数量的差距占土地资源空间配置最优数量之比，得到赣榆区不同主体功能区及内部土地资源空间配置效率损失。

研究所用数据均来自2012—2018年《赣榆统计年鉴》，2011—2017年赣榆区土地变更数据，赣榆区自然资源和规划局、农业农村局、发展和改革委员会、统计局及其相关部门统计数据与调研数据。

第二节 比较优势与土地资源空间配置

一、比较优势与土地资源空间配置的简要概述

比较优势理论源于亚当·斯密（A. Smith）的绝对优势理论——绝对优势驱动贸易活动，生产成本"绝对"低决定产品优势，各国针对不同产品按照低生产成本进行专业化协作分工和产业空间布局有利于一国或地区经济发展。李嘉图在此基础上进一步指出产品差异决定比较成本差异，各国应从比较成本差异出发，以获取比较利益为目标处理好产品的生产、出口和进口问题，形成了比较优势理论（吴郁玲 等，2006）。因此，比较优势要求地区按照具有比较优势的产业进行空间布局，以获取资源最优配置效率，增进全社会的福利水平。

我国幅员宽广、辽阔，地区之间及其内部均存在着经济发展水平和自然资源禀赋条件差异，不同地区土地利用具有空间效益差异，也就是说，不同地区（甚至某一地区内部空间范围）具有土地利用比较优势差异。对于一个国家或一个地区，依据比较优势进行（开展）土地利用结构空间布局是提高土地资源空间配置效率、增加土地产出的重要方式（或实施措施）。已有研究表明，遵循土地资源比较优势布局与生产，在很大程度上能够促进土地资源空间配置效率的提升，实现地区土地利用综合效益最大化（姜开宏 等，2004），即在空间上具有实现帕累托效率状态的可能。这一状态的本质在于追求土地资源空间配置均衡发展，在承认土地资源配置区域客观差异的基础上遵循效率优先原则，争取地区经济社会发展生态环境代价和（资本等）投

入成本最小,使得土地资源在空间上高效配置,保障土地资源利用总福利水平最优,以实现地区社会经济发展与土地资源节约集约利用协调统一。同时,土地本身具备不可移动的自然属性,按照比较优势进行土地资源空间配置能够形成具有专业化的产业空间结构布局,能够在人地关系紧张的当下,最大程度地缓解"既要吃饭、又要发展"的土地资源保护与经济社会发展的现实矛盾。

二、比较优势衡量方法与变量选取

采用土地产出效益衡量土地资源利用比较优势,主要探究土地在农业用途和非农业用途之间的比较优势和空间差异。其中,农用地利用效益用"单位农用地面积第一产业增加值(即农用地产出)"表征,非农用地利用效益用"单位非农建设用地二三产业增加值(即建设用地产出)"表征。

土地资源利用比较优势估计公式可表示为

$$LUCA_i = NALUE_i / ALUE_i \qquad (式5-1)$$

式5-1中,$LUCA_i$(Comparative advantage in land use)表示第 i 地区或主体功能区土地利用比较优势,$NALUE_i$(Non-agricultural land use efficiency)表示第 i 地区或主体功能区非农用地(非农建设用地)利用效益,$ALUE_i$(Agricultural land use efficiency)表示第 i 地区或主体功能区农用地利用效益。通常,比较优势数值越大,土地资源利用的比较优势状况越好。

三、模型估计与结果分析

（一）不同主体功能区土地资源利用比较优势差异

根据式5-1得出2011—2017年赣榆区不同主体功能区建设用地产出、农用地产出和土地资源利用比较优势（表5-1）。

表5-1　不同主体功能区土地利用效益与比较优势

年份	主体功能区	建设用地产出/（万元/hm^2）	农用地产出/（万元/hm^2）	比较优势
2011	转型发展区	50.386 8	10.429 9	4.831 0
	提质发展区	43.460 0	14.464 0	3.004 7
	重点建设区	69.190 4	13.370 9	5.174 7
	重点培育期	38.169 9	4.767 5	8.006 2
	一般农业生产区	17.345 0	3.738 2	4.639 9
	果林产业园建设区	12.532 9	2.500 3	5.012 5
2012	转型发展区	60.425 2	11.008 6	5.488 9
	提质发展区	52.928 0	15.098 5	3.505 5
	重点建设区	85.385 5	14.127 0	6.044 1
	重点培育期	47.092 2	5.021 5	9.378 1
	一般农业生产区	21.331 5	4.661 7	4.575 9
	果林产业园建设区	15.255 8	2.644 9	5.767 9
2013	转型发展区	74.330 0	12.113 4	6.136 2
	提质发展区	65.259 0	18.781 6	3.474 6
	重点建设区	105.061 7	16.866 1	6.229 1
	重点培育期	56.705 6	6.679 1	8.490 0
	一般农业生产区	24.998 0	5.952 9	4.199 3
	果林产业园建设区	17.515 6	3.256 9	5.377 9

续表

年份	主体功能区	建设用地产出/（万元/hm²）	农用地产出/（万元/hm²）	比较优势
2014	转型发展区	84.242 0	13.691 0	6.153 1
	提质发展区	69.913 6	21.120 7	3.310 2
	重点建设区	110.692 6	19.030 5	5.816 6
	重点培育期	61.957 9	7.516 4	8.243 0
	一般农业生产区	28.009 4	6.665 0	4.202 4
	果林产业园建设区	19.517 5	3.658 0	5.335 6
2015	转型发展区	105.367 4	16.146 1	6.525 9
	提质发展区	77.405 0	22.745 1	3.403 2
	重点建设区	116.876 7	20.188 5	5.789 3
	重点培育期	69.859 6	8.231 1	8.487 3
	一般农业生产区	32.282 5	7.342 0	4.397 0
	果林产业园建设区	22.271 8	4.046 4	5.504 1
2016	转型发展区	111.098 6	16.671 8	6.663 9
	提质发展区	83.473 2	24.501 9	3.406 8
	重点建设区	125.348 0	21.875 6	5.730 0
	重点培育期	74.537 4	8.682 4	8.584 9
	一般农业生产区	34.492 5	7.574 7	4.553 7
	果林产业园建设区	23.881 1	4.210 5	5.671 7
2017	转型发展区	125.253 0	18.883 3	6.633 0
	提质发展区	93.959 6	27.730 8	3.388 3
	重点建设区	142.353 7	24.929 1	5.710 4
	重点培育期	83.595 8	9.838 6	8.496 7
	一般农业生产区	39.352 4	8.497 3	4.631 2
	果林产业园建设区	26.805 2	4.770 1	5.619 5

根据表5-1，进一步绘制出2011年、2014年和2017年赣榆区不同主体功能区建设用地产出、农用地产出和土地资源利用比较优势空间分布图（图5-1）。

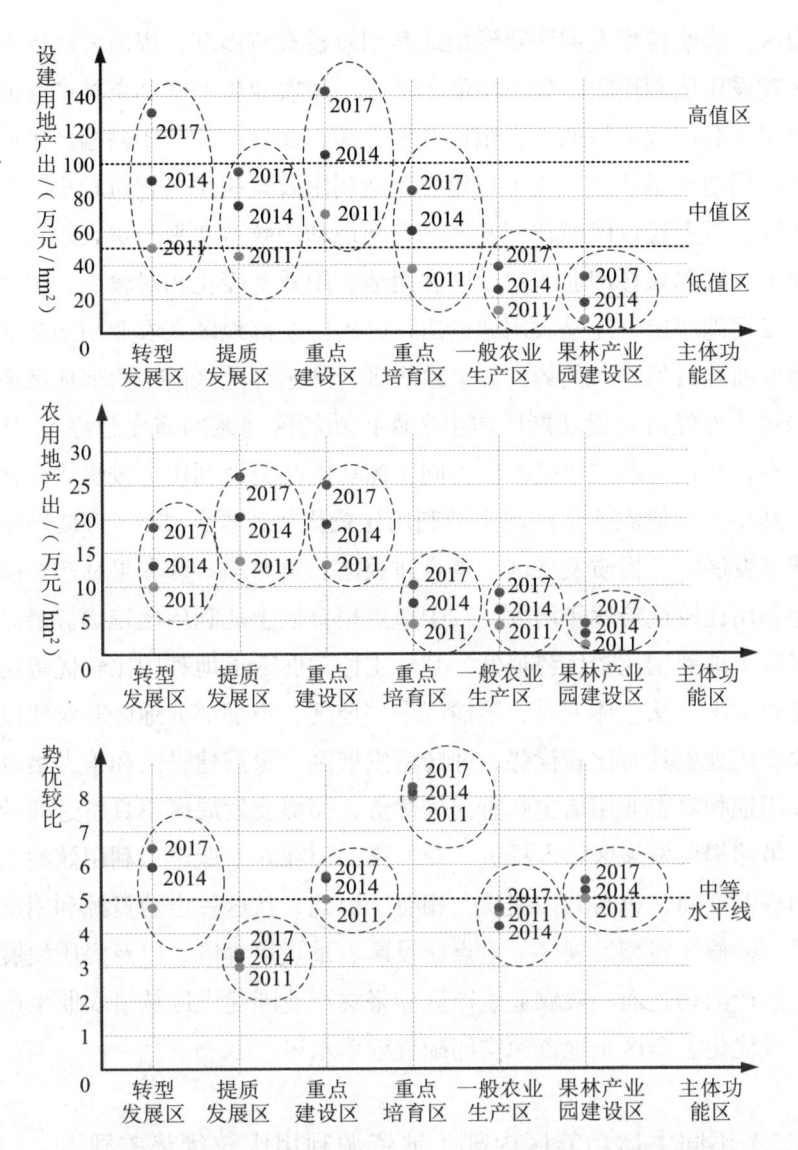

第五章 赣榆区主体功能区土地资源空间配置效率

图5-1 赣榆区不同主体功能区建设用地产出、农用地产出及其比较优势空间分异

由图5-1可知，赣榆区不同主体功能区土地资源利用效益具有明显的空间差异性。建设用地产出方面，2011—2017年赣榆区不同主体功能区建设用地利用效益水平波动趋势较为平稳，其中，重点建设区建设用地利用效益最高；转型发展区建设用地利用效益由2011年和2014年的中值区上升至2017年

- 171 -

的高值区，表明转型发展区建设用地利用效益有所提升；提质发展区和重点培育区建设用地利用效益处于中值水平；一般农业生产区和果林产业园建设区建设用地利用效益最低。农用地产出方面，2011—2017年赣榆区不同主体功能区农用地利用效益变化（与建设用地利用效益相比）相对较小，其中提质发展区、重点建设区和转型发展区农用地利用效益水平与重点培育区、一般农业生产区和果林产业园建设区农用地利用效益变化相对较高。可见，无论是建设用地产出，还是农用地产出，赣榆区东部地区在农业用地和非农建设用地方面均具备绝对优势，即大致表现为从东部地区向中西部地区递减的演变趋势（即经济建设功能区向生态保护功能区递减的演变趋势）。从比较优势来看，2011—2017年赣榆区不同主体功能区土地利用比较优势变化比较明显，其中，一般农业生产区土地利用比较优势表现为"U"形波动变化趋势，转型发展区、提质发展区、重点建设区、重点培育区和果林产业园建设区土地利用比较优势逐年增大，其中重点培育区土地利用比较优势最高，提质发展区土地利用比较优势最低，其他主体功能区土地利用比较优势均处于中等变化水平。从总体上看，赣榆区东部地区、中部部分地区非农建设用地相对农业用地更具有比较优势，即转型发展区、重点建设区和重点培育区非农建设用地相对农业用地更具有比较优势，而提质发展区不具备这样的比较优势，虽然提质发展区重点推进工业发展，但在非农业土地利用效益上仍有很大的提升空间，也与其"提质"相符。因此，从这一土地资源利用空间格局来看，赣榆区转型发展区、重点建设区、重点培育区，以及提质发展区从事非农生产活动，而一般农业生产区和果林产业园建设区从事农业生产能够提升（或优化）全区土地资源空间配置效率水平。

（二）不同主体功能区内部土地资源利用比较优势差异

同理，根据式5-1，进一步得出2011—2017年赣榆区不同主体功能区内部建设用地产出、农地产出和土地利用比较优势（表5-2）。根据表5-2可知，赣榆区不同主体功能区内部土地利用效益及比较优势具有空间差异特征。

第五章 赣榆区主体功能区土地资源空间配置效率

表5-2 不同主体功能区内部各镇土地利用效益与比较优势

主体功能区类别	镇	2011年 A	2011年 B	2011年 C	2012年 A	2012年 B	2012年 C	2013年 A	2013年 B	2013年 C
转型发展区	青口镇	50.386 8	10.429 9	4.831 0	60.425 2	11.008 6	5.488 9	74.330 0	12.113 4	6.136 2
提质发展区	海头镇	43.460 0	14.464 0	3.004 7	52.928 0	15.098 5	3.505 5	65.259 0	18.781 6	3.474 6
重点建设区	石桥镇	23.993 6	11.446 5	2.096 2	28.881 1	12.212 2	2.364 9	33.232 3	14.274 7	2.328 1
	柘汪镇	115.163 7	13.986 7	8.233 8	142.773 3	14.658 6	9.739 9	177.035 7	17.769 8	9.962 7
	宋庄镇	60.344 4	18.845 5	3.202 1	74.152 6	19.881 0	3.729 8	91.525 9	24.110 5	3.796 1
重点培育区	赣马镇	37.866 1	5.375 7	7.044 0	46.724 4	5.692 2	8.208 4	55.601 1	7.487 8	7.425 5
	金山镇	38.608 2	4.034 9	9.568 6	47.623 9	4.214 4	11.300 2	58.335 8	5.718 1	10.202 0
	沙河镇	22.006 3	3.154 5	6.976 1	26.807 4	3.343 5	8.017 8	30.817 1	4.153 6	7.419 3
	塔山镇	9.916 5	1.580 8	6.273 0	11.987 8	3.377 7	3.549 0	14.473 7	4.270 4	3.389 3
一般农业生产区	城头镇	21.068 1	2.794 4	7.539 3	26.109 3	2.934 8	8.896 4	31.004 7	3.873 4	8.004 4
	城西镇	27.455 1	5.206 0	5.273 8	34.518 4	5.471 2	6.309 1	40.173 3	6.688 9	6.006 0
	墩尚镇	15.271 9	9.420 4	1.621 2	18.812 4	9.999 1	1.881 4	21.964 0	12.999 8	1.689 6
	黑林镇	15.527 3	1.780 8	8.719 2	19.001 7	1.900 1	10.000 6	22.802 6	2.280 6	9.998 3
果林产业园建设区	班庄镇	9.099 9	2.924 5	3.111 6	11.067 6	3.093 5	3.577 6	12.323 0	3.905 8	3.155 0
	厉庄镇	23.769 2	2.623 1	9.061 3	28.847 6	2.752 4	10.480 8	33.684 2	3.265 8	10.314 2

- 173 -

续表

主体功能区类别	镇	2014年 A	2014年 B	2014年 C	2015年 A	2015年 B	2015年 C	2016年 A	2016年 B	2016年 C	2017年 A	2017年 B	2017年 C
转型发展区	青口镇	84.242 0	13.691 0	6.153 1	105.367 4	16.146 1	6.525 9	111.098 6	16.671 8	6.663 9	125.253 0	18.883 3	6.633 0
提质发展区	海头镇	69.913 6	21.120 7	3.310 2	77.405 0	22.745 1	3.403 2	83.473 2	24.501 9	3.406 8	93.959 6	27.730 8	3.388 3
重点建设区	石桥镇	36.575 6	15.955 6	2.292 3	40.691 2	17.620 3	2.309 3	43.758 5	18.517 2	2.363 1	49.611 8	20.846 7	2.379 8
	柘汪镇	184.396 7	20.242 8	9.109 3	203.576 0	21.237 1	9.585 9	217.664 2	23.590 7	9.226 7	247.799 3	27.059 2	9.157 7
	宋庄镇	96.216 7	27.391 7	3.512 6	93.426 8	26.406 5	3.538 0	100.051 3	29.109 0	3.437 1	111.693 3	34.046 5	3.280 6
重点培育区	赣马镇	61.686 6	8.433 0	7.314 9	70.042 6	9.372 8	7.472 8	74.463 7	9.761 6	7.628 3	83.266 7	11.091 9	7.507 0
	金山镇	62.359 2	6.429 0	9.699 7	69.587 1	6.881 7	10.111 8	74.647 4	7.409 7	10.074 3	84.091 1	8.369 3	10.047 6
一般农业生产区	沙河镇	34.669 5	4.670 2	7.423 6	40.252 5	5.192 3	7.752 3	43.174 7	5.307 8	8.134 2	49.529 7	5.933 5	8.347 5
	塔山镇	16.341 5	4.764 7	3.429 7	18.837 9	5.288 7	3.561 9	19.979 0	5.429 1	3.680 0	22.527 4	6.135 5	3.671 7
	城头镇	34.660 9	4.332 2	8.000 8	39.450 3	4.777 4	8.257 7	42.623 0	4.941 5	8.625 5	47.988 7	5.588 0	8.587 8
	城西镇	44.601 0	7.514 1	5.935 6	50.740 5	8.271 6	6.134 3	54.275 1	8.637 6	6.283 6	61.132 7	9.763 2	6.261 6
	墩尚镇	24.519 0	14.498 9	1.691 1	28.424 7	15.701 4	1.810 3	30.198 7	16.227 7	1.860 9	34.997 3	17.885 2	1.956 8
果林产业园建设区	黑林镇	25.278 7	2.566 4	9.849 9	28.733 2	2.832 7	10.143 3	30.771 0	2.946 2	10.444 3	34.308 9	3.337 9	10.278 7
	班庄镇	13.700 5	4.379 1	3.128 6	15.596 7	4.835 6	3.225 4	16.715 9	5.039 6	3.316 9	18.844 1	5.696 4	3.308 1
	厉庄镇	37.717 5	3.671 9	10.271 9	43.246 9	4.089 4	10.575 5	46.744 2	4.244 5	11.013 0	51.892 0	4.832 0	10.739 1

注：表中A、B、C分别表示建设用地产出/（万元/hm²）、农用地产出/（万元/hm²）和比较优势。

1. 转型发展区

2011—2017年，赣榆区转型发展区土地利用效益逐年提升，其中建设用地产出明显高于农用地产出，且增幅较大，同时土地资源利用比较优势也呈上升趋势。由此表明，赣榆区转型发展区非农建设用地方面具备绝对优势，这是由于转型发展区属赣榆区行政、经济中心，社会经济发展具有先行优势条件，城镇化、工业化水平高，经济等基本（基础）实力在全区占据主导地位。

2. 提质发展区

2011—2017年，赣榆区提质发展区土地利用效益逐年上升。其中，建设用地产出明显高于且增长快于农用地产出。但从比较优势来看，赣榆区提质发展区土地资源利用比较优势波动变化，虽然处于整体上升趋势，但增幅较小，且在后期（2014年后）基本处于平稳状况，略有下降趋势。由此可知，赣榆区提质发展区建设用地和农用地均具有绝对优势，但该区现为赣榆区工业发展"重地"，工业发展基础条件优良、前景大，加大对非农业用途土地资源提质增效是关键。

3. 重点建设区

2011—2017年，赣榆区重点建设区土地利用效益整体呈上升趋势。从重点建设区内部各镇来看，柘汪镇建设用地产出最高，约为宋庄镇的2倍、石桥镇的5倍；而农用地产出水平方面，宋庄镇略大于柘汪镇，石桥镇农用地产出最低。由此可知，柘汪镇和宋庄镇土地资源利用在农业用途和非农业用途上均具有绝对优势。从比较优势来看，柘汪镇土地资源利用比较优势最高，其次是宋庄镇，石桥镇最低。总体上看，重点建设区内部的柘汪镇和宋庄镇土地资源非农业用途具有比较优势。

4. 重点培育区

2011—2017年，赣榆区重点培育区土地利用效益逐年提升，土地资源利用比较优势波动变化呈整体上升趋势，但增幅较小。赣马镇和金山镇建设用地产出和农用地产出变化趋势大致相同，其中建设用地产出高于农用地产出，且增幅大。但从比较优势来看，重点培育区土地资源农业用途和非农业用途效益大致相当，土地资源非农业地用途效益略高于农业用地效益，属经济建设后备开发区，具备非农业土地利用效益潜质。

5. 一般农业生产区

2011—2017年，赣榆区一般农业生产区内部各镇土地利用效益基本呈增长趋势。从建设用地产出来看，城西镇>城头镇/沙河镇（基本一致）>墩尚镇>塔山镇；从农用地产出来看，墩尚镇>城西镇>城头镇/沙河镇/塔山镇（基本一致）。可见，城西镇具备农业和非农业土地利用的绝对优势；墩尚镇具有农业土地利用的绝对优势；城头镇和沙河镇具有非农业土地利用的绝对优势，这也与其比较优势最高相符。从比较优势来看，除塔山镇比较优势降低且逐年平稳波动之外，其他各镇比较优势均有不同程度提升，其中塔山镇土地资源利用比较优势变动趋势正是该镇建设用地产出最低和农用地产出最低共同作用（影响）的结果。

6. 果林产业园建设区

2011—2017年，赣榆区果林产业园建设区土地利用效益及其比较优势均呈上升趋势。其中，建设用地产出高于农用地产出，表现为厉庄镇建设用地产出最高，其次是黑林镇，班庄镇最低；班庄镇农用地产出最高，其次是厉庄镇，黑林镇农用地产出较低。但总体上看，果林产业园建设区内部各镇农用地产出水平差距较小。从比较优势来看，厉庄镇和黑林镇土地资源利用比较优势大于班庄镇，且均呈现波动上升变化趋势，但增幅较小，表明赣榆区果林产业园建设区内部各镇土地资源非农业用途相对于农业用途具有一定的比较优势，但这一优势变化较小，这源于丘陵山地非农业土地利用受限，农业用地（经济）发展具备优势。

第三节　主体功能区土地资源空间配置效率评价

从自然属性上看，土地资源具有不可移动性，按照比较优势进行土地资源空间配置就会形成具有差别化、专门性的产业空间格局。主体功能区划从资源环境承载力、现有开发密度等条件出发挖掘地区土地资源空间适宜性，这也遵循了依据比较优势进行土地资源开发与利用的目的。因此，不同类别的主体功能区就是不同的专门化（优势）产业空间格局。主体功能区土地资源利用空间最优配置目的在于遵循区域边际（净）收益相等原则，实现地域土地资源空间配置效率最优。其效率实施是权衡土地资源（不同）用途在空间上的（数量）转换，以促进土地资源利用空间均衡配置，实现土地资源综合利用效益最大化。土地资源的用途主要分为农业用途和非农业用途两大类，土地资源空间配置就是农业用地与非农业用地（即非农建设用地或建设用地）在空间上的数量权衡，即农用地保护与经济发展需求在空间布局上的行为博弈。因此，这一"博弈"行为是土地资源空间配置的首要表现。

随着地区社会发展和经济建设需求，非农建设对建设用地刚性需求增大，必定占用一定数量的农用地，使得被占用农用地的农业用途转化为非农业用途，这也可以称为"农地非农化"过程。从现实来看，非农建设用地扩张不仅会占用农用地，也会占用未利用地，但以农用地占用为主要表现形式。考虑到农用地占用与未利用地占用在审批程序、实施操作等方面具有显著差异，且未利用地在经济建设与发展需求过程中仅仅起"辅助"用地作用（王博 等，2016）。加之当前我国土地资源空间配置现实矛盾仍然表现为社会经济发展中非农建设用地需求与农用地资源保护之间的矛盾。因此，主要关注非农用地（即建设用地）扩张对农用地的占用问题。

在我国，土地资源配置主要通过土地利用总体规划加以实现，虽然现行用地指标计划分配制度有效控制了农用地的减少（尤其是耕地锐减），并保障了土地用途管制本身成效，但由于长期缺乏区域空间范围经济发展水平和（自然）资源禀赋条件具有非均衡性特征的现实认知，以及未按空间效率均衡原则进行土地资源空间配置，使得用地指标计划分配制度逐渐制约着区域土地资源高效利用。而今，在加快推进国土空间规划编制和建立国土空间用途管制制度体系的时代大背景下，结合赣榆区现实状况，关注赣榆区不同主体功能区及内部非农建设用地扩张对农用地占用的空间配置效率问题现状（即农地非农化空间配置效率），在一定程度上能够为赣榆区加快推进国土空间主体功能区管制、加大用地计划管理等方面提供理论支撑与现实参考。

一、主体功能区土地资源空间配置数量差异

由于赣榆区地区间存在不均衡用地发展现状，不同主体功能区及内部土地资源空间配置（即农地非农化）在区域空间上具有一定的差异，考察这一差异能够在一定程度上把握赣榆区经济（社会）发展与土地资源空间配置的现实关系。

（一）不同主体功能区土地资源空间配置数量差异

图5-2显示了2011—2017年赣榆区不同主体功能区土地资源空间配置数量差异。根据图5-2，从赣榆区整体上看，2011—2017年赣榆区农地非农化呈现出显著的地区差异性，表现为东部地区明显高于中西部地区。从不同主体功能区来看，转型发展区、提质发展区和重点建设区农地非农化程度在波动下降，这是由于随着地区社会经济发展水平不断提高，作为地区经济社会建设集聚中心地，土地资源极为有限，经济发展空间基本（逐渐）趋于饱和，使得这三类主体功能区新增建设用地吸纳作用逐渐减弱，而更多的是需要通过旧城（厂）改造、低效用地再开发等措施着力提高土地资源集约化利用。而重点培育区、一般农业生产区和果林产业园建设区农地非农化程度在波动上升，尤其是重点培育区，在受各类基础设施建设与区域功能性完善对建设用地需求日趋增大的影响下，使得土地向工业用地、公共设施用地等方向倾斜，促使各项建设扩张不可避免地侵占农用地，特别是耕地占用。

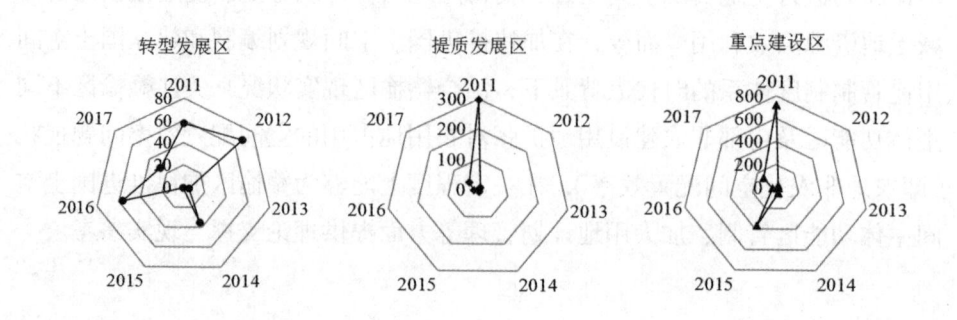

第五章　赣榆区主体功能区土地资源空间配置效率

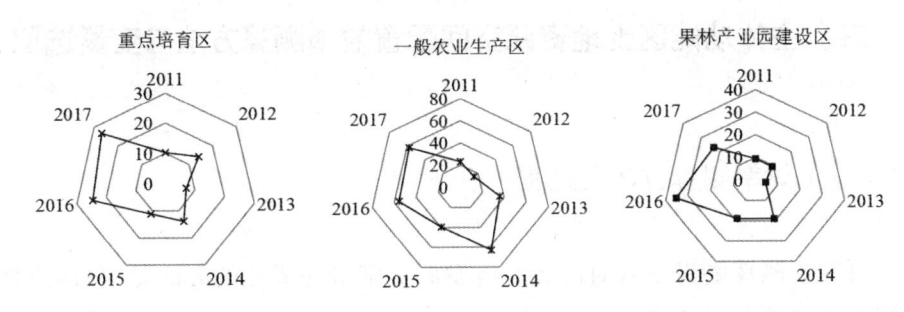

注：建设用地占用农用地 /hm²。

图5-2　赣榆区主体功能区土地资源空间配置数量差异

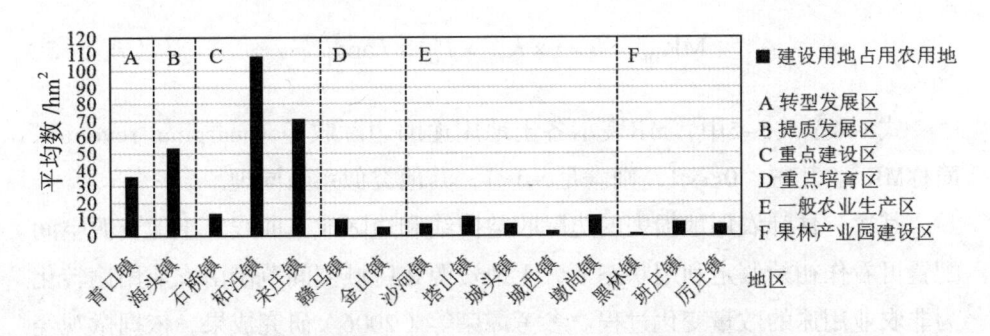

（二）不同主体功能区内部土地资源空间配置数量差异

从赣榆区主体功能区内部各镇来看（图5-3），赣榆区不同主体功能区土地资源空间配置在其内部仍存在着空间上的显著差异性。从2011—2017年赣榆区不同主体功能区内部各镇建设用地占用农用地的均数来看，赣榆区重点建设区内部各镇农地非农化程度远高于转型发展区、提质发展区、重点培育区、一般农业生产区和果林产业园建设区内部各镇的农地非农化程度。就重点建设区内部各镇而言，柘汪镇和宋庄镇农地非农化程度远高于石桥镇，分别是石桥镇的8倍和5倍，其他不同主体功能区内部各镇农地非农化程度差异相对较小。受地区经济发展作用力的推动，无论是基础设施建设需求，还是传统经济发展模式转型需要，赣榆区不同主体功能区内部各镇农地非农化程度仍有进一步增强的趋势。

图5-3　赣榆区不同主体功能区内部土地资源空间配置数量差异

二、主体功能区土地资源空间配置效率测算方法与变量选取

（一）效率测算方法与过程

目前，测算要素投入对区域经济发展贡献最为成熟的方法是柯布-道格拉斯生产函数（Cobb-Douglass production function）。基于柯布-道格拉斯生产函数（即C-D生产函数）的效率及损失测度计量分析思路（或过程）如下。

首先，计算农用地与非农建设用地的边际收益，采用包含土地资源各要素的C-D生产函数模拟赣榆区农用地与非农建设用地的土地用途空间变化过程。C-D生产函数模型构建如下：

$$Y_{AL} = A \times K_{AL}^{a} \times L_{AL}^{b} \times Land_{AL}^{c} \quad （式5-2）$$

$$Y_{DL} = B \times K_{DL}^{d} \times L_{DL}^{e} \times Land_{DL}^{f} \quad （式5-3）$$

式中，Y表示各土地用途的收益，K表示资本投入，L表示劳动力投入，$Land$表示土地资源投入。下标中，AL表示农用地（agricultural land），DL表示非农建设用地（development land）。通过对式5-2至式5-3中土地资源要素变量进行求导可以得到农地用、非农建设用地的边际收益函数：

$$MR_{AL} = A \times c \times K_{AL}^{a} \times L_{AL}^{b} \times Land_{AL}^{c-1} \quad （式5-4）$$

$$MR_{DL} = B \times f \times K_{DL}^{d} \times L_{DL}^{e} \times Land_{DL}^{f-1} \quad （式5-5）$$

式5-4至式5-5中，MR表示各土地用途的边际收益（marginal revenue，简称MR）。其中，$0<c<1$，则满足$c-1<1$，其他类似系数同理。

其次，估计农用地损失的边际收益曲线和边际成本曲线。土地资源空间配置可看作初始假定利用状态下，土地资源在区域空间范围由农业用途转化为非农业用途的数量变化过程。参考谭荣等（2006）研究成果，依据微观经

济学的厂商定价公式[①]，得到以下函数模型：

$$\log Q_D = C_1 + C_2 \times \log \mathrm{MR}_{DL} \quad （式5-6）$$

$$\log Q_S = C_3 + C_4 \times \log(\mathrm{MR}_{AL} + \mathrm{MR}'_{AL}) \quad （式5-7）$$

式5-6至式5-7中，Q_D表示农用地转为非农建设用地需求量，Q_S表示农用地转化为非农建设用地供应量；MR_{AL}、MR_{DL}分别表示农用地、非农建设用地边际收益；MR'_{AL}表示农地边际生态效益，这里采用Robert（1997）关于农用地资源生态服务功能价值研究结果估计赣榆区不同主体功能区及内部农地边际生态效益；$C_1 \sim C_4$为待估参数。

最后，通过估算得到$C_1 \sim C_4$相应数值，将其代入式5-6至式5-7，令各主体功能区（及内部各镇）边际净收益相等，即$\mathrm{MR}_{DL}-（\mathrm{MR}_{AL}+\mathrm{MR}'_{AL}）=\mathrm{MR}_{DL+1}-（\mathrm{MR}_{AL+1}+\mathrm{MR}'_{AL+1}）=\cdots$，可得到符合空间配置效率下不同主体功能区及内部农用地转为非农建设用地的合理比例，再结合研究时段不同主体功能区及内部农用地转为非农建设用地总量，计算出符合空间配置效率下的农用地转为非农建设用地的最优配置数量Q_i^*，通过比较最优配置数量和实际配置数量差异把握农地非农化配置偏差（即损失数量）。

基于上述分析结果，参照才国伟等（2009）和张恒义（2011）的相关研究思想，引入"效率指数（efficiency index）"判别不同主体功能区及内部土地资源空间配置效率现状。这里可以将土地资源空间配置效率指数理解为土地资源农业用途向非农业用途转变的实际配置数量与最优配置数量的比值关系。其公式可表达为

$$\mathrm{EI}_i = \sum_i Q_i / \sum_i Q_i^* \quad （式5-8）$$

[①] 厂商定价公式推导过程：$\mathrm{MR}=P+Q（\Delta P/\Delta Q）=P+P（P/Q）（\Delta P/\Delta Q）=P+P（1/E_D）$，令$\mathrm{MC}=\mathrm{MR}$，得到$P+P（1/E_D）=\mathrm{MC}$，则有$P=\mathrm{MC}/（1+1/E_D）$。因此，厂商定价公式表示为$P=\mathrm{MC}/（1+1/E_D）$和$P=\mathrm{MR}/（1+1/E_S）$。当供需弹性为常数时，产品的价格与边际收益或边际成本呈正相关关系。

式5-8中，EI_i表示第i区域农用地转为非农建设用地的空间配置效率指数，Q_i表示第i区域土地资源空间配置实际数量，Q_i^*表示第i区域土地资源空间配置最优数量。当效率指数$EI_i=1$时，表明实际配置数量与最优配置数量相当，土地资源农业用途向非农建设用地转变的配置达到适宜状态，即各区域农用地转为非农建设用地配置适宜度（将最优配置数量作为参照，实际配置数量与之相比较的差异程度）的阈值拐点。在（0，1）范围内，效率指数EI_i越接近1，表明实际配置数量越接近最优配置数量；效率指数EI_i越接近0，表明实际配置数量越偏离最优配置数量。若$EI_i>1$，表明实际配置数量超过最优配置数量，各区域农用地转为非农建设用地的空间配置数量过量。

在土地资源空间配置效率指数分析的基础上，参照学者李辉等（2015）的研究，可将土地资源空间配置效率损失（efficiency loss）进一步表示为土地资源空间利用配置数量（实际配置数量）与最优土地资源空间配置数量（最优配置数量）差距占最优土地资源空间配置数量（最优配置数量）的比。其公式表达为

$$EL_i = \left(\sum_i Q_i^* - \sum_i Q_i \right) / \sum_i Q_i^* \qquad (式5\text{-}9)$$

式5-9中，EL_i表示第i区域农用地转为非农建设用地空间配置效率损失；Q_i表示第i区域实际配置数量；Q_i^*表示第i区域最优配置数量。

（二）变量选取与相关说明

一般而言，测算效率应从产出（output）和投入（input）两方面选取变量。基于研究所需，产出方面，农用地总收益（Y_{AL}）用"第一产业生产总值"表征，非农建设用地总收益（Y_{DL}）用"二、三产业生产总值"表征；投入方面，主要包括资本投入（capital input，用K表示）、劳动力投入（labor input，用L表示）和土地投入（land input，用Land表示）。其中，资本投入包括农用地资本投入（K_{AL}）和非农建设用地资本投入（K_{DL}）。农用地资本投入选用全社会固定资产投资中的"农村固定资产投资"表征；非农建设用地资本投入选用全社会固定资产投资中的"城镇固定资产投资"表

征；该指标可能低估资本投入，但最终估计的是土地投入边际收益，可能存在的误差会归于常数项中而被衡量，对结果不会造成直接的影响（谭荣 等，2006）。劳动力投入包括农用地劳动力投入（L_{AL}）和非农建设用地劳动力投入（L_{DL}）。农用地劳动力投入用"第一产业从业人员"表征，非农建设用地劳动力投入用"二、三产业从业人员"表征。土地资源投入包括农用地投入（$Land_{AL}$）和建设用地投入（$Land_{DL}$）。农用地投入（$Land_{AL}$）用"农用地面积"表征，建设用地投入（$Land_{DL}$）用"建设用地面积"表征，建设用地扩张数量Q就是不同主体功能区及内部地区历年农用地被占用数量。

表5-3 基于农业-非农业用途空间配置均衡的效率测算变量选取

准则层	子准则层	指标层	
产出	总收益（Y）	农用的Y_{AL}	第一产业生产总值
		非农建设用地Y_{DL}	二、三产业生产总值
投入	资本投入（K）	农用的K_{AL}	农村固定资产投资
		非农建设用地K_{DL}	城镇固定资产投资
	劳动力投入（L）	农用的L_{AL}	第一产业从业人员
		非农建设用地L_{DL}	二、三产业从业人员
	土地资源投入（$Land$）	农用的$Land_{AL}$	农用地面积
		非农建设用地$Land_{DL}$	建设用地面积

三、主体功能区土地资源边际收益均衡分析

基于上述方法设定和研究思路，首先估计出土地资源边际收益函数C-D生产函数，并计算出农业用途与非农业用途土地资源边际收益。

（一）土地资源边际收益函数的估计

将式5-2和式5-3两边取对数，运用可行的广义最小二乘法（FGLS）对面板数据进行多元线性回归估计，并借助GLS加权中cross-section weights消除模型的多重共线性和异方差影响，估计结果见表5-4[①]。

表5-4　土地资源边际收益函数估计结果

公式	变量		系数	R^2	F-statistic	D-W
式5-2	A	A	1.443676	0.934440	72.94258***	1.201989
	K	a	0.412086***			
	L	b	0.201121**			
	$Land_{AL}$	c	0.608623***			
式5-3	B	B	2.081039*	0.975187	201.1283***	1.374717
	K	d	0.615686***			
	L	e	0.630872***			
	$Land_{DL}$	f	0.306314**			

注：由Eviews9.0软件输出结果整理；"*"、"**"、"***"分别表示在10%、5%、1%水平上显著。

由表5-4可知，模型回归系数基本通过显著性水平检验。从模型整体的显著性来看，F统计量均在1%水平上显著，拒绝模型整体解释变量系数为零的原假设，表明模型整体的拟合状况良好；从模型整体的拟合度来看，R^2均在90%以上，表明模型拟合程度良好，被解释变量方差能够通过解释变量方差得以解释；从模型的拟合残差序列相关性来看，D-W值为1.3左右，表明判断回归残差基本上不存在序列自相关。因此，该模型能够较好地反映所需研究的问题。

从估计结果来看，农业用途中资本投入弹性系数、劳动力投入弹性系数和农用地投入弹性系数分别为0.412 086、0.201 121、0.608 623，表明赣榆区

[①] 研究思路主要参考：王荧.我国农地非农化配置效率[D].福建：福建师范大学，2011：138-152.

农业生产活动受农用地面积投入和资本投入的影响，增加农用地面积和资本投入能够在很大程度上促使农业生产效益的提升；同时，各类投入要素弹性系数之和大于1，表明赣榆区农业生产具有规模集聚效应，处于规模递增阶段。非农业用途中资本投入弹性系数、劳动力投入弹性系数和建设用地投入弹性系数分别为0.615 686、0.630 872、0.306 314，表明赣榆区非农业建设活动受资本投入和劳动力投入的影响，增加资本和劳动投入能够促进非农业生产效益的大幅提升；同时，各类投入要素弹性系数之和大于1，表明赣榆区非农业生产也处于规模递增阶段。

（二）主体功能区及内部土地资源不同用途的边际收益

结合表5-4，将赣榆区不同主体功能区及内部相关原始数据代入式5-4和式5-5，可以得到赣榆区不同主体功能区及内部农业用途和非农业用途土地资源边际（经济）收益（表5-5~表5-8）。

从不同主体功能区来看（表5-5和表5-6），赣榆区不同主体功能区农业用途土地资源边际收益时序上呈波动上升演变趋势，空间上（以均数衡量，下同），转型发展区和重点建设区农业用途土地资源边际收益最高，其次由高至低分别为提质发展区、重点培育区/一般农业生产区、果林产业园建设区。赣榆区不同主体功能区非农业用途土地资源边际收益时序上也呈波动上升演变趋势，空间上边际收益由高至低分别为重点建设区、重点培育区、转型发展区/一般农业生产区、提质发展区、果林产业园建设区。

从主体功能区内部来看（表5-7和表5-8），赣榆区主体功能区内部农业用途土地资源边际收益时序上基本呈现出波动上升的演变趋势，空间上重点发展区的宋庄镇边际收益最高，其次是转型发展区的青口镇、提质发展区的海头镇及重点发展区的石桥镇，其余不同主体功能区内部各镇边际收益差距不大，大体处于300~400元/年·hm²左右；赣榆区主体功能区内部非农业用途土地资源边际收益时序上基本呈逐年波动上升演变趋势，空间上重点建设区柘汪镇边际收益最高，其次是转型发展区的青口镇、提质发展区的海头镇，其余不同主体功能区内部各镇边际收益大致处于20万~40万元/年·hm²左右。

表5-5 赣榆区主体功能区农业用途土地资源边际收益

主体功能区	2011年	2012年	2013年	2014年	2015年	2016年	2017年	平均数
转型发展区	835.43	790.58	976.90	1 012.53	1 177.77	1 287.90	1 452.40	1 076.22
提质发展区	767.15	769.70	825.77	811.22	861.35	1 016.24	1 166.50	888.28
重点建设区	901.85	999.34	1003.84	1 024.42	1 085.35	1 193.55	1 304.53	1 073.27
重点培育区	470.93	431.40	469.11	491.68	564.87	609.71	657.35	527.86
一般农业生产区	533.93	525.94	588.37	515.61	571.39	619.33	665.85	574.35
果林产业园建设区	396.61	401.15	402.84	403.19	476.53	473.85	570.38	446.36

注：单位为"元/年·hm^2"。

表5-6 赣榆区主体功能区非农业用途土地资源边际收益

主体功能区	2011年	2012年	2013年	2014年	2015年	2016年	2017年	平均数
转型发展区	325 056.10	319 180.20	416 598.18	437 727.61	562 907.95	738 764.66	889 885.14	527 159.98
提质发展区	369 284.09	417 963.04	463 244.68	451 394.03	465 758.95	634 480.68	765 912.42	509 719.70
重点建设区	695 800.18	755 606.58	795 700.40	820 531.36	875 093.61	110 0002.99	142 6657.83	924 198.99
重点培育区	458 483.41	408 128.37	475 391.23	508 719.17	607 312.79	673 655.11	760 844.66	556 076.39
一般农业生产区	491 149.11	422 501.95	526 369.22	433 843.58	523 408.77	569 713.03	698 181.62	523 595.33
果林产业园建设区	280 279.18	267 848.86	295 022.79	295 908.73	383 300.78	381 453.67	509 905.01	344 817.00

注：单位为"元/年·hm^2"。

第五章 赣榆区主体功能区土地资源空间配置效率

表5-7 赣榆区主体功能区内部农业用途土地资源边际收益

主体功能区	镇	2011年	2012年	2013年	2014年	2015年	2016年	2017年	平均数
转型发展区	青口镇	835.43	790.58	976.90	1 012.53	1 177.77	1 287.90	1 452.40	1 076.22
提质发展区	海头镇	767.15	769.70	825.77	811.22	861.35	1 016.24	1 166.50	888.28
重点建设区	石桥镇	458.48	437.34	472.73	445.46	483.42	534.67	609.67	491.68
	柘汪镇	680.53	733.31	796.76	853.73	961.97	998.07	1 089.85	873.46
	宋庄镇	1 193.05	1 417.64	1 309.67	1 304.40	1 207.57	1 473.41	1 625.12	1 361.55
重点培育区	赣马镇	421.66	313.80	411.41	424.96	428.42	512.27	505.21	431.10
	金山镇	378.73	410.32	391.50	416.84	530.32	534.61	613.68	468.00
	沙河镇	355.56	278.41	374.51	401.79	435.85	488.73	463.77	399.80
	塔山镇	246.71	293.45	323.37	294.78	382.69	361.87	420.95	331.97
一般农业生产区	城头镇	379.19	377.56	393.57	266.27	297.01	336.01	377.22	346.69
	城西镇	339.50	297.71	337.80	314.15	319.86	370.62	430.90	344.36
	墩尚镇	577.26	552.50	600.74	498.18	532.92	573.68	622.66	565.42
	黑林镇	215.43	193.56	222.59	246.44	298.74	310.50	349.17	262.35
果林产业园建设区	班庄镇	388.14	391.22	389.91	380.45	431.46	423.36	531.93	419.50
	厉庄镇	288.72	320.42	299.39	292.91	372.31	364.64	425.44	337.69

注：单位为"元/年·hm²"。

表5-8 赣榆区主体功能区内部非农业用途土地资源边际收益

主体功能区	镇	2011年	2012年	2013年	2014年	2015年	2016年	2017年	平均数
转型发展区	青口镇	325 056.10	319 180.20	416 598.18	437 727.61	562 907.95	738 764.66	889 885.14	527 159.98
提质发展区	海头镇	369 284.09	417 963.04	463 244.68	451 394.03	465 758.95	634 480.68	765 912.42	509 719.70
重点建设区	石桥镇	272 661.52	239 557.76	266 525.51	247 219.25	278 104.81	377 968.22	568 892.63	321 561.39
	柘汪镇	431 360.81	494 861.94	571 691.02	625 492.26	749 496.87	813 184.84	975 387.48	665 925.03
	宋庄镇	354 747.44	342 707.19	380 364.63	378 774.53	328 893.86	449 800.44	582 295.93	402 512.00
重点培育区	赣马镇	332 112.13	220 674.94	360 949.44	377 467.86	358 894.21	485 121.16	472 637.48	372 551.03
	金山镇	287 610.15	318 286.90	272 441.46	298 971.15	442 687.12	414 673.03	518 175.89	364 692.24
	沙河镇	251 767.25	159 971.02	274 330.73	304 439.48	339 571.09	412 839.16	394 319.50	305 319.75
一般农业生产区	塔山镇	120 193.15	103 957.55	122 848.59	108 220.81	163 180.90	139 842.57	202 082.09	137 189.38
	城头镇	267 685.77	262 737.41	284 282.37	159 815.78	188 569.72	220 661.75	265 943.00	235 670.83
	城西镇	240 876.48	191 758.27	243 191.57	215 344.15	223 453.56	267 004.74	348 262.45	247 127.32
	墩尚镇	170 361.39	156 835.53	189 052.41	144 091.52	178 529.06	187 147.12	278 456.78	186 353.40
果林产业园建设区	黑林镇	135 559.87	102 395.08	128 582.81	148 302.60	194 647.17	206 841.05	250 278.01	166 658.08
	班庄镇	180 853.54	176 634.48	196 055.79	189 530.23	232 951.80	223 154.61	313 423.23	216 086.24
	厉庄镇	154 893.09	168 913.54	168 896.28	164 757.30	237 794.32	241 510.84	314 703.62	207 352.71

注：单位为"元/年·hm²"。

总体上看，无论是赣榆区不同主体功能区农业用途、非农业用途土地资源边际收益状况，还是主体功能区内部农业用途、非农业用途土地资源边际收益状况，均表现为时序上非农业用途土地资源边际收益远高于农业用途土地资源边际收益，空间上大致边际收益由高至低分别为转型发展区/提质发展区/重点建设区/重点培育区（东部地区）、一般农业生产区（中部地区）、果林产业园建设区（西部地区）。

（三）主体功能区及内部农用地资源生态效益

从农用地资源自身而言，除了具备基本农业生产功能之外，还具备保持土壤、涵养水源、维持生物多样性、调节气候环境等诸多自然特性功能，且这一系列自然特性（基本）功能具有正外部性，为全社会共享，难以在市场中得以有效显化。然而，在衡量区域农地非农化成本时，这一非市场价值不容忽视。当前，国内外学者就农用地资源生态效益做了较多的研究（Robert et al.，1997；张宏斌 等，2001；钱忠好 等，2003），但是能够用来定量测算农用地资源生态效益的方法研究仍然较少。本书是从农业用地类型出发，结合赣榆区实际情况，采用Robert对全球自然资源生态问题研究中农用地资源生态效益（ecological revenue of agricultural land）的衡量标准（或方法）测算赣榆区不同主体功能区及内部农用地资源生态效益。同时，由于农用地资源非市场价值所包含内容（或概念）较为广泛，并不能完全（或全面）得以衡量，因此仅能考虑其主要部分的生态效益，以此替代其总体的生态效益（即非市场价值），这可能在一定程度上高估了土地资源从农业用途向非农业用途转化的边际净收益，但从区域空间的比较角度看［尤其是以镇为基本空间单元的县域（小）范围］，这一误差会被减小，对实际结果的影响相对较小，是可以用于估计和衡量的（谭荣 等，2006）。

Robert对各种农用地农业资源生态效益测算结果见表5-9。基于此，赣榆区主体功能区农用地资源生态效益估算步骤为：首先，依据式5-10计算出赣榆区某年某主体功能区（或内部某镇）农用地资源单位面积生态价值（这一生态价值为1994年美元价）；其次，根据各类农地1994年以美元计的生态价值折算为2017年以人民币计的生态价值[①]。

$$ER_{ij} = \frac{各农用地类型面积 \times 单位面积生态价值}{农地总面积} \quad (式\ 5-10)$$

式5-10中，ER_{ij}表示第i年第j个地区（区域）农用地资源单位面积生态价值。

表5-9 Robert对各种农地的农业资源生态效益测算结果

农地类型	单位	林地	草地	水面	农田
生态价值（1994年价）	美元	969（平均） 2 007（热带） 302（温带/寒带）	232	8 498	92

注：农田包括耕地与园地。

基于上述测算依据和思路，得到赣榆区不同主体功能区及内部农用地资源生态效益估算结果（表5-10）。由表5-10可知，赣榆区不同主体功能区及内部农用地资源生态价值大于农地边际收益（即农业用途土地资源边际收益）。

（四）主体功能区及内部土地资源用途转变的边际净收益

结合所求的土地资源非农业用途边际收益（MR_{DL}）和农业用途边际收益（MR_{AL}），可进一步得到赣榆区不同主体功能区及内部土地资源农业用途向非农业用途转化的边际成本（marginal cost）及其边际净收益（marginal

---

[①] 以1994年美元价的生态价值，按1994年人民币汇率换算为人民币，再根据各年份消费者价格指数得出各年份的当年价格（避免了通货膨胀等因素的影响），最后统一换算成2017年价（可比价格）。赣榆区位于温带，林地则为302美元/年·hm^2。

第五章 赣榆区主体功能区土地资源空间配置效率

表5-10 赣榆区不同主体功能区及内部农用地资源生态效益估算结果

主体功能区		2011年	2012年	2013年	2014年	2015年	2016年	2017年
转型发展区		38 204.50	38 625.15	38 345.42	38 659.90	38 832.10	38 121.05	39 018.47
提质发展区		37 105.27	37 769.95	37 527.24	37 740.78	37 821.69	37 075.26	37 948.07
重点建设区		26 912.01	27 735.33	27 747.36	27 681.57	27 894.31	27 675.20	28 326.71
重点培育区		14 781.75	14 775.90	14 820.72	14 801.91	14 882.46	14 698.49	15 044.52
一般农业生产区		32 802.87	33 629.53	33 374.65	32 787.10	32 605.75	31 580.59	32 324.04
果林产业园建设区		25 226.39	25 934.95	25 959.01	26 025.75	26 131.89	25 984.16	26 595.86
转型发展区	青口镇	38 204.50	38 625.15	38 345.42	38 659.90	38 832.10	38 121.05	39 018.47
提质发展区	海头镇	37 105.27	37 769.95	37 527.24	37 740.78	37 821.69	37 075.26	37 948.07
重点建设区	石桥镇	13 955.13	14 309.52	14 033.24	14 030.31	14 117.19	13 891.41	14 218.43
	柘汪镇	18 691.20	19 317.24	19 524.64	19 026.18	19 120.23	19 026.19	19 474.09
	宋庄镇	103 297.66	106 561.19	107 885.38	101 621.87	102 900.73	104 777.34	107 243.95
重点培育区	赣马镇	14 951.64	15 385.17	15 424.41	15 356.64	15 436.47	15 343.48	15 704.68
	金山镇	14 577.29	14 051.90	14 104.53	14 146.35	14 229.12	13 942.39	14 270.61
	沙河镇	21 741.07	22 372.41	22 391.13	22 033.83	21 607.27	20 438.86	20 920.02
一般农业生产区	塔山镇	50 560.47	51 678.25	51 103.97	50 804.67	51 134.07	50 663.13	51 855.81
	城头镇	13 923.78	14 286.13	14 244.44	14 211.07	14 006.17	13 917.74	14 245.38
	城西镇	13 046.58	13 436.28	13 340.27	13 174.48	13 275.58	13 145.95	13 455.42
	墩尚镇	72 623.33	74 350.14	73 265.21	70 237.00	69 747.31	65 808.34	67 357.56
果林产业园建设区	黑林镇	9 802.77	10 084.42	10 134.21	10 161.25	10 215.25	10 031.66	10 267.82
	班庄镇	40 935.32	42 062.20	41 996.07	42 091.65	42 395.38	42 158.30	43 150.77
	厉庄镇	13 596.06	13 993.63	14 058.08	14 118.08	13 872.54	13 830.17	14 155.75

注：2017年价；单位为"元/年·hm^2"。

net revenue)(表5-11和表5-12),其中边际成本表示为MC=MR_{AL}+MR'_{AL},边际净收益表示为MNR=MR-MC。通过考察边际净收益状况,可判别土地资源农业用途向非农业用途转变(即农地非农化)在空间上是否存在(空间)配置效率损失。

表5-11 赣榆区主体功能区农地非农化边际收益、边际成本和边际净收益

主体功能区	年份	边际收益(MR)	边际成本(MC)	边际净收益(MNR)
转型发展区	2011	325 056.103 0	39 039.937 9	286 016.165 1
	2012	319 180.200 8	39 415.725 2	279 764.475 7
	2013	416 598.178 8	39 322.321 3	377 275.857 6
	2014	437 727.610 6	39 672.431 1	398 055.179 5
	2015	562 907.946 2	40 009.874 9	522 898.071 3
	2016	738 764.655 4	39 408.952 4	699 355.703 0
	2017	889 885.141 0	40 470.877 6	849 414.263 4
提质发展区	2011	369 284.092 2	37 872.418 8	331 411.673 5
	2012	417 963.041 1	38 539.651 4	379 423.389 7
	2013	463 244.680 5	38 353.009 0	424 891.671 6
	2014	451 394.028 1	38 551.999 4	412 842.028 7
	2015	465 758.951 3	38 683.043 2	427 075.908 1
	2016	634 480.679 4	38 091.506 1	596 389.173 2
	2017	765 912.420 3	39 114.570 0	726 797.850 3
重点建设区	2011	695 800.177 4	27 813.859 8	667 986.317 7
	2012	755 606.578 8	28 734.669 7	726 871.909 1
	2013	795 700.401 2	28 751.194 5	766 949.206 7
	2014	820 531.355 3	28 705.988 0	791 825.367 2
	2015	875 093.606 6	28 979.666 2	846 113.940 4
	2016	1 100 002.993 5	28 868.747 9	1 071 134.245 6
	2017	1426 657.830 8	29 631.236 2	1397 026.594 6

续表

主体功能区	年份	边际收益（MR）	边际成本（MC）	边际净收益（MNR）
重点培育区	2011	458 483.409 7	15 252.677 0	443 230.732 7
	2012	408 128.372 9	15 207.299 9	392 921.073 0
	2013	475 391.227 7	15 289.821 4	460 101.406 3
	2014	508 719.174 0	15 293.593 4	493 425.580 6
	2015	607 312.786 0	15 447.334 6	591 865.451 4
	2016	673 655.110 1	15 308.202 5	658 346.907 6
	2017	760 844.663 7	15 701.863 6	745 142.800 2
一般农业生产区	2011	491 149.107 2	33 336.799 8	457 812.307 4
	2012	422 501.946 1	34 155.468 6	388 346.477 5
	2013	526 369.217 9	33 963.026 1	492 406.191 8
	2014	433 843.583 8	33 302.715 2	400 540.868 6
	2015	523 408.768 3	33 177.138 1	490 231.630 2
	2016	569 713.026 1	32 199.917 1	537 513.108 9
	2017	698 181.620 4	32 989.890 9	665 191.729 5
果林产业园建设区	2011	280 279.182 0	25 622.999 3	254 656.182 6
	2012	267 848.858 7	26 336.101 3	241 512.757 4
	2013	295 022.793 1	26 361.851 6	268 660.941 5
	2014	295 908.728 8	26 428.939 6	269 479.789 3
	2015	383 300.784 2	26 608.416 2	356 692.367 9
	2016	381 453.672 7	26 458.004 4	354 995.668 3
	2017	509 905.005 2	27 166.247 5	482 738.757 6

注：单位为"元/年·hm^2"。

表5-12 赣榆区主体功能区内部农地非农化边际收益、边际成本和边际净收益

主体功能区	镇	年份	边际收益（MR）	边际成本（MC）	边际净收益（MNR）
转型发展区	青口镇	2011	325 056.103 0	39 039.937 9	286 016.165 1
		2012	319 180.200 8	39 415.725 2	279 764.475 7
		2013	416 598.178 8	39 322.321 3	377 275.857 6
		2014	437 727.610 6	39 672.431 1	398 055.179 5
		2015	562 907.946 2	40 009.874 9	522 898.071 3
		2016	738 764.655 4	39 408.952 4	699 355.703 0
		2017	889 885.141 0	40 470.877 6	849 414.263 4
提质发展区	海头镇	2011	369 284.092 2	37 872.418 8	331 411.673 4
		2012	417 963.041 1	38 539.651 4	379 423.389 7
		2013	463 244.680 5	38 353.009 0	424 891.671 6
		2014	451 394.028 1	38 551.999 4	412 842.028 7
		2015	465 758.951 3	38 683.043 2	427 075.908 1
		2016	634 480.679 4	38 091.506 1	596 389.173 2
		2017	765 912.420 3	39 114.570 0	726 797.850 2
重点建设区	石桥镇	2011	272 661.518 3	14 413.610 5	258 247.907 9
		2012	239 557.756 0	14 746.859 4	224 810.896 7
		2013	266 525.514 6	14 505.970 0	252 019.544 5
		2014	247 219.253 6	14 475.771 8	232 743.481 9
		2015	278 104.813 5	14 600.613 1	263 504.200 4
		2016	377 968.216 4	14 426.076 2	363 542.140 1
		2017	568 892.632 0	14 828.098 7	554 064.533 3
	柘汪镇	2011	431 360.809 9	19 371.735 2	411 989.074 7
		2012	494 861.938 1	20 050.551 0	474 811.387 1
		2013	571 691.023 4	20 321.393 7	551 369.629 7
		2014	625 492.256 3	19 879.905 7	605 612.350 7
		2015	749 496.865 5	20 082.203 0	729 414.662 5
		2016	813 184.841 2	20 024.255 0	793 160.586 2
		2017	975 387.481 8	20 563.937 4	954 823.544 5

续表

主体功能区	镇	年份	边际收益（MR）	边际成本（MC）	边际净收益（MNR）
重点培育区	宋庄镇	2011	354 747.439 8	104 490.713 5	250 256.726 3
		2012	342 707.189 5	107 978.831 5	234 728.358 0
		2013	380 364.628 4	109 195.050 8	271 169.577 5
		2014	378 774.525 6	102 926.276 8	275 848.248 9
		2015	328 893.862 1	104 108.298 2	224 785.563 9
		2016	449 800.443 5	106 250.746 9	343 549.696 6
		2017	582 295.933 0	108 869.070 0	473 426.863 0
	赣马镇	2011	332 112.130 6	15 373.307 9	316 738.822 7
		2012	220 674.944 1	15 698.964 8	204 975.979 2
		2013	360 949.438 2	15 835.815 9	345 113.622 3
		2014	377 467.858 9	15 781.602 5	361 686.256 3
		2015	358 894.211 9	15 864.889 1	343 029.322 7
		2016	485 121.157 5	15 855.740 6	469 265.416 9
		2017	472 637.475 6	16 209.889 9	456 427.585 7
	金山镇	2011	287 610.149 7	14 956.021 2	272 654.128 5
		2012	318 286.897 0	14 462.215 0	303 824.682 0
		2013	272 441.456 8	14 496.036 8	257 945.420 0
		2014	298 971.149 8	14 563.181 2	284 407.968 6
		2015	442 687.121 2	14 759.442 5	427 927.678 7
		2016	414 673.030 5	14 476.993 7	400 196.036 9
		2017	518 175.885 8	14 884.294 4	503 291.591 3
一般农业生产区	沙河镇	2011	251 767.248 6	22 096.622 7	229 670.626 0
		2012	159 971.022 1	22 650.821 1	137 320.201 0
		2013	274 330.731 9	22 765.644 5	251 565.087 3
		2014	304 439.480 0	22 435.621 4	282 003.858 6
		2015	339 571.088 2	22 043.122 8	317 527.965 4
		2016	412 839.162 2	20 927.588 7	391 911.573 5
		2017	394 319.502 0	21 383.784 0	372 935.718 0

续表

主体功能区	镇	年份	边际收益（MR）	边际成本（MC）	边际净收益（MNR）
一般农业生产区	塔山镇	2011	120 193.149 7	50 807.185 7	69 385.964 0
		2012	103 957.548 8	51 971.705 7	51 985.843 2
		2013	122 848.586 7	51 427.346 2	71 421.240 5
		2014	108 220.809 1	51 099.447 6	57 121.361 5
		2015	163 180.899 1	51 516.767 6	111 664.131 5
		2016	139 842.574 8	51 024.999 6	88 817.575 2
		2017	202 082.087 2	52 276.763 4	149 805.323 9
	城头镇	2011	267 685.773 8	14 302.973 2	253 382.800 6
		2012	262 737.411 4	14 663.699 5	248 073.711 9
		2013	284 282.368 2	14 638.009 4	269 644.358 8
		2014	159 815.784 7	14 477.347 0	145 338.437 7
		2015	188 569.724 1	14 303.174 3	174 266.549 8
		2016	220 661.750 0	14 253.750 1	206 407.999 9
		2017	265 943.001 7	14 622.603 4	251 320.398 3
	城西镇	2011	240 876.477 7	13 386.080 6	227 490.397 1
		2012	191 758.268 6	13 733.987 6	178 024.281 1
		2013	243 191.573 7	13 678.069 1	229 513.504 5
		2014	215 344.147 8	13 488.629 4	201 855.518 4
		2015	223 453.556 8	13 595.449 2	209 858.107 6
		2016	267 004.739 0	13 516.566 5	253 488.172 5
		2017	348 262.445 4	13 886.323 6	334 376.121 8
	墩尚镇	2011	170 361.389 4	73 200.591 6	97 160.797 8
		2012	156 835.527 7	74 902.644 8	81 932.882 9
		2013	189 052.405 6	73 865.958 4	115 186.447 3
		2014	144 091.515 2	70 735.174 1	73 356.341 1
		2015	178 529.059 8	70 280.231 7	108 248.828 1
		2016	187 147.116 0	66 382.020 7	120 765.095 2
		2017	278 456.778 6	67 980.219 5	210 476.559 1

续表

主体功能区	镇	年份	边际收益（MR）	边际成本（MC）	边际净收益（MNR）
果林产业园建设区	黑林镇	2011	135 559.871 8	10 018.200 1	125 541.671 7
		2012	102 395.078 8	10 277.976 8	92 117.102 0
		2013	128 582.814 8	10 356.805 2	118 226.009 6
		2014	148 302.601 9	10 407.692 2	137 894.909 8
		2015	194 647.165 1	10 513.986 0	184 133.179 1
		2016	206 841.052 0	10 342.160 7	196 498.891 3
		2017	250 278.007 6	10 616.991 4	239 661.016 2
	班庄镇	2011	180 853.538 4	41 323.460 2	139 530.078 2
		2012	176 634.479 6	42 453.416 4	134 181.063 2
		2013	196 055.789 5	42 385.977 7	153 669.811 8
		2014	189 530.228 8	42 472.103 3	147 058.125 5
		2015	232 951.799 1	42 826.847 8	190 124.951 3
		2016	223 154.610 9	42 581.661 2	180 572.949 7
		2017	313 423.225 5	43 682.705 2	269 740.520 4
	厉庄镇	2011	154 893.088 9	13 884.786 5	141 008.302 4
		2012	168 913.535 7	14 314.054 7	154 599.481 0
		2013	168 896.276 0	14 357.468 4	154 538.807 6
		2014	164 757.301 3	14 410.989 4	150 346.311 9
		2015	237 794.320 7	14 244.853 8	223 549.466 9
		2016	241 510.836 2	14 194.811 3	227 316.024 9
		2017	314 703.624 6	14 581.191 0	300 122.433 6

注：单位为"元/年·hm^2"。

由表5-11和表5-12可知，赣榆区土地资源农业用途向非农业用途转变的边际净收益具有明显的差异，表明2011—2017年赣榆区土地资源农业用途向非农业用途转变在空间上存在（空间）配置效率的损失情况。

四、主体功能区土地资源利用空间最优配置

"以地为本"的主体功能区治理可理解为用地空间功能"红线"的划定，其目的在于保障空间用地结构均衡协调，实现区域间经济、社会、生态综合效益人均水平趋等。根据第3章3.2的主体功能区分析可知，各类主体功能区划分按照其空间属性可归为经济建设功能区和生态保护功能区两大类，经济建设功能区又分为优化开发区和重点开发区，生态保护功能区又分为限制开发区和禁止开发区。功能分区实质是通过"红线（边界）划定"限制人类活动对土地资源利用与开发的行为。只有划定功能分区（边界）红线，理顺经济保护与生态环境发展关系，才能建构结构完整、功能稳定的空间经济发展格局，即通过划定功能空间红线引导人口分布、经济布局与地区资源环境承载能力相适应，促进土地资源节约集约利用，对增强地区经济、社会、生态可持续发展能力具有极为重要的现实作用。因此，以经济建设功能区和生态保护功能区两大主导分区为"红线"来估计赣榆区主体功能区土地资源空间配置边际收益曲线和边际成本曲线。同时，研究区是以镇为基本空间单元的县域层级，由于空间范围较小，区域之间存在差异但差异较小（或变动较稳定）[①]，故遵循经济建设功能区和生态保护功能区最优数量分配比例限定。同时，考虑到在"红线"刚性限定的内部配置是具有弹性的，进一步按照边际净收益相等原则估计赣榆区不同主体功能区及内部土地资源利用空间最优配置数量，这一结果能够在一定程度上反映出县域空间的实际状况。

（一）边际收益曲线和边际成本曲线的估计

基于上述思路，对赣榆区经济建设功能区和生态保护功能区土地资源空间配置边际收益曲线和边际成本曲线进行估计，即式5-5和式5-6，经过检验采用仍固定效应的可行广义最小二乘法（FGLS），借助GLS加权的cross-

---

[①] 相关表征在第4章的研究内容有所体现。

section weights消除模型多重共线性和异方差影响。边际收益曲线和边际成本曲线估计结果见表5-13。

表5-13　边际收益曲线和边际成本曲线估计结果

地区	公式	系数		R^2	F-statistic	D-W
经济建设功能区	式5-5	C_1	−12.598 29*	0.482 632	5.441 676***	2.178 506
		C_2	1.196 924**			
	式5-6	C_3	−26.020 77*	0.465 838	5.087 202***	2.168 751
		C_4	1.735 522**			
生态保护功能区	式5-5	C_1	−16.952 26***	0.652 510	11.141 48***	2.087 990
		C_2	1.498 843***			
	式5-6	C_3	−33.779 18***	0.662 307	11.636 88***	2.067 969
		C_4	2.183 116***			

注：由Eviews9.0软件输出结果整理；"*"、"**"、"***"分别表示在10%、5%、1%水平上显著。

由表5-13可知，模型回归系数均通过显著性水平检验。从模型整体的显著性来看，F统计量均在1%水平上显著，拒绝模型整体解释变量系数为零的原假设，表明模型整体的拟合状况良好；从模型整体的拟合度来看，经济建设区和生态保护区R^2分别在50%和65%左右，模型拟合度较好，表明被解释变量方差基本上能够通过解释变量方差得以解释；从模型的拟合残差序列相关性来看，D-W值均在2左右，表明判断回归残差不存在序列自相关。因此，该模型能够较好地反映所需研究的问题。

（二）主体功能区及内部土地资源利用空间最优配置数量

基于表5-13，令赣榆区经济建设功能区和生态保护功能区土地资源农业用途向非农业用途转变的边际净收益相等，可得到经济建设功能区和生态保护功能区在空间上合理配置的土地资源农业用途向非农业用途转变的数量比例，再结合研究时段地区总数量，进一步得到2011—2017年赣榆区经济建设功能区和生态保护功能区符合空间配置效率的土地资源农业用途向非农业用途转变的最优数量。根据估计结果，赣榆区经济建设功能区和生态保护功能区符合空间配置效率的土地资源农业用途向非农业用途转变最优数量分别为1 435.91hm^2、1 058.65hm^2。基于此，进一步按照区域边际净收益相等原则，在经济建设功能区和生态保护功能区土地资源农业用途向非农业用途转变的最优数量配置下，根据主体功能区分区，估计其内部区域符合空间配置效率的土地资源农业用途向非农业用途转变的最优数量，以此类推，可以最终得到赣榆区不同主体功能区及内部土地资源农业用途向非农业用途转变的最优数量（表5-14、表5-15）。

表5-14 赣榆区不同主体功能区土地资源符合空间配置效益（最优）数量

主体功能区	经济建设功能区				生态保护功能区	
	转型发展区	提质发展区	重点建设区	重点培育区	一般农业生产区	果林产业园建设区
符合空间配置效率（最优）数量/hm^2	154.983 1	238.006 5	951.385 0	91.535 3	812.602 6	246.047 4

表5-15 赣榆区不同主体功能区内部土地资源符合空间配置效益（最优）数量

主体功能区内部	转型发展区	提质发展区		重点建设区		重点培育区				一般农业生产区			果林产业区园建设区		
	青口镇	海头镇	石桥镇	柘汪镇	宋庄镇	赣马镇	金山镇	沙河镇	塔山镇	城头镇	城西镇	墩尚镇	黑林镇	班庄镇	厉庄镇
符合空间配置效率（最优）数量/hm²	154.98	238.01	93.02	355.01	503.35	59.31	32.23	65.25	357.36	87.36	32.64	269.99	26.11	125.87	94.07

五、主体功能区土地资源空间配置效率状况

（一）主体功能区及内部土地资源空间配置效率指数与损失

基于赣榆区不同主体功能区及内部土地资源农业用途向非农业用途转变的最优数量，再结合研究时段的实际配置数量，可以计算出赣榆区不同主体功能区及内部土地资源农业用途向非农业用途转变的空间配置损失偏差（即损失数量）、空间配置效率指数和与实际相比的幅度（即效率损失）（表5-16）。

（二）主体功能区及内部土地资源空间配置效率结果分析

由表5-14可知，赣榆区不同主体功能区及内部农用地向非农建设用地转变情况下均在空间上存在着一定程度的错配现象，造成了效率损失，表明赣榆区不同主体功能区及内部土地资源空间配置（效率）存在着帕累托改进"空间"。

从不同主体功能区状况来看，转型发展区、提质发展区和重点培育区的空间配置效率指数均大于1，非农建设用地占用农用地的实际数量多于其符合空间配置效率的最优数量，尤其是提质发展区农用地向非农建设用地转变在空间上存在配置相对严重过量的现象，其损失数量最大（134.84hm^2）、损失比例（-56.65%）仅次于转型发展区（-62.07%）；重点建设区、一般农业生产区和果林产业园建设区与之相反，空间配置效率指数均小于1，实际配置数量均低于符合空间配置效率下的最优配置数量，可通过适当调配不同主体功能区之间新增建设用地指标的空间分布或提高非农建设用地集约化利用程度（水平）提升土地资源空间配置效率水平。

从不同主体功能区内部来看，转型发展区的青口镇、提质发展区的海头镇、重点建设区的石桥镇和柘汪镇、重点培育区的赣马镇和金山镇效率指数均大于1，非农建设用地占用农用地的实际数量多于其符合空间配置效率的最优数量。其中，重点建设区的柘汪镇空间配置效率指数高达2.15，空间配

第五章 赣榆区主体功能区土地资源空间配置效率

表5-16 赣榆区不同主体功能区及内部土地资源空间配置效率

主体功能区		实际配置数量/hm²（①）	符合空间配置效率（优）数量/hm²（②）	空间配置损失偏差/hm²（①-②）	空间配置效率指数（①/②）	与实际相比的幅度/%[（②-①）/②]
转型发展区		251.175 0	154.983 1	96.191 9	1.620 7	-62.066 1
提质发展区		372.848 7	238.006 5	134.842 2	1.566 5	-56.654 8
重点建设区		1 352.839 4	951.385 0	401.454 4	0.996 1	0.390 9
重点培育区		107.831 5	91.535 3	16.296 2	1.253 0	-25.301 1
一般农业生产区		290.427 5	812.602 6	-522.175 1	0.593 0	40.699 1
果林产业园建设区		119.438 9	246.047 4	-126.608 5	0.805 4	19.455 8
转型发展区	青口镇	251.175 0	154.983 1	96.191 9	1.620 7	-62.066 0
提质发展区	海头镇	372.848 7	238.006 5	134.842 2	1.566 5	-56.654 8
	石桥镇	94.930 3	93.024 7	1.905 6	1.020 5	-2.048 5
重点建设区	柘汪镇	762.217 3	355.012 1	407.205 2	2.147 0	-114.701 8
	宋庄镇	495.691 8	503.348 2	-7.656 4	0.984 8	1.521 1
重点培育区	赣马镇	70.335 2	59.310 2	11.025 0	1.185 9	-18.588 7
	金山镇	37.496 3	32.225 1	5.271 2	1.163 6	-16.357 3
	沙河镇	50.073 5	65.248 0	-15.174 5	0.767 4	23.256 7
一般农业生产区	塔山镇	83.010 9	357.360 0	-274.349 1	0.232 3	76.771 1
	城头镇	52.354 8	87.363 8	-35.009 0	0.599 3	40.072 7
	城西镇	20.651 8	32.644 7	-11.992 9	0.632 6	36.737 6
	墩尚镇	84.336 5	269.986 2	-185.649 7	0.312 4	68.762 7
果林产业园建设区	黑林镇	11.057 5	26.114 3	-15.056 8	0.423 4	57.657 3
	班庄镇	59.179 8	125.866 1	-66.686 3	0.470 2	52.981 9
	厉庄镇	49.201 6	94.067 0	-44.865 4	0.523 0	47.695 1

置效率损失比例达-114.70%，是影响重点建设区农用地向非农建设用地转变在空间上存在配置相对严重过量现象的关键镇域。而一般农业生产区的塔山镇和墩尚镇空间配置效率指数最小，分别为0.23、0.31，远小于空间配置适宜阈值拐点1，且效率损失比例分别为76.77%、68.76%，表明塔山镇和墩尚镇农用地向非农用地转变在空间上存在配置不足的现象，这主要受其产业发展定位与模式的影响。其余各镇农用地向非农建设用地转变的空间配置虽然存在一定的效率损失，但配置适度性较好。

综上所述，赣榆区不同主体功能区及内部农用地向非农建设用地转变的配置数量在空间上存在着过量配置的现象，在一定程度上造成了非农建设用地浪费。同时，赣榆区仅存在农用地向非农建设用地转变实际配置数量相对严重超过最优配置数量的情况（区域），并不存在农用地向非农建设用地转变实际配置数量相对于最优配置数量严重不足的现象（区域）。由此可知，赣榆区不同主体功能区及内部部分区域存在着非农建设用地粗放利用与开发的现象（行为）。

（三）主体功能区土地资源空间配置效率损失原因

基于上述分析可知，赣榆区不同主体功能区及内部土地资源空间配置存在着效率损失状况，在土地资源农业用途与非农业用途之间存在着空间上的配置数量偏差状况，究其根本在于我国土地计划管理，即现行"自上而下"的土地计划管理（或配置）体系难以平衡区域空间发展的公平与效率问题，在对各地区进行非农建设用地指标分配后，缺乏有效的弹性机制调控指标在区域空间（或地区）上的配置行为，造成地区间非农建设用地指标配置在实际落地过程中存在空间上的错配。

随着经济社会的快速发展，我国土地计划管理职能由国家重要的宏观调控工具逐步发展成为更加注重计划与宏观经济发展及地方经济建设区域空间差异之间的关系。在土地资源农业用途、非农业用途之间配置从中央到省、市级层面直至县域层面的自上而下、统一分配、层层分解的土地计划配置模式下，县域土地资源空间配置在很大程度上是对土地计划指标分配结果的执行。一方面，现行土地计划管理仍侧重对新增建设用地规模的控制，由于土地计划管理是以用地规模为控制核心的,土地利用年度计划与地方实际需求难以精准匹配,且年度计划一经确定便不可更改的指令性管理要求地方不得突破"规划规模",使得土地计划管理缺乏弹性调配机制。加之受信息不对称、责任不明晰等诸多因素影响,单一的计划管理体制容易造成土地资源空间配置"棘轮效应",导致土地资源空间配置秩序紊乱,最终制约了土地资源农业用途向非农建设用途转化带动区域经济增长的效率。另一方面,在政绩考核利益驱使和规避形式上公平发展的地方政府"政治博弈"矛盾前提下,土地计划指标的分配格局大致是基本不变的,土地计划指标分配过程与地区发展空间差异衔接不够,容易向经济发展较好(经济发达)区域或高收益项目倾斜与集中,使得经济发达地区缺乏降低经济增长"牺牲"土地为代价的外部动力,未能有效发挥土地计划管理规范(转变)地方政府土地非农化行为的作用,造成区域空间发展不均衡。

(四)主体功能区土地资源空间配置效率提高路径

造成不同主体功能区及内部土地资源农业用途向非农业用途转变的空间配置效率损失的根本在于地区内部缺乏区域间(建设)用地指标合理配置的弹性机制进行指标的(实时)再配置。制度经济学认为,(土地等)资源初始配置并不会影响其经济效率(水平),重点在于需要建构促进(土地等)资源再分配(配置)的弹性机制。一般情况下,为了尽可能避免空间错配可能导致的空间配置效率损失,通常采用(建设用地)指标分配计算方案修正进行调解,但由于缺乏地区实际状况的精准把握,存在信息不对称等现实问题导致这一计算方案修正并不能成为最优选择方案。这就需要适度突破技术层面配置方案优化思路,引入市场机制调配区域用地指标的合理再分配,允许区域空间范畴的指标(适度)有偿交易,促进区域经济建设与生态保护的协调发展。

如表5-16显示,赣榆区转型发展区、提质发展区和重点培育区非农建设用地占用农用地的用地计划实际配置数量存在过剩的现象(即土地资源空间配置的实际配置数量大于其符合空间配置效率的最优数量),而重点建设区、一般农业生产区和果林产业园建设区恰好与之相反,可通过适当调配不同主体功能区之间新增建设用地指标的空间分布，尤其是满足重点建设区用地计划指标需求。例如，假定将损失数量看作能够优化空间配置效率的改进空间，则可以从最优配置数量出发，与实际配置数量相比，赣榆区一般农业生产区和果林产业园建设区实际配置数量低于最优配置数量，分别有522.175 1hm^{2}和126.608 5hm^{2}建设用地指标调配（改进）空间。但由于一般农业生产区和果林产业园建设区作为限制开发区，其重点在于具备保障农业生产和生态环境保护的（主体）功能，过量的建设扩张是不被允许的，可将这一潜在的建设用地指标（适度的）通过有偿形式调配至转型发展区、提质发展区和重点培育区，尤其是提质发展区和重点培育区，且接受指标调配的主体功能区应通过政府财政转移支付、区域生态补偿等形式进行支付，以作为限制开发区（一般农业生产区和果林产业园建设区）指标被调配的经济补偿，满足其发展所需。这能够在一定程度上调节区域空间土地资源不同用途（即农业用途和非农业用途）转变行为，有利于保障地域空间经济建设过程尊重"（比较）优势"以形成不同主体功能定位的"强优势区"发展模式，进而从整体上优化赣榆区土地资源空间配置效率水平。

第四节 本章小结

本章基于赣榆区主体功能区划分结果，重点探究了该区不同主体功能区及内部土地资源农业用途向非农业用途转变的空间配置及其效率状况（现状）。

（1）赣榆区不同主体功能区土地资源利用效益具有明显的空间差异性，建设用地利用效益由高到低的顺序为重点建设区、转型发展区、提质发展区/重点培育区、一般农业生产区/果林产业园建设区，而农用地利用效益基本不变。无论是建设用地产出，还是农用地产出，赣榆区东部地区在农业用地和非农建设用地方面均具备绝对优势，即大致表现为从东部地区向中西部地区递减的演变趋势。

（2）从土地资源比较优势来看，赣榆区不同主体功能区及内部土地资源比较优势具有明显差异，总体表现为转型发展区、重点建设区、重点培育区、提质发展区从事非农业生产活动，而一般农业生产区和果林产业园建设区从事农业生产能够提升（或优化）全区土地资源空间配置效率水平。

（3）赣榆区主体功能区农业生产和非农业生产均处于规模递增阶段，其边际收益在时序上为非农业用途土地资源边际收益高于农业用途土地资源边际收益，空间上边际收益由高到低的大致顺序为转型发展区/提质发展区/重点建设区/重点培育区（东部地区）、一般农业生产区（中部地区）、果林产业园建设区（西部地区）。

（4）赣榆区不同主体功能区及内部土地资源空间配置存在帕累托改进"空间"。不同主体功能区及内部农用地向非农建设用地转变的配置数量存在过量配置现象，这在一定程度上造成非农建设用地资源浪费，且不同主体功能区内部仅存在农用地向非农建设用地转变的实际配置数量相对严重超过最优配置数量的情况，并不存在农用地向非农建设用地转变的实际配置数量相对于最优配置数量而严重不足的现象。究其根本原因在于我国现行用地计划管理体系对各区域进行非农建设用地指标分配后，缺乏有效的弹性机制调节区域间的指标配置行为，造成区域间非农建设用地指标配置在实际落地过程中存在空间错配，而在市场机制引导区域间指标再配置能够在一定程度上使得土地资源空间配置效率得到优化。

第六章 赣榆区主体功能区土地资源空间配置效率影响因素

不同主体功能区土地资源空间配置效率状况对地区土地资源节约集约利用有着重要指示作用。赣榆区主体功能区土地资源空间配置效率存在着一定差异，本章进一步分析影响和制约赣榆区主体功能区土地资源空间配置效率的关键因素。因此，依据我国经济高质量发展要求下土地资源利用相关政策，结合赣榆区实际状况，构建主体功能区土地资源空间配置效率影响因素理论分析框架，围绕该框架构建经济计量模型探究赣榆区主体功能区土地资源空间配置效率的主要影响因素，为下一步改革现有政策制度和管理机制提供一定的依据和参考。

第一节　主体功能区土地资源空间配置效率影响因素分析框架

一、土地资源利用配置效率影响因素既有研究基础

　　土地资源开发与配置问题一直是我国社会经济发展的重要问题之一。经济转型与高质量发展的大背景下，土地资源供需矛盾与空间配置失衡问题尤为突出。1978年以来，随着经济建设不断推进、产业结构不断调整，使得我国土地利用结构及其空间布局不断变化，突出表现为建设用地迅速扩张带来的农地非农化问题凸显，尤其是导致耕地数量不断减少。然而，农用地不仅承载着保障经济增长的经济效益和保障粮食安全的社会效益，在生态文明建设和建设美丽中国的战略理念要求下，更承载着以保障生态安全为核心的生态效益。同时，在加强从土地用途管制到国土空间用途管制的新时代要求下，突出的土地供需矛盾要求通过优化土地资源空间配置解决土地刚性需求与利用效率之间的现实冲突。因此，优化土地资源开发与利用方式，提升土地资源（空间）配置效率就成了学界研究的热点问题，并从不同角度分析了土地资源（空间）配置效率驱动机制（因素）。鉴于此，本章通过对比较具有代表性的研究进行综述与分析，以期从现有研究中凝练出主体功能区土地资源空间配置效率影响因素分析框架。

　　李辉等（2015）认为农用地正外部性与非农建设用地的负外部性造成的市场失灵并不能有效解决单一的市场机制对土地资源的最优配置，应在市场机制基础上，充分发挥政府机制的有效配置作用，即在市场机制和政府调控"双力并进"下，优化土地资源配置是提升土地资源空间配置效率的关键。张海鹏等（2008）认为土地资源合理配置有利于土地资源的合理利用，进而有利于提升土地资源配置效率。利益因素是影响土地资源配置的核心因素之一。在土地资源现实利用过程中，其配置效率往往受国家利益、地方政府利益、城镇居民和农村居民利益等因素影响，各主体利益冲突直接影响着土

资源的合理利用与开发。其中，国家利益与地方政府利益冲突最为明显，国家是从全国（整体）角度进行土地资源空间配置，充分考虑粮食安全、生态平衡及国家的持续长远的利益；而地方政府一般从地方（自身）利益出发，例如保障财政收入、"晋升激励"等。石晓平等（2003）认为受传统粗放经济增长方式的影响，土地资源的低效配置及其带来的生态环境问题源于落后的土地资源空间配置方式和低效的公共政策。缺乏有效的公共政策维护土地资源空间配置中的公共利益，不仅会导致土地资源利用过程中生态环境功能的退化，而且直接影响土地资源空间配置效率提升问题。杨亭（2007）认为经济社会发展水平、产业结构调整等影响着区域土地资源配置空间格局不断变化，土地资源优化配置的根本任务在于寻求最优的土地资源利用结构效应，促使土地资源在区域间合理配置与利用，以获取土地资源配置的最优综合效益。此外，朱孟珏等（2017）认为科技投入（或水平）是影响土地资源配置效率的重要因素，这是由于地区（或空间区域）经济社会发展需要科学技术研发与投入（包括科人员投入）进行推动，从而促使地区产业结构调整，资金和劳动力精准投入，转变土地利用方式，土地利用强度与空间配置效率得以提升。

从已有研究来看，以往研究大多停留在定性研究分析阶段，缺乏定量研究论证。同时，鲜有学者对影响因素（或驱动机制/驱动力）展开较为系统的分析或判别。针对土地资源（空间）配置效率影响因素的研究，学者们认为主要受政府、市场、政策、产业结构及科技等因素影响。因此，本章试图基于现有研究基础，并结合实际研究所需，较为系统地提出主体功能区土地资源空间配置效率影响因素理论分析框架，进一步采用定量分析方法把握影响赣榆区主体功能区的资源利用空间配置效率的主要因素。

二、主体功能区土地资源空间配置效率影响因素分析框架

资源配置是人类社会经济发展过程中不可或缺的一种基本手段或方式，土地资源是人类赖以生存的物质基础，是一切人类生产与生活活动的客观

（空间）载体。随着经济发展、人口数量增加，使得人类活动扩张迅速，引致土地资源过度开发与利用行为频发，加之土地资源数量有限、供给稀缺，对土地资源利用集约化程度具有重要影响，进而影响着土地资源配置效率状况。当前，我国经济发展正处于转型关键期，资源空间均衡配置是追求高质量发展的重要内容之一，要求依据主体功能约束调控土地资源空间配置行为，以满足不同地域空间范围土地资源开发适应经济发展所需、适应资源环境承载能力，即主体功能区土地资源空间配置是依据土地资源适宜性与承载力、经济社会发展需求与土地利用方式进行适度配比，以形成合理的土地资源空间结构布局，其目的在于追求不同主体功能区土地资源空间配置效率最优。主体功能区土地资源空间配置效率是土地资源利用结构动态演变过程在空间结构布局效益中的体现。土地资源利用结构动态演变及综合效益主要受经济因素和社会因素的影响（曲福田 等，2007）。因此，主体功能区土地资源空间配置效率直接受经济因素、社会因素影响，而自然生态因素通常是通过社会经济条件差异变化得以体现的，那么，自然生态状况是影响主体功能区土地资源空间配置效率的另一重要因素。

1993年11月，中共十四届三中全会确立计划经济体制向市场经济体制转变的目标，明确提出"发挥市场在资源配置中的基础性作用"。随着市场经济推进，市场决定资源配置的一般市场经济发展规律越发凸显。2013年11月，中共十八届三中全会通过的《中共中央关于全面深化改革若干重大问题的决定》提出"使市场在资源配置中起决定性作用和更好发挥政府作用"的重大理论命题，该"命题"重点表现为市场在土地、资本、劳动力等生产要素配置中处于主体地位，同时离不开政府引导作用。从市场角度来看，我国土地市场呈现城乡二元割裂态势，是阻碍我国城乡融合发展的主要原因（张合林，2019），这一"态势"直接导致城乡土地发展权不对等，造成农村土地市场发育相对滞后，使得农村土地市场化水平不高，最终导致土地资源（空间）配置效率偏低。同时，就农村土地而言，农村均分承包土地制度下的土地资源存在着土地空间分布的细碎化问题，从根本上影响着土地资源空间配置效率的提升，这也与农地制度相关联（贺雪峰，2010；王海娟 等，2018）。从政府角度来看，中央政府不断放权地方，使得地方政府成为所辖范围社会经济发展的主要承担者（Zhou，2000），加之地方经济发展水平仍是地方官员考核体系的关键指标，为获取更多优质发展机会，地方政府通常会积极营造宽松优越的市场准入环境，通过出让土地获取建设资金，特别是财税分化下地方政府承担了更多的事权，地方政府之间的激烈竞争促使其为了获取更多财政收入（原始资本）满足地方发展需求，出让更多土地引致大量农用地转为非农建设用地。然而，盲目的"以地生财"造成土地无序开发与利用，导致地区土地资源空间配置效率不高（曲福田 等，2004；张英浩 等，2019）。因此，政策制度、地方政府行为对土地资源空间配置效率具有重要影响。此外，科学技术也是影响主体功能区土地资源空间配置效率的一个重要因素。这是由于科技进步及科技投入本身就会加深人们对可持续发展、生态文明建设等理念的认知，促使土地等资源利用方式有效选择，形成经济集聚，促进土地利用空间结构合理布局。

基于上述分析，主体功能区土地资源空间配置效率影响因素可归纳为经济因素、社会因素、自然环境因素、政策制度因素、地方政府因素和科技因素。经济因素是指经济增长规模、产业结构调整对不同主体功能区土地资源空间配置效率影响；社会因素中人口是影响主体功能区土地资源空间配置效率的关键要素，即不同主体功能区人口流动或劳动力转移对土地利用空间配置效率的影响，用人口因素表征；自然环境因素是指生态环境状况对不同主体功能区土地资源空间配置行为约束，从而对其效率水平产生影响；政策制度因素是指城乡土地市场与农地保护制度对不同主体功能区土地资源空间配置效率的影响；地方政府因素是指地方政府竞争对不同主体功能区土地资源空间配置效率的影响；科技因素是指在当前科技水平条件下，科技在土地资源利用过程中投入状况对不同主体功能区土地资源空间配置效率的影响。主体功能区土地资源空间配置效率影响因素理论分析框架如图6-1所示。

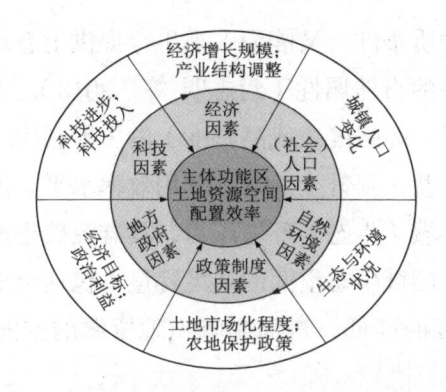

图6-1 主体功能区土地资源空间配置效率影响因素分析框架

第二节 主体功能区土地资源空间配置效率影响因素的一般分析

根据主体功能区土地资源空间配置效率影响因素理论分析框架，分别从自然环境因素、经济因素、人口因素、政策因素、地方政府因素和科技因素分析赣榆区主体功能区土地资源空间配置效率驱动力。

一、自然环境因素

自然环境因素是地区生态环境容量中最为基本的因素，主要包括土壤（土地）、气候、生物、植被等一系列要素。自然环境因素对土地资源空间配置效率的影响主要表现为土地资源承载人类生产、生活活动的能力大小，这一能力既包括土地的生产功能，又包括土地的生态功能，即土地资源既能为人类生存提供生产物质条件，又能为人类生存提供生态环境空间。承载力实际上是一种客观存在的自然属性（封志明 等，2018），土地资源环境承载力越大，则更能"经受"高强度（或高密度）的土地利用与开发，有利于提高单位用地经济产出效益，提升土地资源利用效率水平。但是，过高的土地资源利用强度会增加区域（生态）环境压力，具有突破土地资源生态环境承载力的可能性。可见，区域生态空间的环境容量（包括土地资源承载力）影响着土地资源开发强度的高低，进而影响土地资源的空间配置方式及其效率水平。

一个地区（或者空间范围）生态环境容量可进一步描述为自然资源（包括土地资源、大气资源、水资源等）所能承受的最大限度的生态环境压力，这种生态环境压力通常与人类基本活动（即土地等资源开发与建设行为）直接相关。就土地资源本身而言，生态用地是土地资源生态条件对人口集聚、工业化与城镇化发展的重要支撑（力），是社会发展的坚实基础和经济建设的重要载体。一定（足够）数量保障的生态用地有助于提升区域空间经济建设质量，保障土地资源空间配置效率。

二、经济因素

在工业化和城镇化进程中，不同经济发展阶段的经济增长方式决定着（该阶段）土地资源需求及其开发方式，影响着土地资源空间配置效率。经济增长中，经济总量是最基本且最为重要的因素，受产业结构等决定性因素直接影响（林毅夫，2014）。而产业结构变化在很大程度上受工业化进程影响（吴郁玲，2007），必然会引起土地利用结构的调整（或重新组合），影响土地用途（农业用途与非农业用途）方式转变及其集约化水平，进而影响土地资源空间配置效率高低。依据钱纳里工业化阶段划分，可以用图6-2描绘工业化阶段、产业结构和土地利用集约度演进关系及其对土地资源空间配置效率的影响。

第六章 赣榆区主体功能区土地资源空间配置效率影响因素

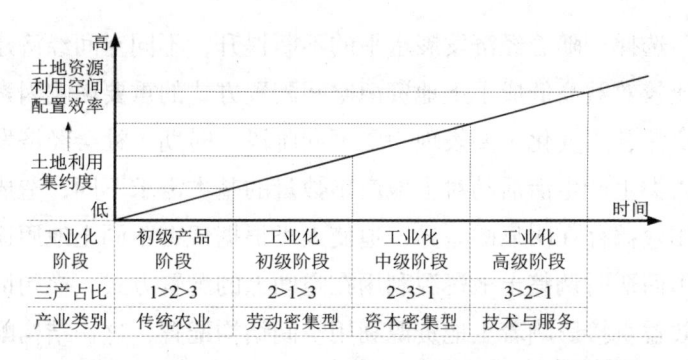

工业化阶段	初级产品阶段	工业化初级阶段	工业化中级阶段	工业化高级阶段
三产占比	1>2>3	2>1>3	2>3>1	3>2>1
产业类别	传统农业	劳动密集型	资本密集型	技术与服务

图6-2 工业化阶段、产业结构与土地资源空间配置效率

由图6-2可知，在不发达经济阶段，三次产业结构主导依次为第一产业、第二产业和第三产业，产业发展以传统农业生产为主，生产力水平很低，而土地利用结构以农用地为主，土地产出效益较低且利用集约化程度不高，使得单一的产业结构造成土地资源空间配置方式单一、经济效率偏低。在工业化初期阶段，产业结构由以传统农业生产为主逐步向以现代化工业生产为主转变，并以食品、烟草、采掘、建材等初级产品生产为主，土地利用对非农建设用地需求不断增大。工业化产业萌芽促使第二产业比重逐步超越第一产业比重，第二产业产值增加使得土地资源利用效率逐步提升。在工业化中期阶段，随着资本在市场中的活跃流动，促使资本密集型产业迅速发展，制造业内部由轻工业增长逐步向重工业增长转变，非农业劳动力开始占据主体地位，第三产业也随之迅速发展。这一阶段，与农用地需求相比，非农建设用地呈"井喷式"刚性需求，单位土地产出效益迅速增加。到了工业化后期阶段，第一产业和第二产业协调发展，第三产业开始由平稳增长方式转向持续高速增长，并成为这一阶段经济发展（增长）的中坚力量。随着高新技术产业和新兴服务业发展，单位土地资源边际要素投入产出效率达到较优水平。由此可见，产业结构变化能够带动用地类型（结构）转变，影响土地资源利用方式及效率水平。

一个国家或地区，由于社会、经济、环境基础差异，会形成符合这一国家或地区的产业结构布局，并表现为不同的区域空间土地利用方式（或模式），但无论其差异如何，大体为农业用途和非农业用途两种基本形式，同时在追求经济增长的过程中，更多的是农用地产出与非农建设用地产出之间的"博弈"选择。随着经济发展水平的不断提升，不同空间经济建设需求的土地利用比较效益高低成了土地资源空间配置方式的重要影响因素。众所周知，土地资源利用变化主要表现为受不同阶段（时期）社会经济发展需求影响，促使人类生产生活活动对土地产出数量的基本需求不同，造成不同土地类型的利用效益存在明显的差异，迫使人类根据现有不同土地用途的产出效益（效率）而适时调整土地资源利用在空间上的配置方式。换句话说，土地利用比较效益直接影响着土地资源利用空间结构配置，这一结构配置又以配置效率方式表现出来。有研究表明，不同类型的土地之间，其用地效率存在差异，如城乡居民与工矿用地和交通用地的生产效率分别是耕地生产效率的37.3倍和5.8倍（吴传均 等，2001）。相对于非农建设用地生产效率而言，农业用地生产效率偏低，被普遍认为是造成土地资源利用由农业用途向非农业用途转变的根源（张安录 等，1998；蔡运龙，2001）。根据上一章研究可知，赣榆区不同主体功能区土地资源利用比较效益具有明显的空间差异。正是由于不同用地类型产出效益之间的较大差异，在追求经济快速增长的当下，造成不同类型土地及不同区域土地的价格水平不同。通常，城市土地（建设用地）价格水平高于农村土地（农用地）价格水平，受经济发展水平高低影响（华文 等，2005）。也正是由于土地利用比较效益差异造就的地价水平差异，使得人类活动边际生产要素投入到单位非农建设用地之上会获取更高的产出效益（包括数量、服务等），促进了土地资源农业用途向非农业用途转变，推进了农地非农化进程，影响着土地资源利用方式及其空间配置效率状况。

三、人口因素

人口是消耗自然（土地）资源的根本驱动因素，是社会发展的决定性因素。人地关系是影响土地资源空间配置效率的重要内容之一，其具体形式是人口与土地之间在数量上的表现。通常，人多地少的地域空间面临着紧张的人地关系，土地资源的有限和稀缺性迫使理性投资者必须通过提高土地利用强度以追求更高的土地经济产出，土地利用的节约集约利用程度越高，土地

第六章　赣榆区主体功能区土地资源空间配置效率影响因素

资源空间配置越有效。相反，人少地多的地域空间具有相对宽松的人地关系，充足的土地资源足以满足地区经济建设对土地开发与利用的刚性需求，常伴随着粗放的土地资源利用方式，不可避免地造成土地资源（过度）浪费，导致土地资源经济产出与其利用数量关系不匹配，土地资源利用效率偏低，存在空间上配置失衡问题。

现实中，社会经济快速发展使得人口流动与土地要素耦合存在着一定偏差。人口数量方面，城镇化水平和工业化进程的逐步提升，城镇劳动力需求不断增加，吸引大量农村剩余劳动力转移（至城镇）。根据相关统计[①]，改革开放以来，我国城镇人口由1978年的17 245万人增加至2018年的83 137万人，增加了65 892万人（约为1978年的4.8倍），而农村人口由1978年的79 014万人减少至2018年的56 401万人，减少了22 613万人。土地资源方面，由于大量农村人口涌入城镇，新增人口对相应配套基础设施需求增大。2011—2017年间，我国建设用地面积由2011年的3 307.00万hm^{2}增加至2017年的3 957.41万hm^2，增加了19.67%。其中，居民点及工矿用地面积由2011年的2 692.00万hm^{2}增加至2017年的3 213.10万hm^2，增加了19.36%。可见，随着城镇人口的快速增长，对建设用地的刚性需求是在不断增加的，反映出人地关系变化在很大程度上受地区人口数量变化影响。人口数量增长必然会因新增人口对食物、住房等需求给土地资源带来新的压力，尤其是经济发展到一定程度后，人类在满足自身生存需求的情况下，对生活质量追求会加大土地资源压力，这就要求更为有限度地引导人口流动，科学（合理）地布局（使用）有限的土地资源，以提高单位面积土地资源利用效率。但是，城镇建设用地无序扩张常伴随低效利用现象（Liu et al, 2014），盲目追求经济建设而过量引致人口数量增长，会导致地区生活空间拥挤、生活环境恶化，不利于区域土地资源集约利用和社会经济健康发展，直接影响土地资源空间配置效率。

[①] 数据来源于2012年和2019年《中国统计年鉴》，下同。

四、政策制度因素

土地利用具有外部性，单纯靠市场在资源配置中的决定性作用并不能完全有效地释放土地资源价值，需要更加有效地发挥政府作用，加强土地资源利用的有效性，其中政策制度因素对土地资源空间配置具有重要影响，如政府管制政策、土地市场化配置等能够在一定程度上弥补市场机制缺陷，矫正"市场失灵"，影响土地资源空间配置效率。

（一）政府管制与土地资源空间配置效率

土地资源由农业和自然（生态）用途向城乡建设用途转换是一般国家或地区城镇化、工业化进程中土地资源空间配置的主要表现特征。改革开放以来，我国城镇化水平已由1978年的17.92%上升至2018年的59.58%，是世界上城镇化增长速率最高的国家之一。与此同时，高速城镇化、工业化导致非农建设用地刚性需求增大，农业生产空间和生态用地空间受到极大挤压，土地资源空间配置矛盾更加突出，造成不同空间尺度上均存在人地关系空间配置失衡的现实矛盾，直接威胁着国家或地区经济、社会和生态的可持续发展。

纵观世界各国，在社会经济发展过程中，解决人地关系空间配置失衡矛盾采用土地利用干预政策是一个不争的普遍行为，尤其是农地保护政策的实施（曲福田 等，1998；张安录 等，1998）。在中国，面对人多地少和后备耕地资源不足的基本国情，为切实保护有限的耕地资源，我国将"农地保护制度"上升为一项基本国策，始终要求加强土地资源管理，节约集约利用土地，特别是《土地管理法》一直强调"耕地总量动态平衡"，并由加大土地用途管制力度向强化国土空间用途管制力度转变。虽然现实中农地保护政策实施效果与其预期目标存在差距（钱忠好，2003），但严格的农地保护制度在很大程度上增加了农用地向非农建设用地转变的成本，促使农用地保护的私人成本与社会成本差距逐渐缩小，起到了农用地保护（尤其是耕地保护）的基本目的，有效地抑制了农用地向非农建设用地转变的速度，促进非农建

第六章 赣榆区主体功能区土地资源空间配置效率影响因素

设用地的节约集约利用，提升了土地资源利用效率水平。但是，我国农地保护（耕地保护）政策"供给方"是中央政府，政策"执行方"是地方政府。中央政府对农地保护管制力度的大小直接影响着地方政府用地行为，地方政府作为地区经济发展的执行者和地方利益的代表者，在管制力度严格阶段（时期）会"突击批地"，囤积地区经济建设用地，在管制力度相对放松阶段（时期）会"弥补用地"，弥补地区经济建设用地需求，这一应对行为会在很大程度上降低农用地保护管制政策效率，直接对土地资源空间配置效率产生影响。因此，农地保护政策对土地资源空间配置效率的影响与其管制（执行）力度相关。

（二）土地市场化配置与土地资源空间配置效率

土地市场运行机制的核心是价格机制（曲福田，2011）。市场经济是实现资源优化配置的有效形式，并以价格作为资源配置的主要手段。市场竞争过程中，常通过价格调节（反映）资源供求（供需）关系，作为调节生产与流通的依据，进而提升资源配置效率，追求资源利用效益最大化。

对于土地市场来讲，土地价格是土地市场的核心，是调节土地资源利用方式的关键手段。一般情况下，通过土地价格的调控作用，能够影响土地资源供求关系，进而影响土地资源空间配置效率水平。当然，市场并非万能的，在"市场失灵"的情况下，通过土地市场配置土地资源可能会出现土地投机、盲目供地等行为，造成土地资源空间配置失衡，这时需要强化市场约束机制加以调控。一般情况下，土地市场化配置多通过市场结构调整和运行机制调控等影响土地使用者的土地市场交易行为，发挥土地价格调控作用，通过要素替代改变（调整）土地利用方式（或某类用途土地的投入量）（李建强，2012）调节土地资源空间配置效率。假设某一主体的生产成本函数为 $C=\alpha L+\beta K+\gamma Land$，其中 L、K、Land 分别表示劳动力、资本和土地，α、β、γ 分别表示工资、地租和利率。由图6-3可知，在其他条件不变的情况下，提高土地价格会使等成本曲线由曲线 C 向左移动至曲线 C'，使得等产量曲线 Q 随之向左移动至曲线 Q'，此时资本 K 与土地 Land 的最优组合由点 E 变为点 E'，使得资本投入由 K 变为 K'，劳动力投入由 L 变为 L'。也就是说，随着土地价格的提高，资本和劳动力与土地相比较为便宜，具有理性的主体行为人会增加资本或劳动力的投入，减少土地投入，保障产量不变。因此，土地市场化配置会促使主体行为人增加资本或劳动力投入替代土地投入，以保证应有产量水平，有利于提高土地资源空间配置效率水平。

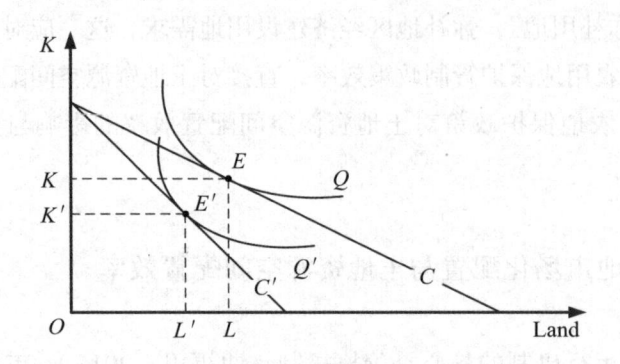

图6-3　土地市场化配置的替代效应

然而，我国土地市场发育并不完全，结构体系并不完善，加之受政府干预，土地资源市场配置范围相对较小，使得土地市场具有"价格扭曲"的现实可能性。扭曲的土地市场价格会扩大各项建设对土地资源（即建设用地）的刚性需求，造成农地过度非农化进程（曲福田 等，2007），直接影响土地资源空间配置效率状况。同时，土地资源开发利用行为存在"外部性"，合理的**农地**保护能够带来良好的社会、经济和生态效益，但这一"正外部性"大多未体现在农地保护及其土地使用者身上，造成市场调节下的农地保护实际数量低于社会最优配置数量。与之相反，增加非农建设用地会直接造成农地数量（尤其是耕地数量）减少，会对一个国家或地区粮食安全和国民经济可持续发展产生不利影响。然而，在完全市场体系下并未有人能够承担这一责任，理性的土地使用者对农地占用数量多于社会最优配置数量，造成非农建设用地配置数量大于社会最优配置数量，造成土地资源空间错配，导致空间配置效率不高。

五、地方政府因素

改革开放之前，在高度集中的计划经济管理体制下，地方政府受中央政府管控，加之地方政府与中央政府在财政体制上"同吃一锅饭"，二者利益大体一致，地方政府行为及其利益（目的）能够很好地与中央政府保持一致。20世纪80年代初，我国财政体制实行"分灶吃饭"改革，开启了中央与地方财政体制"分权之门"。到了1994年，分税制改革更是从形式上向财政分权体制迈进。

央地财政分权体制使得地方政府利益具有相对独立性，即既不同于土地经营主体，又与中央政府具有不同的利益诉求（钱文荣，2000），具备双重属性：一是中央政府政策的执行者；二是地方经济发展的守护者。然而，分税制改革使得地方政府"财权上移"而"事权留置"（吴群 等，2015），导致地方政府面临着巨大的财政缺口压力，迫使其开始通过土地征收、招商引资等直接行为获取潜在收益以满足（保障）地方经济建设与发展。相关研究表明（沈坤荣，1999），地方政府扩大投资规模的诸多动机中，提高地方经济发展速度（即地方政府竞争）是首要动机，其次是增加地方财政收入，而这一投资规模扩大的便捷途径是通过土地征收获取更多可用于"出售"的建设用地。在区域空间经济发展竞争中，地方政府的这一行为通常会表现为有序竞争和无序竞争两大类别（图6-4）。有序竞争下，地方政府行为通常是具备理性的，虽然倾向于通过"卖地"获取"土地财政"以满足地区经济增长需求，但会充分考虑地区经济建设实际需求，合理进行土地供需配置和产业引资建设，并通过提高单位土地资源投入水平以提高土地资源利用集中程度和开发集约化水平来尽可能地避免农用地过度非农化，有利于保障土地资源空间配置效率水平提升。无序竞争下，地方政府盲目追求经济利益对土地依赖性不断增强，通过"低价征地、高价卖地"获取高额土地出让金，加速了农地非农化进程，尤其是低价供给工业用地，引资带来丰厚税收的诱导会造成地方政府决策失灵，出现地区间重复建设、产业同质化现象，阻碍区域空间经济统筹按照优势区原则进行合理分工，弱化了区域空间经济协同发展效益，制约了产业结构转型升级，造成土地资源空间配置效率降低。由此可见，地方政府的财政（经济）收支偏好直接影响地区经济发展竞争方式，进而影响其供地行为和土地资源空间配置效率水平。

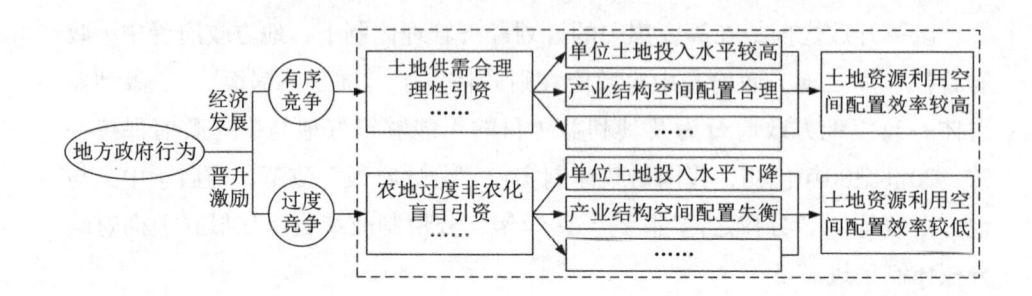

图6-4　地方政府行为对土地资源空间配置效率的作用关系

六、科技因素

科技进步的重要作用在于使原有的经济资源（如土地、劳动力等要素）配比（或组合）生产出更多产品以获得更高的经济效益，或者以更少经济资源配比（或最优组合）生产出同等数量、质量产品以保证以更少的经济资源投入得到同等水平的经济效益。科技进步改变着人类对土地资源利用与开发的选择，影响土地资源利用结构布局。

科技的不断提升或增加科技投入意味着土地资源的高效配置（图6-5）。假定在其他要素投入不变的条件下，增加技术投入或提高科技水平就能够获取更高的土地产出，这一过程在图6-5中表现为总产量曲线在提高技术投入或技术水平提升后（即T_A向T_B转变），由最初的曲线Q_A向上移动至曲线Q_B，土地产出随之由产量（product，用P表示）P_A增加至P_B；如果通过进一步提升科技水平（technology，用T表示），使T_B进一步提升至T_C，那么总产量曲线就会进一步由曲线Q_B向上移动至曲线Q_C处。此时，由于增加技术投入或提高技术水平，使得土地规模报酬递减的拐点由点A向左移动至点C。因此，

第六章 赣榆区主体功能区土地资源空间配置效率影响因素

技术进步能够促使土地资源粗放利用向土地资源集约利用转变，提高土地等生产要素使用（配置）效率水平对经济增长的贡献率。对农用地而言，科技进步能够改进和创新农业生产工具，为农业规模化经营提供有益的生产工具保障。已有研究表明（刘浩然 等，2019），农业机械化投入或农业机械总动力提升对农地产出（即粮食产出）的影响尤为明显。对建设用地而言，建筑技术的提升能够提高建筑物高度，加大地上空间与地下空间集约利用与开发，以提高土地容积率及其所能承载的建筑密度，提高建设用地利用强度、集约度及其利用效率。此外，科技进步也能够促进产业结构转型升级，提升单位土地要素投入的产出水平，倒逼土地资源节约集约利用，进而影响土地资源空间配置效率状况。

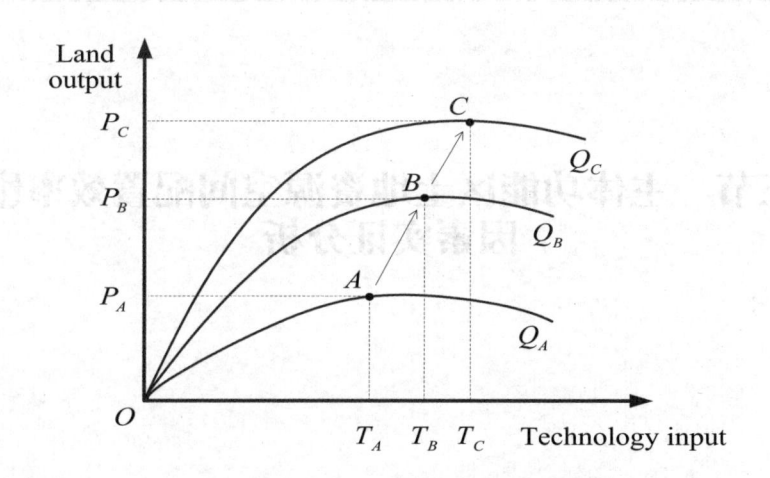

图6-5 科技进步与土地资源高效配置

综上所述，主体功能区土地资源空间配置效率受自然环境因素、经济因素、人口因素、政策因素、地方政府因素和科技因素等诸多因素的共同影响。各项影响因素可能的影响情况如表6-1所示。

表6-1 主体功能区土地资源空间配置效率影响因素及其预期作用方向

变量	影响因素 表征指标	指标单位	预期作用方向
自然环境因素	人均生态用地面积	人/hm²	+
经济因素	土地利用比较效益	—	–
人口因素	城镇人口增长率	%	–
政策因素	土地市场化程度	—	
	农地保护政策	—	+/–
地方政府因素	地方政府财政收入	万元	+
	地方政府竞争	—	+/–
科技因素	单位面积农机总动力	kW/hm²	+

第三节 主体功能区土地资源空间配置效率影响因素实证分析

一、模型构建与变量说明

基于赣榆区主体功能区土地资源空间配置效率状况,通过比较分析、实地访谈、专家咨询等形式,综合考虑赣榆区土地资源配置现状与影响因素运行机理,采用计量分析方法探究赣榆区主体功能区土地资源空间配置效率影响因素。

拟构建的经济计量模型如下:

第六章 赣榆区主体功能区土地资源空间配置效率影响因素

$$Y_{it} = \alpha_0 + \sum_{i=1}^{n} \alpha_i X_{it} + \sum_{j=1}^{m} \beta_j b_j + \mu_{i_{it}} \quad (6-1)$$

式（6-1）中，Y_{it}表示主体功能区土地资源空间配置效率指数（efficiency index, EI_{it}），X_{it}表示影响土地资源空间配置效率的因素（即影响变量），b_j表示区域虚拟变量，α_0表示常数项，α_i、β_j表示待估参数，μ_{it}表示误差项。

依据理论分析，可以将经济计量模型进一步表示为

$$EI_{it} = f(EF_{it}、PF_{it}、NEF_{it}、PIF_{it}、LGF_{it}、TF_{it}、b_j) \quad (6-2)$$

式（6-2）中，各解释变量定义如下（表6-2）：

EF_{it}（economic factors）表示经济因素，以土地利用比较效益（land use comparative benefits）表征；

PF_{it}（population factors）表示人口因素，以城镇人口增长率（urban population growth rate）表征；

NEF_{it}（natural environment factors）表示自然环境因素，以人均生态用地面积（per capita ecological land area）表征；

PIF_{it}（policy and institutional factors）表示政策制度因素，以土地市场化程度（land market degree）和农地保护政策（agricultural land protection policy）表征；

LGF_{it}（local government factors）表示地方政府因素，以地方政府财政收入（local government revenue）和地方政府竞争（local government competition）表征；

TF_{it}（technological factors）表示科技因素，以单位面积农机总动力（total power of agricultural machinery per unit area）表征，这是由于土地资源农业用途转为非农业用途的根源在于农用地产出水平低于非农建设用地产出水平，而较高的农用地产出水平在一定程度上能够增强农民对农用地的保护意识，抑制农用地用途转变，农业机械化能够很好地反映出农业（农用地）综合生产能力（或水平）；

b_j表示地区虚拟变量。

在模型具体形式上，依据已有相关研究启示（曲福田 等，2007；胡碧霞 等，2018；胡彪 等，2018），经济计量模型选用多元线性回归模型，其表达形式为

$$EI_{it} = \alpha_0 + \alpha_1 LUCB_{it} + \alpha_2 UPGR_{it} + \alpha_3 PELA_{it} + \alpha_4 LMD_{it} + \alpha_5 ALPP_{it} + \alpha_6 LGR_{it} + \alpha_7 LGC_{it} + \alpha_8 AMTP{it} + \beta_j b_j + \mu_{it} \quad (6-3)$$

表6-2 解释变量定义

变量	表征指标	符号	指标单位	指标解释与说明
经济因素	土地利用比较效益	$LUCB_{it}$	—	耕地效益/非农用地效益=（种植业产值/耕地面积）/（二、三产业增加值/非农用地面积）
人口因素	城镇人口增长率	$UPGR_{it}$	%	（当年城镇人口数−上一年城镇人口数）/上一年城镇人口数×100%
自然环境因素	人均生态用地面积	$PELA_{it}$	人/hm²	生态用地面积/总人口数
政策因素	土地市场化程度[①]	LMD_{it}	—	当年土地出让面积/城镇村及工矿用地占用耕地面积
	农地保护政策	$ALPP_{it}$		"十二五"期间地保护政策=0；"十三五"期间地保护政策=1
地方政府因素	地方政府财政收入	LGR_{it}	万元	用"一般公共预算收入"表征
	地方政府竞争	LGC_{it}	%	用"区域GDP增速"表征

---

① 我国土地供给包括出让、租赁和划拨三种方式，其中，划拨属于行政配置手段，租赁的实际运作范围狭小，而（土地）出让是市场配置主要方式，市场化程度最高。因此，从土地有偿出让入手来反映土地市场化程度。

续表

变量	表征指标	符号	指标单位	指标解释与说明
科技因素	单位面积农机总动力	$AMTP_{it}$	kW/hm²	农业机械总动力/耕地面积
地区虚拟变量	转型发展区（transition development areas, TDA）：是=1，否=0； 提质发展区（upgrading development areas, UDA）：是=1，否=0； 重点建设区（key development areas, KDA）：是=1，否=0； 重点培育区（key cultivation areas, KCA）：是=1，否=0； 一般农业生产区（general agricultural production areas, APA）：是=1，否=0； 果林产业园建设区（fruit industrial park construction area, FCA）：是=1，否=0			

二、数据来源与说明

研究所用数据均来自2012—2018年《赣榆统计年鉴》、赣榆区自然资源与规划局、赣榆区农业农村局、赣榆区发展和改革委员会和赣榆区统计局的相关部门统计数据与调研数据。

三、模型估计结果与分析

（一）模型估计结果

实证分析时，首先对所有解释变量中以百分比或比例表示之外的其他解释变量进行对数处理，这能够有效地降低异方差并使数据变得平稳。基于上述建立的经济计量模型，即式（6-3），经检验采用固定效应模型的广义最小二乘法（FGLS）对面板数据进行多元线性回归估计，并采用Cross-section weights方法消除模型的多重共线性和异方差影响。回归估计结果见表6-3。

表6-3 模型估计结果

变量	模型 1	模型 2	模型 3	模型 4	模型 5	模型 6	模型 7
C	−0.897 099** (−2.549 008)	−0.599 787** (−2.198 888)	−1.559 119*** (−3.941 780)	0.815 285** (1.983 428)	−1.404 714*** (−4.304 730)	1.003 063** (2.221 086)	0.752 516*** (3.347 923)
LUCB	−9.371 432*** (−26.497 57)	−8.632 831*** (−30.920 33)	−9.357 856*** (−27.038 93)	−6.363 671*** (−11.529 52)	−8.821 540*** (−26.802 36)	−12.229 52*** (−21.390 86)	−9.856 446*** (−46.372 68)
UPGR	−0.000 735 (−1.349 701)	−0.001 293*** (−3.057 612)	−0.000 887* (−1.658 595)	−0.000 388 (−0.771 761)	−0.001 181** (−2.375 719)	−0.000 619 (−1.218 902)	−0.001 246*** (−3.818 780)
PELA	16.515 98*** (17.700 22)	9.872 485*** (11.097 70)	18.047 69*** (17.728 98)	6.742 448*** (4.002 745)	15.933 43*** (18.767 65)	18.766 86*** (19.886 23)	21.299 46*** (35.310 18)
LMD	−0.005 838*** (−3.499 161)	−0.005 845*** (−4.536 806)	−0.006 698*** (−4.054 946)	−0.005 083*** (−3.309 878)	−0.003 719** (−2.416 390)	−0.005 777*** (−3.718 249)	−0.002 807*** (−2.787 449)
ALPP	0.022 441 (0.520 395)	0.005 233 (0.157 030)	0.051 305 (1.192 017)	−0.060 561 (−1.460 689)	0.071 803* (1.811 125)	−0.151 445*** (−3.077 761)	−0.112 875*** (−4.247 780)
LCR	0.214 293*** (7.210 485)	0.227 780*** (9.914 753)	0.268 457*** (8.097 635)	0.060 710* (1.707 707)	0.250 692*** (9.155 951)	0.054 096 (1.419 575)	0.048 299** (2.480 227)
LGC	0.005 493*** (4.169 811)	0.002 875*** (2.770 159)	0.005 057*** (3.904 568)	0.001 741 (1.307 519)	0.006 894*** (5.703 999)	0.003 518*** (2.773 249)	0.002 179*** (2.713 615)
AMTP	−0.000 144 (−0.572 646)	−4.52E−05 (−0.231 886)	−0.000 164 (−0.665 183)	−0.000 365 (−1.563 891)	0.000 204 (0.874 973)	−0.000 197 (−0.837 884)	0.000 200 (1.321 605)

续表

变量	模型 1	模型 2	模型 3	模型 4	模型 5	模型 6	模型 7
TDA		−0.551 528*** (−12.733 27)					
UDA			0.157 360*** (3.402 472)				
KDA				0.529 718*** (6.738 547)			
KCA					0.259 271*** (7.284 795)		
APA						0.395 127*** (6.116 129)	
FCA							−0.705 667*** (−20.737 37)
R^2	0.852 654	0.912 508	0.859 516	0.876 345	0.879 611	0.872 740	0.947 648
F-Statistic	105.941 7***	176.559 3***	103.573 2***	119.973 4***	123.686 8***	116.094 8***	306.429 5***
D–W	0.631 388	1.154 245	0.786 044	0.501 447	0.701 243	0.822 045	1.399 884
①	252	252	252	252	252	252	252

注: 由 Eviews9.0 软件输出结果整理。Dependent Variable: EI; Method: Pooled FGLS (Cross-section weights); 括号中的数值表示 t 检验值; "*"、"**"、"***"分别表示在 10%、5%、1% 水平上显著。

① 表示 Total pool (balanced) observations。

由表6-3可知，模型回归系数基本通过显著性水平检验。从模型整体的显著性来看，F统计量均在1%水平上显著，拒绝模型整体解释变量系数为零的原假设，表明模型整体的拟合状况良好；从模型整体的拟合度来看，所有模型的R^2均在90%左右，模型拟合度好，表明被解释变量方差基本上能够通过解释变量方差得以解释；从模型的拟合残差序列相关性来看，$D-W$值基本上能够满足回归残差不存在序列自相关的要求；从t统计值来看，所选的主体功能区土地资源空间配置效率影响因素大多都通过了统计（显著性）检验，且系数符号基本上与理论预期方向相吻合，那么该模型估计能够较好地反映所需研究的问题。

（二）估计结果分析

根据估计结果，从赣榆区全区及不同主体功能区整体来看，土地利用比较效益（LUCB）、城镇人口增长率（UPGR）、人均生态用地面积（PELA）、土地市场化程度（LMD）、农地保护政策（ALPP）、地方政府财政收入（LGR）和地方政府竞争（LGC）是影响土地资源空间配置效率的重要因素，且影响不同主体功能区土地资源空间配置效率的主要因素有所差异，而单位面积农机总动力（AMTP）对赣榆区全区及不同主体功能区土地资源空间配置效率的影响在统计上是不显著的。分析如下。

（1）在1%的显著水平下，土地利用比较效益（LUCB）与赣榆区主体功能区土地资源空间配置效率之间存在着负相关关系。理论上，土地利用比较效益越高，非农建设用地效益与农用地（耕地）效益差距就越小，土地资源空间配置效率越高。但现实中，赣榆区建设用地效益远高于农用地（耕地）效益，从2011—2017年均数比（建设用地效益均数/耕地效益均数）来看，赣榆区建设用地效益是农用地（耕地）效益的5.35倍，土地资源不同用途产出效益差距造成区域空间土地资源配置效率水平较低。因此，提升赣榆区主体功能区土地资源空间配置效率应在保障较高的非农建设用地产出效益的基础上，逐步提高农用地产出效益水平。然而，非农建设用地（产出）价值高于农用地（产出）价值或者市地价值上涨是市场经济体制中一个不争的事实（或必然发展趋势），提高农用地产出效益以缩小其与非农建设用地产出效益差距，需要加大政府宏观调控，例如增加公共投资在农业生产方面的投入力度等。

（2）从赣榆区全区及其重点建设区、一般农业生产区来看，城镇人口增长率（UPGR）对土地资源空间配置效率的影响不显著，但模型回归弹性系数均为负，与理论预期方向一致。而提质发展区、重点培育区和转型发展区/果林产业园建设区分别在10%、5%和1%水平上显著，且与土地资源空间配置效率具有负相关关系。无论是赣榆区全区及不同主体功能区城镇人口增长率在统计检验时显著与否（或显著水平存在主体功能区域差异），其估计系数均为负，表明城镇人口增长与土地资源空间配置效率具有负相关关系。赣榆区（尤其是提质发展区、重点培育区、转型发展区和果林产业园建设区）应通过适度控制或合理引导区域空间人口流动，着力提高土地资源利用集约化程度，保证城镇人口增长，以满足地区（区域）生产生活对土地（尤其是建设用地）的基本需求。

（3）人均生态用地面积（PELA）对赣榆区主体功能区土地资源空间配置效率具有重要影响。回归结果显示，赣榆区全区及不同主体功能区人均生态用地面积在1%的水平下显著，人均生态用地面积与土地资源空间配置效率之间呈高度正相关关系。这是由于在地区土地资源禀赋条件限制（即土地资源在数量上的有限性或稀缺性）下，人均生态用地面积直接反映了一个地区或区域土地资源生态状况，同时区域生态状况好坏又与其经济发展质量高低相关。因此，在生态优先、绿色发展战略需求及生态文明建设理念指导的当下，尤其是赣榆区"限制开发区"（即农产品生产区）的省级主体功能区定位下，为满足经济建设与生态保护"双重任务"协调共进，合理的人均生态用地面积保障能够缓解地域空间土地资源生态压力，更好地保障地区经济建设，并通过有效资源配置和产业规划进行地区（区域）土地集中开发和空间有序布局，能够促进土地资源空间配置效率的提升。

（4）政策因素中，土地市场化程度（LMD）对赣榆区主体功能区土地资源空间配置效率具有显著影响，而农地保护政策（ALPP）仅对赣榆区重点培育区、一般农业生产区和果林产业园建设区域具有显著影响。土地市场化程度方面，赣榆区全区及不同主体功能区基本上在1%的水平上显著，且模型估计弹性系数为负，表明土地市场化程度对土地资源空间配置效率具有负向影响。随着土地市场化程度的不断提高，虽然有利于促使土地资源回归其真实价格，但由于赣榆区土地市场化程度整体不高，造成价格机制对抑制土地资源农业用途向非农业用途转变的实际作用仍不高（曲福田 等，2007），这一不显化的抑制作用对提升土地资源空间配置效率具有不显著影响。农地保护政策方面，赣榆区全区及转型发展区、提质发展区、重点建设区农地保护政策均在统计检验上不显著，模型系数除重点建设区为负以外，其余的均为正；而重点培育区、一般农业生产区和果林产业建设区分别在10%、1%、1%水平上显著，模型系数除重点培育区为正以外，其余的均为负。从赣榆区全区来看，虽然未通过统计显著性检验，但农地保护政策对赣榆区土地资源空间配置效率具有正向影响。而赣榆区不同主体功能区中，农地保护政策对转型发展区、提质发展区和重点培育区土地资源空间配置效率具有正向影响，对重点建设区、一般农业生产区和果林产业园建设区土地资源空间配置效率具有负向影响。由此可知，农地保护政策大体上对赣榆区经济发达的主体功能区土地资源空间配置行为具有约束作用，有助于倒逼用地行为向集约化方向转变，提高土地资源空间配置效率，而对于农地资源相对丰富的主体功能区土地资源空间配置行为的抑制作用仍然不高。那么，在继续强化经济发达的主体功能区农地资源保护力度的基础上，应重点对农地资源相对丰富区域（地区）合理地加大农业生产投入，创新农业生产方式，加大农地非农转化管制力度，守住粮食安全基本农业用地需求底线（尤其是耕地（基本农田）数量刚性红线），并着眼地区整体，合理调整与布局经济发展空间结构，缩小城乡区域空间经济发展差距。

（5）地方政府因素中，地方政府财政收入（LGR）和地方政府竞争（LGC）与赣榆区全区及不同主体功能区土地资源空间配置效率具有显著正相关关系。模型估计结果显示，基本上通过了显著水平检验，表明地方政府财政收入与地方政府竞争有利于促进土地资源空间配置效率水平的提升。虽然地方政府与中央政府之间具有委托-代理关系，是中央政府的代理者，但更多的是对中央政府政策的下达与实施（即中央政策精神的执行者），而作为地方经济发展的主导者，地方政府更关注地方经济建设，通常采取以推进地方经济发展为目的的方式执行中央政策要求而开展各种工作。在持续的中央政府监管下，在很大程度上抑制了地方政府"以地生财"而盲目推进经济建设的行为，转而采取合理调整产业结构、创新生产方式等措施增加财政收入，加之地方官员晋升体制"唯GDP增速论"的弱化，将民生改善、社会进步、生态效益等指标纳入考核，在很大程度上提升了地方政府综合施政能力和规范地方政府经济建设行为，使得过去地方经济发展过分追求GDP增量，以资源环境"高消耗"为代价，让资源环境保护为发展经济让路的"局面"得以破除。这在很大程度上规范了地方政府竞争行为对资源环境的影响，尤其是经济增长对土地资源（建设用地）的合理利用与开发，有利于促进土地资源空间配置效率的提升。同时，地区（区域）财政收入增加也有利于提升土地等资源利用的有效性。

（6）单位面积农机总动力（AMTP）对赣榆区全区及不同主体功能区土地资源空间配置效率的影响在统计上均不显著。从模型估计弹性系数来看，赣榆区全区、转型发展区、提质发展区、重点建设区和一般农业生产区的估计系数为负，与预期方向相反，而重点培育区和果林产业园建设区的估计系数为正，与预期方向一致，说明虽然农机化总动力反映了农业生产科技投入水平状况（即农业机械化水平），但并不一定能够起到提升农业生产效率的作用。这一结果与宋科艳等（2014）的研究结论具有一致性，即农业机械动力密度对农业生产的效率水平影响并不显著，农业机械化水平高的地区并不一定意味着农业生产效率就高。因此，单位面积农机总动力对赣榆区主体功能区土地资源空间配置效率水平的影响作用尚不明显。

第四节　本章小结

本章主要分析了赣榆区主体功能区土地资源空间配置效率影响因素，在构建土地资源空间配置效率影响因素分析框架的基础上，进一步阐释了各种影响因素对土地资源空间配置效率的影响机理，并通过构建经济计量模型对其进行了定量验证。从总体上看，赣榆区主体功能区土地资源空间配置效率主要受土地利用比较效益、城镇人口增长率、人均生态用地面积、土地市场化程度、农地保护政策、地方政府财政收入和地方政府竞争的影响，且存在着一定的区域空间差异。

  土地利用比较效益与赣榆区主体功能区土地资源空间配置效率之间存在着负相关关系；城镇人口增长率对赣榆区全区及重点建设区、一般农业生产区土地资源空间配置效率的影响不显著，但模型回归弹性系数均为负，而提质发展区、重点培育区和转型发展区/果林产业园建设区城镇人口增长率与土地资源空间配置效率具有负相关关系；人均生态用地面积对赣榆区主体功能区土地资源空间配置效率具有高度正相关关系；政策因素中，土地市场化程度对赣榆区主体功能区土地资源空间配置效率具有显著影响，而农地保护政策仅对赣榆区重点培育区、一般农业生产区和果林产业园建设区具有显著影响；地方政府因素中，地方政府财政收入和地方政府竞争对赣榆区全区及不同主体功能区土地资源空间配置效率具有显著正相关关系；单位面积农机总动力对赣榆区全区及不同主体功能区土地资源空间配置效率影响在统计上均不显著。

第七章　赣榆区主体功能区土地资源利用空间管制策略

国土空间治理是优化生态环境保护、保障粮食安全、促进国土资源节约集约利用的国家意志导向，是推进我国生态文明建设的关键举措。主体功能区建设是我国国土空间治理举措的重要创新，是优化国土空间格局的战略重点，对调整国家和区域空间结构、协调经济社会发展与土地资源利用、统筹国土空间开发与保护布局具有基础性、战略性作用。考虑到新时代加大国土空间用途管制的需求背景，本章在明确主体功能区对我国土地资源空间配置管控重点的基础上，基于赣榆区主体功能区土地资源空间配置效率状况及其影响因素，进一步构建赣榆区主体功能区土地资源利用空间管制决策机制，并提出相关政策建议。

第一节　主体功能区时代战略理念下我国土地资源利用空间管制重点

我国经济已由高速增长阶段转向高质量发展阶段，正处于转型发展历史关键期。推动高质量发展势必要保持国土空间及其经济增长的可持续性。主体功能区战略规划是具有中国特色的国土空间治理实施政策，不仅在我国社会经济发展过程中占据着举足轻重的现实作用，而且是我国政府国土资源监管与治理能力的重要体现。因此，主体功能区战略理念下土地资源空间配置有效管控应处理好政府与市场关系、府际纵横关系、效率与公平关系。

一、厘清政府与市场关系，促进土地资源空间用途管制水平提升

政府与市场是资源配置两大关键机制，是土地资源利用空间管制的核心。主体功能区土地资源空间开发与利用具有外部性，存在市场失灵和政府失灵的可能性，在土地资源空间配置过程中既要发挥市场的决定性作用，也要注重政府的引导与监管作用。只有厘清政府与市场在主体功能区土地资源空间配置中的作用关系，才能有效防范市场失灵、规避政府失灵，是我国国土空间管制的题中之要。

一方面，国土空间用途管制行为主体是政府，依据政府管制土地资源空间要素的权责要求，应准确把握地域空间功能分区最佳时机，发挥政府引导与监管作用。根据生态文明建设和国土空间治理时代需求，首先应充分发挥空间用途管制的"管制"核心，通过行政审批、利用规划、供应调节、执法监管等手段加强土地资源基础制度与体制革新，完善土地资源分区管控引导机制和监督–激励机制，特别是在公共利益范畴下持续加大土地资源分区用

途竞争监管，保障空间主体功能协调有序。同时，政府对土地资源空间分区管制并非对权利对象开发行为的完全限制，应依据功能分区差别化建设重点，在规范义务要求下确保其权利行使自由。另外，这一管制方式和强度应与土地资源禀赋条件、空间属性、主体功能等要素相一致。

另一方面，主体功能区土地资源空间配置是在市场经济体制下的政府干预方式，由于政府缺乏灵活性，信息不对称，单一的政府调控并不能完全有效避免失灵，往往需要市场发挥各功能分区土地资源保护与开发效益最优的决定性作用。首先，基于市场趋势及其发展规律，强化土地资源空间利用与分区开发的市场配置行为效力和规则。其次，在满足分区用途管制条件下，土地资源空间配置有偿使用应采取招标、拍卖等市场公开竞价方式，通过市场交易形式，实现土地资源空间管制体系创新，提升土地资源空间配置效率。最后，明确主体功能区土地资源有偿使用的经济、社会和生态权益属性，对因政府管制行为造成的权益损失可通过生态价值补偿、发展权管制等市场交易机制加以弥补（龙开胜 等，2019）。

二、协调府际纵横关系，保障土地资源空间治理的实施成效

党的十八届三中全会指出，要"统一行使所有国土空间用途管制职责"。主体功能区土地资源空间配置是我国现代化国土空间用途治理体系的重要内容之一，与中央和地方关系密切。根据不同主体功能区规划及其建设需求，重点在于理顺中央政府与地方政府的纵向关系，同时在中央政策指导下不能忽视地方政府之间的横向关系。只有理顺府际纵横关系，才能有效保障土地资源空间治理实施成效。

从央地纵向关系角度，主体功能区土地资源空间配置应重点理顺中央政府与地方政府的职能关系，坚持中央与地方"事权集中、适度分权"相结合，明确中央事权、央地共同事权关系，保证央地权责分工协调。首先，主体功能区土地资源空间开发利用战略、管制政策体系、法律法规制定等由中央政府统一作出全局性、制度性的"顶层设计"安排，并适度下放权力，对

地方政府具体实施采取监督与制衡相结合的措施（于健慧，2015）。其次，地方政府依据中央政府作出的安排，在不脱离中央宏观调控或总体布局的前提下，按照适度分权原则因地制宜地完善地区资源空间配置治理办法、管制规划等治理体系，并依据市场经济体制需求差别化实施不同功能分区土地资源管控措施，以保障地方政府事权成效。

从地方政府横向关系角度，主体功能区土地资源空间配置的不同功能分区经济发展模式重点不一，地方政府作为独立利益主体，势必把地方利益放在首位，其横向关系实际就是区域间的利益竞争、博弈关系。不同功能分区经济发展限制可能会出现地区竞争失序，一旦偏离政府公共属性本质，难免会陷入囚徒困境，导致地方政府行为失范，造成主体功能区土地资源空间配置行为偏离实际。因此，强化地方政府官员问责与惩罚机制是关键。通过树立法治意识，完善行政问责法律法规体系，采取行政问责常态化，加大地方政府官员行政问责力度，实行被问责复出限制，以约束地方政府行为。同时，引导功能分区经济发展模式优势互补，实施限制开发区转移支付政策和禁止开发区生态服务补偿政策（盛科荣 等，2016），强化各类主体功能区之间经济联系紧密度。只有有效规制地方政府发展竞争行为，形成地方政府横向分工协作职责体系，才能保障主体功能区土地资源空间配置整体朝着有序方向发展。

三、兼顾效率与公平关系，确保土地资源空间管制主体利益诉求

效率与公平是资源配置的两大基本目标。生产决定分配，效率直接决定资源配置行为，公平是相对效率而言的。因此，二者既对立、又统一，其"对立"表现为效率不会自动实现公平，公平不一定提升效率；"统一"表现为效率与公平相互促进、相互依存。主体功能区理念下土地资源空间配置目的在于避免"对立"导致效率损失或公平缺失，应在遵循"效率优先、兼顾公平"的原则上坚持效率与公平统一关系，才能保障主体利益基本诉求。

土地资源是稀缺的，其稀缺性要求在配置中注重合理性与有效性，有限的土地资源开发要以利用高效率为前提。首先，应把资源环境承载力作为追求效率的根本出发点，依据不同主体功能区土地资源开发建设需求，厘清区域空间土地资源用途管制重点及其建设目标。其次，从优化空间管制基本方式和土地资源开发强度出发，依法赋予不同主体功能区土地资源利用主体行为人完整的土地发展权（林坚 等，2014），在市场导向下依据调控政策规范，最大限度地进行土地资源空间自由配置，实现区域空间资源配置综合效率最优。此外，应重视主体功能区土地资源空间管制体系本身效率，空间管制体系制定或实施不当，也会损害土地资源可持续利用，造成效率损失等问题。

在追求发展和效率的同时，应把公平摆在应有位置，妥善处理公平问题关系到主体权益、社会稳定，也关系到发展和效率本身。一方面，主体功能区土地资源空间配置必须坚持公正、平等、协调等原则调控不同类型主体功能区土地资源空间开发与利用行为，在涉及公共利益空间用地资源配置过程中，充分调动公众（权益主体）参与决策（罗罡辉 等，2013），既要维护不同功能分区土地资源空间开发现实利益，也要兼顾后代发展及其生存用地空间需求，真正做到代内与代际公平相统一。另一方面，依据不同类型主体功能区发展基础条件，统筹区域发展空间，注重区域空间土地资源生态涵养与空间经济建设联动，促进土地资源在空间范围内合理流动，推进土地资源空间结构调整与优化，以实现区域空间经济增长，确保地区整体集聚效益最优。

第二节　赣榆区主体功能区土地资源利用空间管制机制设计

制度经济学认为，资源初始配置并不会对经济效率产生较大的影响，其关键在于能够找到促进资源再配置的机制。通过主体功能区土地资源空间配置形成"强优势区"是以追求土地资源利用在空间上的综合效益（效率）最大化为目标。土地资源空间管制是一项涉及面广、程序繁多的社会过程，必须建立必要的主体功能区土地资源利用空间管制决策的协调互动机制，以实现市场运行和政府干预的协调。同时，这一社会过程离不开社会公众的参与监督。

土地资源本身存在特殊性，表现为组成因素（要素）的综合性、利用多功能性、供给稀缺与不可替代性等。完全的市场配置或完全的政府干预并不能保障土地资源空间配置效率达到最优（最大化）状态。在完全竞争市场条件下，市场机制（配置行为）在土地资源空间配置过程中起主要作用，可以促进土地使用者按照自身经济发展需求和利益诉求出发选择合适的土地资源空间开发与利用方式（模式），有利于土地资源节约集约利用。但是，市场运作并不是一个完全无"摩擦"的过程，受信息不对称、外部性等外部因素约束，市场结构并不具备完善性。正是由于市场结构的不完善，导致交易费用产生，出现土地市场"失灵"。可见，完全依靠市场来调节土地资源空间配置方式并不能有效地促使土地资源利用效益（效率）达到帕累托最优和形成"强优势区"。因此，更加有效地发挥政府作用尤为重要。在土地资源利用过程中，应当从全局出发把握地区土地资源空间配置现状，结合城市建设、产业结构布局等相关内容，从主体功能出发实行全面的功能区差别化管制；同时，在尊重市场规律的客观要求条件下，通过适当的政府干预引导土地资源利用行为，基于此，还应充分调动社会公众参与对市场和政府进行土地资源空间配置监管的积极性。综上所述，赣榆区主体功能区土地资源利用空间管制需要从土地市场、政策调控和社群监督三大方面形成土地资源空间优化配置的协调互动机制（图7-1）。

第七章　赣榆区主体功能区土地资源利用空间管制策略

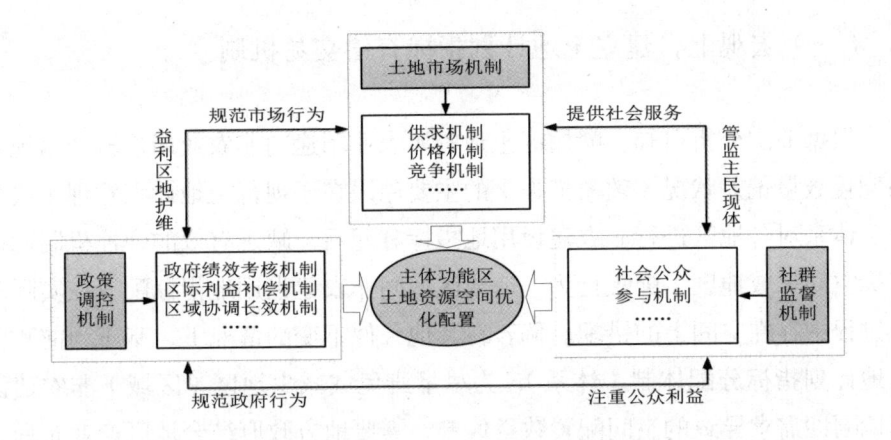

图7-1　主体功能区土地资源利用空间管制决策的协调互动机制

一、完善土地市场机制，提升土地配置效率

市场经济体制是以市场机制作为资源配置手段的一种经济体制。市场机制对土地资源空间配置的作用集中表现在：一是通过土地价格调控影响土地资源利用与开发的强度、密度等，促使土地使用者按照土地产出（配置效率）最大化的原则进行土地资源利用的"物理"设计；二是市场需求波动影响土地资源数量供给，土地价格能够引导市场（均衡）供需（求）行为；三是市场竞争能够倒逼土地产权所有者将土地资源"投放"至获取最大利益的生产之中，并在利益的驱使下依据生产活动行为，选择土地资源空间结构布局的集聚与分散。因此，提高土地市场运行（配置）效率需要在均衡竞争环境中，遵循土地资源供求（需）关系，有效（充分）发挥价格机制的先导作用。这是由于均衡环境条件下的土地市场往往是（信息等）透明的，市场主体行为是理性的，能够在最大程度上避免道德风险或逆向选择的现实可能性。那么，完善土地市场机制能够起到促进主体功能区土地资源空间配置效率提升的作用。

（一）宏观上，建立土地计划指标有偿交易机制

根据前文分析可知，赣榆区土地资源农业用途向非农业用途转变出现空间配置数量偏差状况（效率损失）的主要原因在于现行土地计划管理（或配置）体系对各地区进行非农建设用地指标分配后，缺乏有效的弹性机制调控指标空间（或地区）配置行为，造成区域间非农建设用地指标配置在实际落地过程中存在空间上的错配。倘若在其他条件不变的情况下，基于当前我国土地计划指标分配体制（体系），为尽量避免或减少地区（区域）非农建设用地刚性需求导致的空间配置数量偏差，需要地方政府结合地区产业布局结构、城镇规划、土地利用总体规划等现实经济建设依据及其现状，修正地区土地计划分配（计算）方案，进一步提升（计算）方案（方法）的科学性，尽可能地对接不同主体功能区及内部用地指标实际需求，以促进实际配置数量能够接近区域土地计划的最优配置数量。但是受信息不对称、外部性等因素的限制，这一方案并不能有效地缩小土地计划指标实际需求数量与最优配置数量之间的差距。

因此，在土地计划指标下达后，以相关法律法规为前提，引入市场机制构建区际用地计划交易平台，在控制地区建设用地总量和遵循地区资源环境承载力"红线"的基础上，建立适合地区范围内的土地计划指标弹性调配机制，通过释放价格信号及其竞争过程的市场作用，显化地区真实的用地需求，让土地要素支撑跟随建设项目走，同时允许土地计划指标在地区范围内适当地开展区域有偿交易，科学引导用地计划指标在不同区域之间的再分配，将有限的用地空间（机会）集中到产出效益相对较高的区域，"限制"和"禁止"功能区由于土地（农用地）资源较为丰富而通过指标交易获得资金，推动区域经济协同发展。另外，土地计划指标市场化配置在一定程度上显化不同主体功能区土地机会成本，能够鼓励不同主体功能区辖区政府在土地资源空间配置决策实施前更为合理地权衡利弊，提高土地行政效率和土地资源集约化利用水平，有利于增强土地资源利用在空间配置上的合理性与科学性。

（二）微观上，运用经济手段引导土地节约集约利用

在我国，新增建设用地需求"居高不下"的关键在于（地区）经济发展方式转变滞后，土地资源空间配置效率并未达到帕累托最优。同时，土地资源空间配置效率不高的重要原因之一是土地的取得成本较低，造成土地使用者节约集约利用与开发土地的意识薄弱或缺乏积极性。虽然地方政府可以采取行政手段、法律手段等在短期内通过限制方式（例如不允许过大面积和过长时间的土地闲置行为）促进土地资源节约集约利用，但从长期来看，仍需加强经济手段对土地资源配置行为的调控，并从主体利益出发，消除建设用地无序或过度扩张的经济动因。

从赣榆区主体功能区土地资源空间配置效率影响因素来看，在价格机制和竞争机制作用下，农用地边际效益相对于非农建设用地边际效益较低，在经济利益驱使下会造成农民保护农用地积极性不高，土地资源农业用途转为非农业用途的速度无法受到有效抑制，在一定程度上加剧了农地非农化进程，甚至出现用地结构空间布局失衡，导致土地资源空间配置不合理，造成土地资源空间配置效率受损。其重要原因之一在于赣榆区土地市场化程度不高（图7-2），使得价格机制抑制作用不强，不利于土地集约利用，这与土地价格收益分配直接相关（曲福田 等，2001）。

图7-2 赣榆区主体功能区土地市场化程度

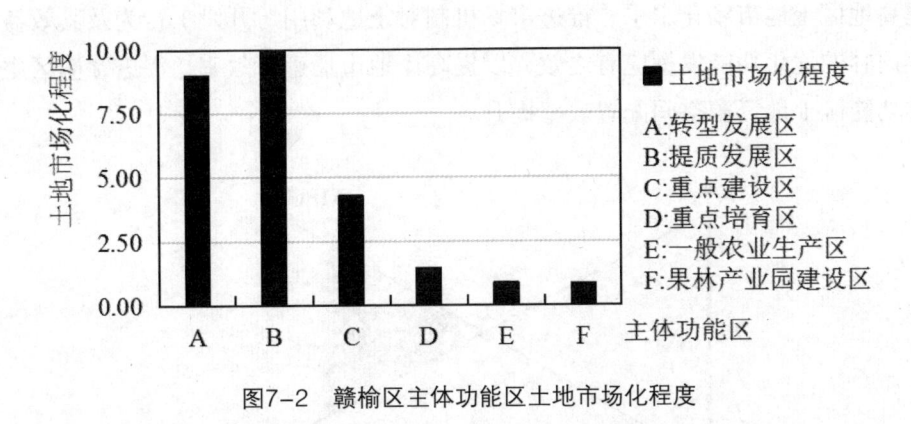

图7-3显示了土地价格与土地资源空间配置关系。图中，D表示需求曲线（demand curve），MPC表示边际私人成本曲线（marginal private cost curve），Q表示农用地数量，P表示市场价格。根据图7-3可知，D曲线和MPC曲线的均衡点（E点）共同决定了地区（区域）农用地市场均衡价格P_E和均衡数量Q_E，但受地区土地市场价格政策的影响，使得农用地征收价格P_Z和农用地出让价格P_C均低于私人成本，在这一价格水平下会增加对农用地（数量）需求，进而增加土地资源农业用途向非农业用途转变的速度。正是由于农用地征收价格P_Z和出让价格P_C低于市场价格P_E导致土地（农用地）资源（空间）配置的净损失。图中分别表示为阴影部分S（①+②）和S①，造成农用地面积（尤其是耕地面积）不断减少、地区生态环境遭受破坏等一系列现实问题，这源于相关主体在"价格"上的分配比例不合理。从分配比例来看，农用地征收价格是村集体或农民的分配比例，农用地征收价格与出让价格偏差是地方政府的分配比例，农用地出让价格与市场价格偏差是以企业为代表的用地单位分配比例，其中往往（地方）政府最受益，其次是以企业为代表的用地单位和村集体或农民。因此，只有缩小不同主体之间的分配比例差距，才能有效地减少土地资源空间配置行为所带来的损失，才有利于提升土地资源集约化程度及其效率水平，其重点应落脚于土地市场化程度的提升。因此，应充分发挥经济手段的调控作用，协调地方政府、企业、村集体、农民等主体"价格"分配比例，合理调整赣榆区地区土地价格收益分配关系，适度提高地区土地招拍挂交易比例，完善土地市场竞争机制，进一步提高地区土地市场化水平，推进市场机制对土地利用（开发）行为及其效益等内容的优化功能发挥应有之效，以提高土地市场运行效率，促进赣榆区主体功能区土地资源空间配置效率提升。

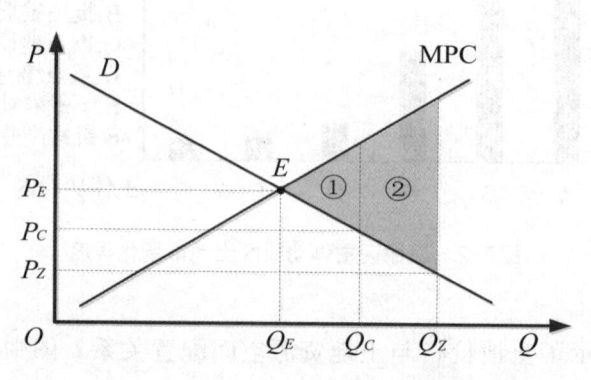

图7-3　土地价格与土地资源空间配置关系

二、完善政策调控机制，规范土地空间利用

政策参与宏观调控需要具备符合区域客观经济基础条件的自身内在调控机制，换言之，政策本身具备调控宏观经济运行的内在能力及"行之有效"的作用机制。由于市场经济的建立，尤其是土地市场的建立与发展，使得土地属性发生了根本性变化，使其既具备"商品"属性，也具备"资本"属性，而土地的本质决定其具备参与调控的多重功能（能力），表现为土地是资本、产业等要素的客观（空间）载体，是社会再生产的核心要素，其利用方式受政策制度、宏观经济运行的影响。那么，为规范土地资源空间配置行为，合理提升土地资源空间配置效率，在遵循市场规律调节的基础上，需要发挥政策调控作用，从创新（地方）政府绩效考核方式入手，健全区际利益补偿机制，建构区域协调长效机制。

（一）创新政府绩效考核机制，转换地方政府职能

党的十九大报告指出，"充分发挥市场在资源配置中的决定性作用，更好发挥政府作用"，"更好地发挥政府作用"就要"着力提高宏观调控和科学管理水平，保持宏观经济稳定，加强和优化公共服务，保障公平竞争，加强市场监管，维护市场秩序，推动可持续发展，促进共同富裕，弥补市场失灵。"（人民网，2014）。这就需要规范政府行为，其重点之一在于完善政府绩效考核方式，转换政府职能。

一方面，完善地方政府绩效考核方式。为矫正（或克服）地方政府在土地配置（开发）上的短期行为倾向，必须从地方政府官员绩效考核出发，加强对地方政府在土地资源利用效率、产业空间优化布局、公共服务水平等方面的考察，建议增加地区空间开发强度、耕地保有量、生态环境质量、社会保障覆盖面等评价指标。这就需要建立政府法治绩效考核机制，将政府绩效考核纳入"政府组织法"，倒逼政府决策改革行为，推行政府绩效考核法治化。同时应实施多元主体的政府考核绩效模式，充分发挥社会公众、专家学者、企业等社会主体参与政府绩效考核过程，推行政府绩效考核民主化。另

外，政府绩效考核评价体系应围绕地区主体功能差异进行相应的调整，实行差别化绩效考核评价办法，分类管理，切忌"一刀切"，推动形成"不同功能、同等价值"的区域发展模式。就赣榆区而言（表7-1），转型发展区应强化自主创新能力、产业结构转型升级、社会公共服务质量等指标的评价；提质发展区应加强对产业质量、城镇建设质量、（生活生产）空间布局适宜度等指标评价；重点建设区要综合评价经济增长水平、人口吸纳能力、招商引资、社会功能服务覆盖面等内容；重点培育区应侧重经济发展基础条件改善、产业布局空间建设等内容；一般农业生产区和果林产业园建设区应实行农业（农产品）生产能力、农民收入的绩效评价；禁止开发区围绕"生态优先、绿色发展"理念以生态环境保护、绿色经济等为考核指标。

表7-1　赣榆区主体功能区差别化绩效考核指标设计

主体功能区	重点考核指标
转型发展区	自主创新能力、产业结构转型升级、社会公共服务质量等
提质发展区	产业质量、城镇建设质量、（生活生产）空间布局适宜度等
重点建设区	经济增长水平、人口吸纳能力、招商引资、社会功能服务覆盖面等
重点培育区	经济发展基础条件改善、产业布局空间建设等
一般农业生产区	农业（农产品）生产能力、农民收入
果林产业区园建设区	
禁止开发区	生态环境保护、绿色经济等

另一方面，加快（地方）政府职能向"公共服务"职能转换。地方政府职能实际上是地方政府在国家和地方事务中所起的作用或承担的职责（张海良，2013）。作为地区经济利益主体行为人的地方政府，辖区间的经济增长竞争在理论上有益于其经济总量和财政收入的提升，进而促使地方政府拥有更多的财力投向"政绩"工程——进行基础设施建设引资招商等，其中最为主要的（建设）活动在于对区域土地资源的空间配置。主体功能区建设要求地方政府职能定位于"公共服务"，追求绿色增长，这就要求地方政府在土地管理职能上基于地域空间主体功能，突出区域土地利用规划、产业规划等规划管理的重要作用，通过合理配置国土空间，引导资本、劳动力、技术

第七章 赣榆区主体功能区土地资源利用空间管制策略

要素在不同主体功能区之间流动，尤其是向优化开发区和重点开发区的流动，以引导产业在空间上的有效转接，实现更高层次的优化组合与更大空间范围的经济集聚，提高土地资源利用效率水平。赣榆区在认识或把控全区自然本底空间格局与开发现状的基础上，其土地资源空间配置应契合区域空间主体功能定位，符合区域经济建设与发展的"主体功能"使命。用地布局与开发应耦合地域空间功能格局，既要注重地区土地资源总量控制和数量结构优化，强调空间范畴的均衡与空间布局结构的优化，又要注重区域发展质量和综合效益提升并进，通过适度功能复合以推进区域间统筹发展，有利于提升区域发展协调性和土地资源空间配置效率水平（图7-4）。具体来讲，围绕服务型（地方）政府建设，按照比较优势原则进行不同主体功能区土地资源空间配置能够引导资本、劳动力和技术等要素在区域之间的合理流动，有利于形成合理的区域经济发展格局。那么，赣榆区应在保障一般农业生产区和果林产业园建设区"红线"以确保省级"农产品生产区"功能定位的基础上，进一步引导高耗能、高污染企业迁出生态保护红线区，稳步推进生态移"业"和产业集聚发展，在追求经济增长的同时为地区农业生产和生态环境保护"置换"更多空间，增强区域空间土地资源合理配置，提升地区经济绿色增长。另外，应构建激励约束机制促使不同主体功能区政府之间由竞争走向合作，保障地区土地资源可持续利用及其效率水平稳步提升。

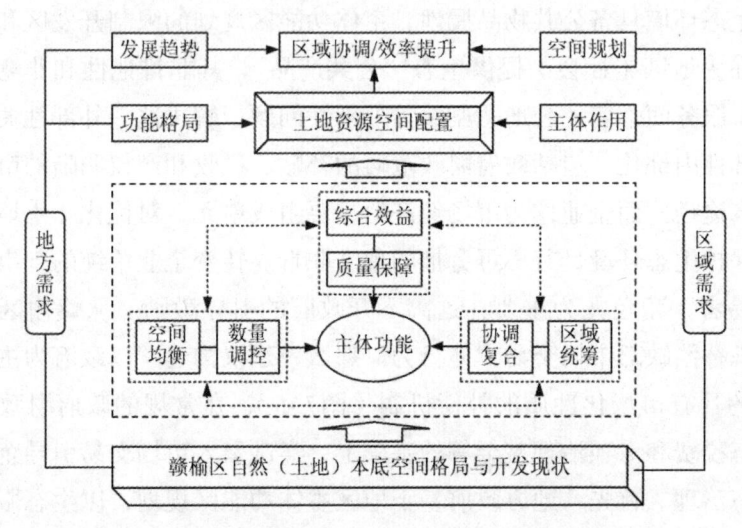

图7-4 主体功能引导下土地资源空间配置协调机制

（二）健全区际利益补偿机制，确保经济协同发展

在过去的很长一段时间里，我国主要以经济增长速度（或规模）作为（地方）政府绩效考核的关键指标，这一评价机制在很大程度上忽视了区域空间范围在资源环境承载（力）上的差异，使得地区获取高速经济增长效益的同时支付了高昂的生态代价（成本）。主体功能区规划是推进区域经济建设与生态环境保护协调的重要举措，按照主体功能区建设理念进行土地资源空间配置有必要建立区域协调性生态补偿机制，以平衡区际利益，实现地区在空间上的协调均衡发展。

正如前文所述，主体功能区中限制开发区和禁止开发区的功能定位为生态建设与环境保护功能区，往往是通过财政转移支付方式为其提供有关公共服务与生态环境的相应补偿。赣榆区作为省级"农产品主产区"的功能定位，在追求地区经济增长的同时必须明确其生态建设与环境保护的重要性。但缺乏统一有效的生态补偿协调机制，使得生态补偿尚未实现全面覆盖，在实践中往往带有较为强烈的"部门"色彩。同时，生态补偿资金仅是依靠上级政府"纵向"的、具有一定数额的生态补偿转移支付（资金），生态补偿资金总额不足，并不能有效地解决地区空间范围生态环境保护与土地发展权保障，以达到改善民生、实现区域空间协同发展的现实矛盾。从经济学视角来看，生态环境具备公共物品属性，主体功能区规划的限制开发区和禁止开发区旨在为地区（社会）提供生态"公共产品"，其非排他性和非竞争性决定着生态服务面临着"公地悲剧"等外部性问题，解决这一外部性关键问题在于外部性内部化，包括政府财政范畴的补贴、税收和产权明晰的市场交易两大基本途径。而企业作为市场经济的重要组成单元，对优化（土地）资源配置、保护生态环境具有不可旁推的现实职责。转变企业单纯的"市场（经济）交易者"角色尤为重要，这离不开政府的引导激励。从赣榆区现状来看，生态补偿缺乏市场交易主体行为。那么，建议构建"以政府为主、市场为辅"的具有市场化性质的补偿机制（图7-5），在常规的政府财政转移支付、生态税费和专项治理基金等的基础上，尝试引入市场交易引导企业参与地区生态治理。首先，地方政府基于地区主体功能区规划，以生态服务交易平台为依托，有目的性、针对性地确定限制开发区和禁止开发区生态保护项

目，并向社会公开招标。其次，对参与招标的对象（企业）进行常规资质审核，并优先考虑"生态移业"企业（即从限制开发区和禁止开发区生态迁出的具有高污染或高耗能的企业）参与地区生态环境修复与保护的职责。最后，对中标企业进行生态项目实施实行阶段性检查，检查参与部门应由地方政府（部门）牵头，由自然资源与规划局、农业农村局、生态环境局、水利局等主要主管部门组成，对于生态项目完成且验收通过的企业在贷款担保、生态税费、行政事业性费用等指标（方面）实行优惠激励。另外，生态补偿内容除了用于生态环境保护之外，更重要的是用于限制开发区和禁止开发区的基本功能服务和民生支出（例如总量的30%），以推进地区公共服务均等化，尤其是应适当增加生态环境保护任务相对较重的主体功能区（限制开发区和禁止开发区）内部各镇（如赣榆区黑林镇）生态补偿资金，通过财政转移支付平衡财政收支，并通过改善区域经济产业结构，助农增收，这有利于推进区域"经济-生态"协调发展，保障（土地）资源在空间上的均衡配置，实现最优效率。

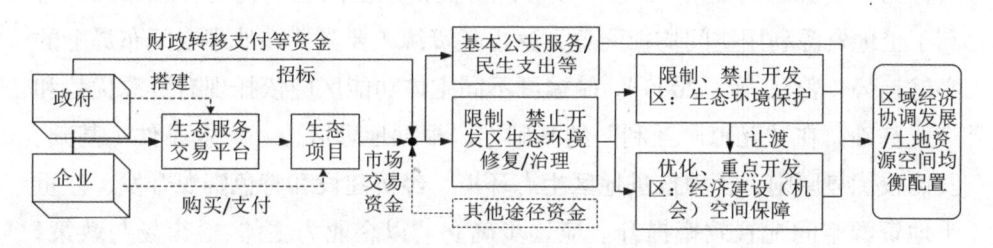

图7-5 主体功能区市场化生态补偿机制实现路径

（三）建构区域协调长效机制，协调开发保护矛盾

主体功能区战略实际上是"以地为本"的战略（薄文广 等，2011），是土地资源在空间上的规划（配置）措施或方案，主体功能区开发及其侧重点与区域经济发展水平具有直接相关性（正相关关系）。也就是说，在很大程度上，一个地区（区域）社会经济发展水平越高，产业水平及其集聚度越高，被划入优化开发区和重点开发区的概率就越大，而社会经济发展水平相

对落后的地区（区域），生产活动就会受主体功能区规划的影响，（现阶段）不完善的配套政策会导致限制开发区和禁止开发区可持续发展问题，造成与优化开发区和重点建设区在区域经济发展上的差距不断拉大。因此，必须构建区域协调发展的长效机制，以保障地区范围内不同空间范畴经济发展权益，兼顾经济开发与生态保护"并进"。正如第三章分析，不同主体功能区具备不同主体功能，不同主体功能区之间交互影响。作为具备生态保护功能的限制开发区和禁止开发区拥有保有地区粮食安全、生态安全的主体功能，会适度减弱区域土地开发建设的基本经济功能；而作为具备经济建设功能的优化开发区和重点建设区重点在于城镇化和工业化建设，会削弱生态环境保护用地保有量。那么，为协调不同主体功能区之间发展，避免过度拉大不同主体功能区经济增长差距，既需要完善或增补关键配套机制，更需要助力弱势经济区域产业结构优化升级。

一方面，完善并优化地区投融资环境，促进土地、人口、资本、技术等资源要素的融合与集聚。资源能带动效益，效益能吸引资源，这一影响过程可称为"资源趋向效应"。这一效应能够促使地区产业结构的合理布局，有利于土地资源利用空间均衡配置，这也是资源（要素）在地理空间布局上的必然趋势（曾礼 等，2005）。赣榆区不同主体功能区应依托现有资源优势和产业基础，在"互惠、互利"的基础上，根据地理区位、产业条件（基础）及比较优势原则，合力推进地区生态环境、经济建设和特色资源开发，注重土地资源空间配置效率提升。应逐步确立"以企业为主体、'市场与政策'双导向"相结合的投资融资决策机制，适当放宽市场准入，推行投资主体多元化，并通过土地开发约束–激励机制等微观领域的改革，形成符合不同主体功能区经济协调发展的内在动力机制，促进区域之间及其内部之间的经济发展与生态保护协同。同时，鼓励劳动力（人口）、技术、资本等要素在经济建设功能区（包括优化开发区和重点开发区）与生态保护功能区（包括限制开发区和禁止开发区）之间的双向自由流动，进而促进不同区域经济协同发展，促使居民收入差距趋于收敛。

另一方面，优势互补、错位发展，推进弱势经济区产业转型，以地区整体优势助力经济协同稳步发展。土地资源利用与开发具有多功能性，使得不同主体功能区具有某种程度上的复合属性，要加强探索不同主体功能区在

"功能"上的适度复合。赣榆区应进一步加强基本农田保护和美丽乡村建设相统一，依托一般农业生产区和果林产业园建设区特色产业，立足乡村振兴发展理念，塑造美丽田园风光（景观），助力一般农业生产区和果林产业园建设区发展以"观光-体验"为一体的农旅经济。以农业种植为基础，以休闲农业为经济增长点，结合农事参与、采摘等体验式项目，发展"观光、休闲、拓展训练"相结合的体验式休闲乡村游，促使基础农业发展与现代旅游经济相互融合（陈磊 等，2019）。在尊重生态发展与保护规律的前提下，禁止开发区可探索复合农业与生态种植发展模式，拓宽立体农业发展空间，依托湖库水域优势带动生态农业旅游发展（陈磊，2017）。例如，在小塔山水库环湖农业带，采用现代科学技术，综合利用立体空间，分别在优质耕地上扩种有机稻谷和蔬菜等，部分低洼农田可改为特色水生经济作物（如莲藕）种植，部分旱地用作果园或花卉等经济作物种植，通过重点开展特色农业、生态种植等农业现代发展形势，探索"复合-生态"农业发展模式，推动生态保护与湿地农业经济协同发展。

三、建立社群监督机制，加强用地行为监管

党的十八大报告指出，"要围绕构建中国特色社会主义社会管理体系，加快形成党委领导、政府负责、社会协同、公众参与、法治保障的社会管理体制"；党的十九大报告进一步指出，"打造共建共治共享的社会治理格局……完善党委领导、政府负责、社会协同、公众参与、法治保障的社会治理体制……"[①]。这不仅是新时期深化党的执政理念及其方式的新要求，而且是实现社会良性互动、多方主体协同参与的新路径。归根到底，为了满足"人民群众日益增长的美好生活需要"，社会治理创新必须从"治理"走向

---

① 引文来源于党的十八大报告《坚定不移沿着中国特色社会主义道路前行 为全面建成小康社会而奋斗》和党的十九大报告《决胜全面建成小康社会 夺取新时代中国特色社会主义伟大胜利》。

"善治"，做到"人人尽责、福祉共享"，这离不开社会公众参与的重要现实作用。

在用地行为监管上，社会公众参与就是在城镇化、工业化的经济建设驱动且面对现有资源环境压力的背景下，着力于从资源环境承载力、现有开发密度及发展潜力出发的主体功能区规划进行地域空间土地资源利用与开发，并基于自身利益诉求的经济行为与社会参与权责形成推进土地资源利用空间有效配置的内在共同愿景，并在国土空间规划引导力、政策与科技支撑力等外在动力因素作用下，逐步推动生活空间、生产空间和生态空间均衡布局，促进区域土地资源空间配置效率最优（图7-6）。那么，公众参与用地行为监管有利于体现其作为市场经济主体成员角色，有利于促进土地资源节约集约利用，能够起到协调社会利益关系的作用。因此，在完善土地市场机制和政策调控机制基础上，有必要进一步从完善社群监督体系入手，建构社会公众参与机制，加强区域空间用地行为监管，保障土地资源利用与开发的有序性、合理性和可持续性。

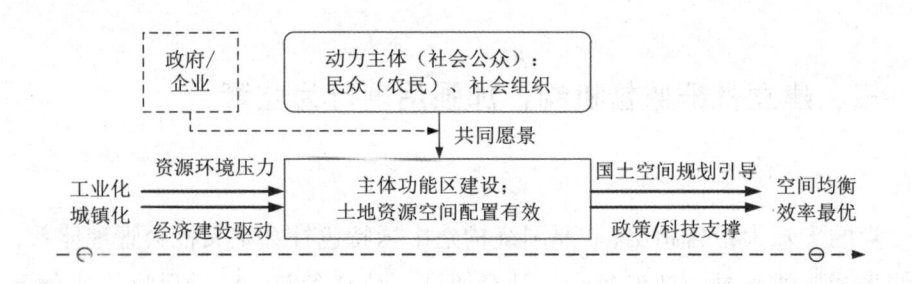

图7-6 社会公众参与监管的动力机制

除了政府本身之外，社会组织、民众（农民）等社会公众在地域空间用地管理等社会活动监管中能够为政府部门提供有效信息，有益于政府部门决策管理（参考），同时能够调动民众参与决策，激发基层民众"主人翁"意识，转变农村社会管理模式，凝聚社会共识。从现实来看，赣榆区社会公众参与用地监管水平尚且不高，公众参与意识、参与渠道及问题反馈等方面存在不足。一是畅通参与监管意识，提升社会公众参与（认知）能力。可建立地区长效教育宣传制度，通过专项用地空间管理研讨（座谈）等形式，加强农民工会、专业协会等社会组织参与用地监管教育，并赋予社会组织向民众（农民）宣传的职责，通过走访调查（宣传）提高民众（农民）参与保护土地资源（特别是耕地资源）的意识。不定期地开展学习或宣传，传授民众（农民）（尤其是村干部和党员）可操作性知识，了解参与用地监管的过程，提高民众（农民）参与监管的能力，培养民众（农民）管理主体和社会责任感，不断提高其"主人翁"意识，并坚持依法、有序、自愿的公众参与原则，满足社会公众对所在区域范围土地利用的知情权、参与权、表达权、监督权。二是扩大社会公众参与途径与方式。对于用地项目开展应在项目所在区域进行事前公示，可通过信息公开栏、手机短信、网络公开等多种形式发布用地项目信息，并组织召开座谈会、听证会等方式开展公众参与地区（区域）事前和事后用地监管活动，开通（专项）热线电话、网络、信函等方式向政府及其相关行政主管部门提出意见或建议。三是建立并完善不规范用地行为举报与奖惩制度。支持和鼓励社会公众参与地区（区域）用地计划（规划）、产业布局规划等地域空间用地配置公共事务监督，一旦发现任何单位（企业）或个人存在不合理用地开发与建设行为（如私自改变土地用途等），可通过举报热线、政府网站、信函等方式向政府及其相关行政主管部门进行举报。一经核实，应对举报人给予一定的举报奖励，在责令被举报单位（企业）或个人改正用地行为的同时进行相应的惩罚。

第三节 赣榆区主体功能区土地资源利用空间管制的政策建议

主体功能是自然本底和经济社会发展时代需求耦合的产物，主体功能区规划及其以主体功能规划为基础所确定的国土空间开发与保护宏观格局对经济发展转型时期地域空间治理体系的构建提出了新的客观要求，为完善以遵循资源环境承载力和社会经济协同发展为基础、以人地关系协调和人与自然和谐共生为目的的地区（或区域）管控政策和空间规划提供了明确的指向。赣榆区主体功能区土地资源空间配置效率现状存在明显的空间差异，主体功能区土地资源利用空间管制应严格遵循主体功能定位及其形成动力机制空间差异对土地资源利用空间管制政策体系作出相应调整，要差别化制定政策，分类精准施策（施责），确保赣榆区经济社会发展按照主体功能定位进行规划建设和分工协作，形成主体功能优势互补、高质量发展的区域经济结构布局，实现全区社会发展、经济建设和生态保护的综合效能最优，推动全区形成主体功能区约束有效、国土空间开发（建设）有序的空间发展新格局。

一、赣榆区层面：统筹主体功能定位，协调国土空间发展格局

政策体系的设计与完善应该充分体现主体功能区建设的关键内涵及其不同主体功能区建设的重点。换言之，主体功能区建设战略理念下的地域空间范围应实施差别化的土地利用政策调控，在明确地域空间资源禀赋、经济、社会、生态环境等综合发展差异的基础上，根据比较优势（优势区）原则，由"差别定位"上升为"政策有别"，切实做到因地制宜、因时制宜的差别化土地利用政策实施与调整，实现区域空间经济精明增长与高质量发展，确保区域发展成果的公平与共享。因此，赣榆区必须从全区宏观层面统筹主体功能定位，推动在自然和经济上紧密联系的地区之间加强沟通协调，深化主体功能分工协作，重点围绕完善土地资源利用配套政策、优化土地资源利用空间结构两大方面出发，协调地区国土空间发展格局，推进空间经济建设有效性。

一方面，完善土地利用配套政策，加大土地供后利用监管力度。针对不同区域主体功能定位，应抓住不同主体功能区产业发展与土地资源空间配置的基本着力点及其方式，并通过完善（创新）区域人口政策、财政（转移支付）政策等实现多方（配套）政策协调，避免地区土地资源利用政策与相关配套政策出现矛盾或不相匹配。同时，加强土地资源供后开发与利用监管力

度，监察不同主体功能区及内部"批而未建、建而未用"等土地闲置或浪费行为，以减少低效用地现象。另一方面，优化土地利用空间结构配置，提升土地节约集约水平。土地资源利用结构优化配置决定着土地利用与开发选择行为，优化土地资源利用空间结构配置能够促进生产空间、生活空间和生态空间的协调均衡布局，满足地区经济、社会、生态环境等多方面发展需求，促使土地资源空间配置效率最大化。这要求在把控地区全局土地资源利用与经济结构空间布局的基础上，合理（科学）进行地区用地计划指标分配，加快国土空间规划编制与实施，挖掘存量建设用地并提高存量建设用地利用空间配置效率，保障区域土地资源节约集约利用。

二、优化开发区：优化土地空间结构，转变经济与产业发展方式

赣榆区优化开发区包括转型发展区和提质发展区两种类型。位于全域地理空间上的东部沿海地区，土地开发密度较高。土地资源空间配置现状集中表现为：一是土地利用与开发程度较高，非农建设用地比例相对过多；二是土地资源空间配置上工业用地占比较大，土地资源利用结构亟待优化；三是地域空间经济开发与建设的后备土地资源有限。因此，赣榆区优化开发区应特别注重土地资源空间配置结构优化，着力转变地域空间经济发展方式，促进产业结构转型升级。

（一）提高用地标准，土地利用向高度集约型转变

土地节约集约制度是最基本、最严格的土地使用制度，是破解用地矛盾的重要途径，赣榆区转型发展区，尤其是提质发展区必须提高用地标准，推动土地利用方式由外延式扩张向内涵式挖潜、由粗放低效利用向集约高效利用转变，倡导土地紧凑式开发与适当混合式利用相结合。一方面，提高用地标准，规范优化开发区用地行为。根据转型发展区和提质发展区的土地等别

及其经济发展现状，对各建设用地项目的用地规模及其条件进行定量和定性规定，其中，转型发展区应特别注重建筑容积率与开发密度、税收贡献度（率）等相关指标（标准）；提质发展区应注重土地开发进度、投资强度与总额等相关指标（标准）。另一方面，优化开发区应调控内部区域土地利用结构空间布局，严控外延式扩张行为。无论是转型发展区，还是提质发展区，都应坚持"'城镇－农村'用地挂钩"原则（即城镇建设用地增加与农村居民点用地减少相挂钩），结合地区土地综合整治工作，让工业逐步向园区集中、农民逐渐向村镇集中，提高区域土地利用效率。

（二）严控耕地红线，保障土地总量空间动态平衡

"十分珍惜、合理利用土地和切实保护耕地"是我国重要基本国策之一，赣榆区优化开发区土地资源空间配置上，工业用地占比较大，耕地资源保护压力较大，应严格保护优化开发区耕地资源，特别是基本农田，按照建设用地不占（或少占）耕地资源的基本原则，坚决制止耕地"非农化"行为。首先，划定耕地红线，注重基本农田空间布局优化。基于转型发展区和提质发展区区域（产业）建设与发展规划或目标，优先将城镇周边和重要（主要）交通干线保护类耕地资源与具有良好水利和水土保持设施的耕地，以及已建成的高标准农田等划入基本农田范畴。同时将"十三五"重点建设项目涉及的基本农田、建设用地、未利用地和质量不符合要求的其他农用地及零星分散、规模过小、不易耕作等已有基本农田调出，调整后的基本农田面积不低于区级下达的保护面积指标，且平均质量等别应有所提高。其次，落实永久基本农田保护共同责任制。按照《基本农田保护条例》要求，建立"主体功能区—镇—村—组"四级管护网络体系，将永久基本农田保护工作纳入转型发展区和提质发展区政府工作目标责任制，列入政府工作绩效考核。差别化明确转型发展区和提质发展区永久基本农田保护责任并签订责任书，划定永久基本农田保护范围、面积、地块，确定保护措施、权利义务和奖惩办法。对于违规占用永久基本农田种植苗木、草皮，以及其他破坏耕作层植物的，违规或超标准建设农业生产配套设施的，可结合具体生产周期，在确保农民、企业、新型经营主体尽量少受或不受经济损失的前提下，签订书面责任

书，由镇村与有关部门共同监督落实，限期恢复耕种，保护好农业投资生产热情。

（三）强化用地监管，布局特色经济产业发展模式

面对地域空间经济开发与建设的后备土地资源不足的现实问题，赣榆区优化开发区应强化区域用地监管，按照"农业向规模经营和农业园区集中，工业向港区、园区、开发区集中，农民居住区向城镇和农村新型社区集中"的原则，科学配置城乡建设用地，防止土地资源不合理开发造成土地过度浪费（或破坏）。首先，严控用地行为（规模），加大用地监管力度。对转型发展区，尤其是提质发展区土地供给规模进行合理、科学控制，可运用土地价格杠杆调控土地产出收益，提升土地资源利用效率，从而达到优化开发区转变经济发展（增长）方式，实现功能升级和国土空间的优化开发利用。同时，强化地方政府用地保护意识，完善用地行为规范，压实土地保护责任，筑牢土地保护"思维底线"。其次，依托优势区位与土地资源条件，发展特色产业经济。转型发展区应依托现有基础和海洋资源优势，加大绿色发展，健全绿色发展（责任）机制，以新城区、赣榆海洋经济开发区和赣榆经济开发区的建设为契机，依托重点建设区柘汪临港产业区区位优势，加大沿海区域经济空间布局，重点发展科技含量高的工业，包括海洋新兴产业等；提质发展区依托赣榆新城区、港区、园区、开发区改善自身投资条件，加大招商引资力度，带动区域产业提质增效。

三、重点开发区：助力城镇工业进程，确保土地资源利用效益

重点开发区具有较强的资源环境承载能力和较好的发展潜力，相对于优化开发区而言，具备相对较低的产业入驻门槛，能够吸引企业投资行为。赣榆区重点开发区包括重点建设区和重点培育区两种类型，在加快推进重点开

发区城镇化和工业化进程的同时，应特别注重区域土地资源利用效率，在节约集约利用土地的前提下，实施差别化用地指标配置（管控），有目的地规范用地需求，同时要加大区域用地整治（整理）力度，缓解用地供需矛盾。

（一）注重用地指标管制，严控土地资源流向

赣榆区重点开发区应采取精细化、差别化用地指标管理，实施土地供应由"需求决定供给"向"供给引导需求"转变、由"平均分配"向"重点保障"转变，严控土地资源流向，保障建设用地利用效率。针对赣榆区重点开发区的重点建设区和重点培育区，应按照区别对待、突出重点的要求，积极发挥土地参与地区宏观调控的"闸门"作用。一方面，引导重点建设区产业经济空间布局，对产能过剩或重复建设的产业项目，不再安排新增建设用地计划指标；对"耗地系数高、产出效益（较）低、高能耗"的产业项目，应严格禁止用地（扩张）需求。另一方面，合理规划重点培育区产业发展空间布局，满足基础设施建设用地需求，应特别注重引导高新技术产业，高附加值、能耗系数低的产业入驻重点培育区，并优先保障用地计划指标。

（二）加大土地整治力度，保障建设刚性需求

赣榆区重点建设区建设用地集约利用潜力主要来源于农村居民点及工矿用地整治，加大土地资源整治力度，有利于保障区域经济建设对土地（建设用地）刚性需求。一是稳步推进城乡建设用地挂钩及工矿废弃点复垦工作。重点建设区以城乡结构体系为依托，重点培育区以中心村规划和新农村建设为依据，通过土地整理复垦和建新拆旧等措施，促进农村居民点集中集聚，改善农村生产、生活和生态空间布局及其环境，既有利于增加新增建设用地，又有利于促进城乡用地合理布局。二是加大对重点开发区城镇闲置地、低效用地等清查和整合力度。依据法律法规和地区规划要求，充分利用市场经济的手段引导和推动重点建设区城镇工矿企业盘活存量土地和重点培育区城镇土地置换，提高土地集约利用水平。三是推动农村居民点及工矿用地整治，挖掘农村建设用地潜力。赣榆区重点建设区和重点培育区均应注重盘活

城镇存量土地，挖掘城镇用地潜力，强化用地实施工作安排。通过整理零散居民点，减少农村居民点规模，置换形成城镇建设用地指标，以缓解城镇用地计划指标不足的问题，优化城乡建设用地布局。

四、限制开发区：着力粮经产品安全，创新农业用地经营模式

限制开发区又称"农产品生产区"，在保障粮经农产品生产基本功能的同时，兼具生态安全功能。赣榆区限制开发区包括一般农业生产区和果林产业园建设区两种类型，不适宜大规模的集聚经济和人口集中，面临着土地利用与开发方式监管难度大、农用地（尤其是耕地）保护任务重的现实压力。因此，赣榆区限制开发区应从保护土地生态环境出发，着力地区粮经农产品生产安全保障，严格限制土地基本用途，创新农业生产经营模式。

（一）强化土地用途管制，保障粮经产品安全

强化土地资源用途（空间）管制，应着力赣榆区限制开发区基本性质，重点保障区域粮经农产品生产用地功能。首先，鼓励（有序引导）农地流转，实施农业规模化经营。单一的以家庭为单位的小农经济模式已不再适宜现代农业发展需求，一般农业生产区和果林产业园建设区需要通过农地适度规模经营激发农地内生动力，促使农村人口有效流动、城市资本顺利下乡，实现城乡要素互通，助力乡村振兴。其次，优先考虑基础设施建设用地、公共服务设施用地及特色农业产业发展项目用地需求。其中，一般农业生产区应重点落实（机耕等）道路、灌溉水利（设施）等基础设施建设用地需求；果林产业园建设区应注重规模化经营用地和产业配套设施（冷藏库等）用地需求。最后，实施最严格的土地用途空间管制制度，无论是一般农业生产区设施农业用地，还是果林产业园建设区设施建设用地等，都必须依照法定程序进行严格审批，杜绝土地资源不合理利用行为。

（二）落实土地生态管控，保护土地生态属性

农业生产兼具生态功能属性，赣榆区限制开发区在强化土地用途管制的同时，应进一步注重土地资源生态管控，充分发挥土地生态基本属性作用。首先，一般农业生产区和果林产业园建设区但凡涉及（农业产业化发展、设施农业建设等）项目用地必须进行生态测评，鼓励和扶持一般农业生产区和果林产业园建设区发展特色经济、生态经济，合理引导区域人口流动与转移，使得生态重点建设空间的生态产品市场价值能够得以充分体现，保障农民享有区域同等基本公共服务。其次，构建土地生态空间格局，一般农业生产区和果林产业园建设区用地布局中，可将大面积连片基本农田、优质耕地作为"绿带"组成部分（姚冠荣 等，2015），构建耕地 [（永久性）基本农田]、林地（包括园地）、湖库（水系）等交相融合的生态廊道，加大生态用地之间的联系，加快构建以林地（包括园地）、水系、耕地 [（永久性）基本农田] 等为主的区域国土空间生态屏障，切实发挥限制开发区对地区生态安全的基础屏障功能。

五、禁止开发区：划定生态空间红线，探索农旅用地布局结构

赣榆区禁止开发区是以小塔山水库水面、石梁河水库水面为主的湖泊水面，尤其是小塔山水库，是赣榆区饮用水源保护区，属生态极敏感区。湖滨是水陆生态交错带，是生态敏感区与生态脆弱区；湖滨土地[1]具有特殊的生态功能，湖滨土地利用对湖滨带生态环境（尤其是水资源环境）具有直接影

---

[1] 湖滨土地（lakeside land）有广义和狭义之分。广义上指湖滨周边区域的所有土地，其范围包括：河流（天然形成或人工开挖）、湖泊（包括天然形成的积水区）、水库（人工拦截汇集而成的总库容等于或大于10万m^3的正常蓄水位）及滞洪区、已垦滩涂区，以及周边的耕地、林地、园地等；狭义上是指流域内的水域、岸线和消落带部分。

响（陈磊 等，2019）。为有效保护水库（湖库）水资源环境，必须特别注重湖滨土地资源的有效利用，既要考虑湖滨土地利用的内在合理性，又要注重湖滨土地作为生产要素，在社会经济发展过程中与生态环境保护之间的合理性，同时也要看到湖滨带盲目追求经济效益已导致湖滨土地资源保护与经济发展之间的矛盾凸显，致使湖滨区域生态环境问题频发。因此，为加强赣榆区禁止开发区湖滨水土资源保护与经济绿色发展，必须划定生态空间红线，优化湖滨产业结构。

（一）加强湖滨水土资源保护，构建湖滨生态安全屏障

赣榆区小塔山水库和石梁河水库湖滨带属生态敏感区，应加大湖滨资源利用管理力度，实现土地利用与生态保护同步化。首先，应进一步突出加强赣榆区小塔山水库和石梁河水库水源保护的重要性，以预防为主，坚决制止各项不规范的湖滨农地使用行为及违规建设行为，加强水土保持和生态环境修复工作，实现水土资源的可持续利用。其次，特别注重小塔山水库和石梁河水库湖滨生态安全红线的界定与划分，构建湖滨生态安全屏障，严禁督促生态红线范围内各种养业生产行为及各种工程设施建设活动。此外，进一步改善小塔山水库和石梁河水库湖滨带农户居住环境，推广清洁能源，规范生活垃圾处理方式，严禁生活污水乱排，注重乡村文明程度的提升。

（二）优化湖滨农业结构布局，提高资源与经济协调度

依据小塔山水库和石梁河水库湖滨资源分布状况，以"三位一体"发展理念优化湖滨带农业生产布局，推进区域经济与资源协调发展。首先，从资源优化配置角度出发，引导并规范小塔山水库和石梁河水库湖滨农业生产活动，提高湖滨土地资源利用效率，特别注重调整湖滨带农业生产结构，挖掘符合当地实际情况的生态-观光-体验农业发展模式，助农增收。其次，围绕小塔山水库和石梁河水库旅游产业发展，整合湖滨带自然资源，以"山、水、林、田、湖、景"为一体，综合布局水库自然生态景致，挖掘区域资源经济潜力，推进三次产业联动发展，推进区域资源与经济同步优化、提质增效。

（三）规范湖滨管理，完善湖滨发展保障体系

加强并规范湖滨管理是推进湖滨资源与经济、生态协调发展的重要保障。首先，针对湖滨多头管理现状，合理协调相关主管部门工作，明确规定部门权责范围，构建统一的湖滨管理机制，协调管理方式，创新管理模式，保障湖滨管理有效性。其次，从可持续发展角度出发，对湖滨发展和管理的薄弱环节，制定完善的政策法规，特别是湖滨生态保护政策法规的制定，鉴于湖滨消落带管理空白问题，应制定湖滨消落带管理条例，明确湖滨消落带管理权责，严禁在消落带从事农业生产活动。此外，加大湖滨生态保护和湖滨资源合理利用的宣传力度，发挥农民在湖滨土地资源管理中的直接作用，在保障农民基本权益的同时，逐步实现农民直接参与湖滨管理，增强农民管理和保护湖滨资源的责任感。

第八章 研究结论与展望

以转型时期的时代要求为起点提出研究问题,并通过文献梳理和研究论证开展主体功能区与县域土地资源空间配置理论分析,提出研究理论逻辑框架。在研究理论逻辑指导下开展县域主体功能区土地资源空间配置效率及其影响因素分析,并依据研究结果和实地调研情况进一步构建主体功能区土地资源利用空间管制运行机制和政策体系。研究结论与研究展望如下。

第一节 研究结论

第一,研究背景。改革开放以来,我国经济发展在取得举世瞩目成就的同时,面临诸多困境。当前,我国正处于经济转型、跨越中等收入陷阱(攻坚)关键期,产业转型升级、资源优化配置尤为重要。然而,城镇化、工业化进程加快,建设用地规模扩张导致土地资源空间配置失衡,农地(耕地)资源损失加速,生产空间、生态空间备受挤压。为此,我国的可持续发展需要重点完善空间治理体系，实施以主体功能区规划为依据的空间治理模式。因此，在已有的国家、省级主体功能区规划的基础上，进一步强化县域主体功能定位，适度拓展国家自然资源管理范畴，建立整体性、空间性、包容性更强的土地资源利用空间管理体制机制实属必要。

第二，逻辑框架。我国土地资源空间配置遵从从"优势区竞争原则"到服从"主体功能区分工协作规则"的演变逻辑。优势区经济发展的土地生长是市场机制导向下的产物，政府对市场有效干预促使了优势区土地资源利用空间有序配置、地域功能特性显化；主体功能区是优势区土地资源空间配置理念转型的产物，是优势区竞争下政府主体行为直接参与的结果，也是我国特定时期具有国家特色的经济发展模式与理论创新，具备土地资源功能分工协作的效率比较优势。其关键在于明确不同分区土地资源空间配置核心定位，做到精准落地于县域主体功能区建设，厘清中央与地方事权关系，健全主体功能配套政策体系。

第三，理论分析。（1）主体功能区与土地资源空间配置（及效率）。主体功能区是以土地资源环境承载能力为基础，突出生态环境质量，并通过主体功能重点调控土地资源利用结构及其空间布局。土地资源空间配置表现为土地经济供给中农业用途转为非农建设用途（即农地非农化）的在空间上的流动规律，其合理转换的度遵循空间范畴的边际（净）收益相等。主体功能区建设实际上是"以地为本"，与土地资源空间配置的出发点相统一。土地资源空间配置（效率）状况能够反映主体功能区战略实施成效，同时功能区划理念下土地资源空间配置行为能够避免用地计划指标分配的空间错配问题，有利于增进效率，减少自发优势区竞争土地资源空间配置效率损失。（2）县域主体功能区空间边界确定。县域主体功能区划分应遵循省级主体功能区划对县域主体功能的定位，兼顾供需双侧导向原则，并基于行政区划管理边界，根据"折中"原则，遵从以省级政府—县级政府为主体、全社会共同参与的空间边界治理体系，通过技术-协商过程落地于镇行政边界，如有条件，可适当突破乡镇行政区划边界，落地于行政村边界，且必须实施差别化空间事权，构建以省级政府为中心的监管机制。

第四，县域（赣榆区）主体功能区划分。以江苏省连云港市赣榆区为实证研究区，在提出划分技术流程的基础上，从行政区划与自然环境概况、经

第八章 研究结论与展望

济社会发展时空特征、土地资源利用特征三个方面分析了赣榆区实施主体功能区战略的基本条件，从资源环境承载力、现有开发密度（程度）和发展潜力方面构建指标体系，运用综合指数法和系统聚类法得出初步划分结果，并基于地区现实发展需求和产业布局差异（产业规划或发展远景），将赣榆区主体功能区最终划分为转型发展区（青口镇）、提质发展区（海头镇）、重点建设区（石桥镇、柘汪镇、宋庄镇）、重点培育区（赣马镇、金山镇）、一般农业生产区（沙河镇、塔山镇、城头镇、城西镇、墩尚镇）、果林产业园建设区（黑林镇、班庄镇、厉庄镇）、禁止开发区（以小塔山水库水面、石梁河水库水面为主的湖泊水面），并进一步提出遵循"多规融合"思想，从国土单元功能出发，围绕现有重要规划"映射"对照确定县域主体功能区村级空间基本单元的初步尝试。

第五，主体功能区土地资源空间配置效率及影响因素。（1）赣榆区不同主体功能区土地资源利用效益具有明显的空间差异性。从比较优势来看，转型发展区、重点建设区、重点培育区、提质发展区从事非农生产活动，而一般农业生产区和果林产业园建设区从事农业生产能够提升（或优化）全区土地资源空间配置效率水平。（2）赣榆区主体功能区农业生产和非农业生产均处于规模递增阶段，其边际收益在时序上为非农业用途土地资源边际收益高于农业用途土地资源边际收益，空间上，边际收益由高到低的顺序大致为转型发展区/提质发展区/重点建设区/重点培育区、一般农业生产区、果林产业园建设区。（3）赣榆区不同主体功能区及内部土地资源空间配置存在帕累托改进"空间"。不同主体功能区及内部农用地向非农建设用地转变的配置数量存在过量配置现象，且仅存在农用地向非农建设用地转变实际配置数量相对严重超过最优配置数量的情况，并不存在严重不足现象。究其根本，这一空间配置偏差源于现行用地计划管理体系对各区域进行非农建设用地指标分配后，缺乏弹性机制调节区域指标配置行为，造成实际落地过程中的空间错配。（4）赣榆区主体功能区土地资源空间配置效率主要受土地利用比较效益、城镇人口增长率、人均生态用地面积、土地市场化程度、农地保护政策、地方政府财政收入和地方政府竞争的影响，且存在着区域差异。

第六，主体功能区土地资源利用空间管制策略。从整体上看，主体功能区时代战略理念下我国土地资源空间配置管控应处理好政府与市场关系、府际纵横关系、效率与公平关系。基于赣榆区主体功能区土地资源空间配置效率现状存在明显的空间差异，主体功能区土地资源利用空间管制需要从土地市场、政策调控和社群监督三大方面形成土地资源利用空间优化配置的协调互动机制，严格遵循主体功能定位及其形成动力机制空间差异，对土地资源利用空间管制政策体系作出相应调整：（1）赣榆区层面：统筹主体功能定位，协调国土空间发展格局；（2）优化开发区：优化土地空间结构，转变经济与产业发展方式；（3）重点开发区：助力城镇工业进程，确保土地资源利用效率；（4）限制开发区：着力粮经产品安全，创新农业生产用地经营模式；（5）禁止开发区：划定生态空间红线，探索农旅用地布局结构。

第二节 研究展望

本书基于国土空间治理战略理念，从主体功能定位出发，探讨了县域主体功能区划分及其土地资源空间配置效率问题，并提出空间管制策略，但仅仅起到"抛砖引玉"的作用，研究内容及其结论仍需进一步完善和深化。针对本书发现，指出今后需进一步展开的研究方向与重点。

第一，主体功能区规划是否应该突破行政空间边界一直是研究（探讨）的热点与难点。虽然本书提出了一定的（简要）观点，但不够成熟，应结合当下国土空间规划和国土空间用途管制基本要求以及空间治理现代化目标，针对主体功能区空间边界如何突破行政空间边界以及突破行政空间边界后如何监管等相应问题需要进一步深入探究。

第二，主体功能区划分本身就是一种土地资源空间管制行为。习近平总书记指出，空间治理要"完善和落实主体功能区战略，细化主体功能区划分，按照主体功能定位划分政策单元……"。虽然"细化主体功能区划分"已有诸多研究，但更多的是停留在技术与方法（实践）上，指导实际划分的普适性原则与标准仍缺乏，理论视角研究不足，是今后研究的一个重要内容之一。

参考文献

AIGNER D J, LOVELL C K, SCHMIDT P.Formulation and estimation of stochastic frontier production function model[J]. Journal of Econometrics, 1977, 6（1）: 21-37.

ALISTAIR B, STEVEN B, REINOUT H, et al.Accounting for land-use efficiency and temporal variations bebrownfield remediation alternatives in life-cycle assessment[J].Journal of Cleaner Production, 2015, 101: 109-117.

ALONSO W. A theory of the urban land market[J].Papers in Regional Science, 1960, 66（1）: 149-157.

AKADEMIE Für RAUMFORSCHUNG UND LANDESPLANUNG（ARL）. Grundriβ der Landes2und Inst rumente r¨a umlicher Planung[M].Hannover: Verlag der ARL, 1999S: 11-34.

ALPKOKIN, PELIN.Historical and Critical Review of Spatial and Transport Planning in the Netherlands[J].Land Use Policy, 2012, 29（3）: 536-547.

ADENEW T A, JASPER V V, PETER H V.What restrains Ethiopian NGOs to participate in the development of policies for natural resource management?[J]. Environmental Science and Policy, 2018, 89: 292-299.

ATKINSON G, OLESON T.Urban sprawl as a path dependent process[J]. Journal of economic issues, 1996,（2）: 609-619.

BATTESE G E, COELLI T J.Frontier production functions, technical efficiency and panel data: With application to paddy farmers in India[J].Journal of Productivity Analysis, 1992, 3 (2): 153-169.

BEN T M, WANG K F. Interaction analysis among industrial parks, innovation input, and urban production efficiency[J].Asian Social Science, 2011, 7 (5): 56-71.

BARDO J W, HARTMAN J J. Urban Sociology: a Systematic Introduction[M]. Peacock, 1982.

BONTJE M.A 'planner's paradise' lost?——past, present and future of Dutch national urbanization policy[J].European Urban and Regional Studies, 2003, (10): 135-151.

BIN G L, PRANAV G, JIANGYAN Y.From natural resource boom to sustainable economic growth: Lessons from Mongolia[J].International Economics, 2017, 151: 7-25.

CHARNES A, COOPER W W, RHODES E.Measuring the efficiency of decision making units[J].Eur. J. Oper. Res., 1978, (2): 429-444.

CHOY L, LAI Y, LOK W.Economic performance of industrial development on collective land in the urbanization process in China: Empirical evidence from Shenzhen[J].Habitat International, 2013, 40: 184-193.

CAINELLI G.Spatial agglomeration, technological innovations, and firm productivity: Evidence from Italian industry districts[J].Growth and Change, 2008, 39 (3): 414-435.

CHAPIN F S, KAISER E J.Urban Land Use Planning[M]. 3rd ed., University of Illinois Press, 1967. 20.

DU J.Urban Land Market and Land-use Changes in Post-reform China: A Case Study of Beijing[J].Landscape and Urban Planning, 2014, 124: 118-128.

DENG X Z, HUANG J K, ROZELLE S, et al.Economic growth and the expansion of urban land in China[J].Urban Studies, 2010, 47 (4): 813-843.

DING C R, LICHTENBERG E.Land and urban economic growth in China[J]. Journal of Regional Science, 2011, 51 (2): 299-317.

EUROPEAN UNION.Study program on European spatial planning (Final report）[M].Brussels，2003

FAN TU，XIAOFEN YU，JIANGQING RUAN.Industrial land use efficiency under government intervention: Evidence from Hangzhou, China[J]. Habitat International, 2014, (43): 1-10.

FRENCH MINISTRY OF FOREIGN AFFAIRS.Spatial planning and sustainable development policy in France[EB/OL].http: //www.gridauh.fr/sites/en/fichier/474ea23018a62.2006/2018-10-17.

GAO BY, LI WD.State Land Policy, Land Markets and Geographies of Manufacturing: The Case of Beijing, China[J].Land Use Policy, 2014, 36: 1-12.

GIANNI G, STEFANO P, PAOLO S.A spatial econometric analysis of land use efficiency in large and small municipalities[J].Land Use Policy, 2017, 63: 288-297.

GABRIEL S A, FARIA J A, MOGLEN G E.A multi-objective optimization approach to smart growth in land development[J].Socio-Economic Planning Sciences, 2006, 40 (3): 212-248.

HAILU A, VEEMAN T S.Non-parametric Productivity Analysis with Undesirable Outputs: An Application to the Canadian Pulp and Paper Industry[J]. American Journal of Agricultural Economics, 2001, 83 (3): 605-616.

HUI WANG, LANLAN WANG, Fubing Su.Rural residential properties in China: Land use patterns, efficiency and prospects for reform[J].Habitat International, 2012, (36): 201-209.

HUNG C L, KURT J H.A new method for analyzing agricultural land-use efficiency, and its application in organic and conventional farming systems in southern Germany[J].European Journal of Agronomy, 2017, 83: 15-27.

HALLEUX, JEAN M.The Adaptive Efficiency of Land use Planning Measured by the Control of Urban Sprawl.The Cases of the Netherlands, Belgium and Poland[J].Land Use Policy, 2012, 29 (4): 887-898.

LI T H, LI W K, QIAN Z H.Variations in ecosystem service value in response to land use changes in Shenzhen[J]Ecological Economy, 2010, 69 (7): 1427-1435.

LIU Y S, FANG F, LI Y H. Key issues of land use in China and implications for policy making[J]. Land Use Policy, 2014, 40: 6-12.

MINISTRY OF HOUSING, COMMUNITIES&LOCAL GOVERNMENT. Plain English guide to the planningsystem[EB/OL]. (2015-01-05) [2018-10-17].https: //www.gov.uk/government/publications/plain-english-guide-to-the-planning-system.

MEINE VAN NOORDWIJK.Integrated natural resource management as pathway to poverty reduction: Innovating practices, institutions and policies[J]. Agricultural Systems, 2017: 1-12.

NGUYEN T T, HOANG V, SEO B.Cost and environmental efficiency of rice farms in South Korea[J].Agricultural Economics, 2012, 43: 367-376.

OSCAR F.Optimal allocation of land to transportation in a non-optimal urban structure[J]. Regional Science and Urban Economics, 1982, 12 (2): 235-246.

PAHL WEBER, ELKE ED. The Planning System and Planning Terms in Germany [M].A Alossary, 2008.Hannover: Acad.for Spatial Research and Planning (Studies in spatial development, no.7), checked on 3/16/2015.

PROGODZINSKI J M, MICHAE S T R.The economic theory of zoning: a critical review[J].Land Economics, 1990, 66 (3): 294-314.

QUN ZHANG.Research on Evaluation and Optimization of Regional Land Use Structure Efficiency[J].Agricultural Science&Technology, 2016, 17 (07): 1749-1752.

ROBERTO V G.Organization, institutions and actors for local and regional development: Evolving paradigms in OECD countries.Institutional arrangements for regional development, Beijing, 2006.8.1.

ROBERT C, RALPHD A, RUDOLFDE G, et al. The value of the world's ecosystem services and natural capital [J]. Nature, 1997, (387): 253-248.

SPEELMAN S, D'HAESE M, BUYSSE J, et al.A measure for the efficiency of water use and its determinants, a case study of small-scale irrigation schemes in North-West Province, South Africa[J].Agricultural systems, 2008, 98 (1): 31-39.

参考文献

SICILIANO G.Urbanization strategies rural development and land use changes in china: a multiple-level integrated assessment?[J].Land Use Policy, 2012, 29 (1): 165-178.

SETO K C, KAUFMANN R.Modeling the drivers of urban land use change in the Pearl River delta, China: Integrating remote sensing with socioeconomic data[J].Land Economics, 2003, 79 (1): 106-121.

SHI SHUQIN, HAN YU, YU WENTAO, et al.Spatio-temporal differences and factors influencing intensive cropland use in the Huang-Huai-Hai Plain[J]. Journal of Geographical Sciences, 2018, 28 (11): 1626-1640.

SUI D Z.GIS-based urban modeling: Practices, problems and prospects[J]. International Journal of Geographical Information Science, 1998, 12 (7): 651-671.

SCHWARZ T. Abschichtung bei der Umweltpruefung in der Raumordnung und der Bauleitplanung [J].Natur und Recht, 2011 (33): 545-555.

SCHRIJNEN P M.Infrastructure networks and red-green patterns in city regions[J].Landscape and Urban Planning, 2000, 48 (3-4): 191- 204.

TONE K.Dealing with Undesirable Outputs in DEA: A Slacks Based Measure (SBM) Approach[R].Grips Research Report Series, 2003 (1): 5.

TU F, YU X, RUAN J.Industrial Land Use Efficiency Under Government Intervention: Evidence from Hangzhou, China [J].Habitat International, 2014, 43: 1-10.

UNITED NATIONS ECONOMIC COMMISSION FOR EUROPE (UNECE). Spatial Planning: Key Instrument for Development and Effective Governance with Special Reference to Transition[R].United Nations, New York and Geneva, 2008.

VAN EETEN M, ROE E.When fiction conveys truth and authority——the Netherlands Green Heart planning controversy[J].Journal of the American Planning Association, 2000, (1): 58-67.

WEI CHEN, YUE SHEN, YANAN WANG, et al.The effect of industrial relocation on industrial land use efficiency in China: A spatial econometrics approach[J].Journal of Cleaner Production, 2018, 20 (5): 525-535.

WU Y Z, ZHANG X L, SHEN L Y.The impact of urbanization policy on land use change: a scenario analysis[J].Cities, 2011, 28 (2): 147-159.

WANG K R, ZHANG P Y.The Research on Impact Factors and Characteristic of Cultivated Land Resources Use Efficiency——take Henan Province, China as a Case Study[J].IERI Procedia, 2013, (5): 2-9.

WORD COMMISSION ON ENVIRONMENT AND DEVELOPMENT.Our Common Future[M].New York: Oxford University Press, 1987.

WILLIAM J S.Land use and zoning in an urban economy[J].The American Economic Review, 1974, 64 (3): 337-347.

YEH A G O, WU FULONG.The new land development process and urban development in Chinese cities[J].International Journal of Urban and Regional Studies, 1996, 200 (2): 330-353.

ZHOU H. Fiscal decentralization and the development of the tobacco industry in China. China Economic Review, 2000, 11 (2): 114-133.

薄文广, 安虎森, 李杰.主体功能区建设与区域协调发展: 促进亦或冒进[J].中国人口·资源与环境, 2011, 21 (10): 121-128.

陈逸, 陈志刚, 周艳, 等.江苏省地级市建设用地利用效率的区域差异与优化配置[J].经济地理, 2017, 37 (06): 171-176.

陈真玲, 李金铠, 李静.中国省域城镇土地利用效率的影响因素及空间溢出效应[J].经济经纬, 2017, 34 (04): 25-30.

崔新蕾, 赵燕霞.资源型城市工业用地利用效率及影响因素研究[J].国土资源科技管理, 2018, 35 (03): 1-14.

陈伟, 彭建超, 吴群.中国省域工业用地利用效率时空差异及影响因素研究[J].资源科学, 2014, 36 (10): 2046-2056.

陈丹玲, 李菁, 胡碧霞.长江中游城市群城市土地利用效率的空间关联特征[J].城市问题, 2018 (09): 55-64.

陈迅, 赵锋, 高远东.中国自然资源利用效率与城市化关系的实证分析[J].资源科学, 2013, 35 (2): 430-438.

陈昭通.主体功能区差别化土地利用政策: 演进、机理与现状研究[D].

广西：广西大学，2016：58-63.

程佳，孔祥斌，赵晶，等.基于主体功能区的大都市区域建设用地集约利用评价——以北京市为例[J].中国农业大学学报，2013，18（06）：207-215.

陈磊，姜海，孙佳新，等.农业品牌化的建设路径与政策选择——基于黑林镇特色水果产业品牌实证研究[J].农业现代化研究，2018，39（02）：203-210.

陈磊，姜海，陈文宽，等.生态约束下的湖滨土地利用研究——以四川省仁寿县黑龙滩镇为例[J].长江流域资源与环境，2019，28（01）：231-240.

陈磊.农业产业结构对湖滨土地利用综合效益影响研究[D].成都：四川农业大学，2017：10.

曹伟，周生路，姚鑫，等.县域主体功能分区研究——以江苏宜兴市为例[J].长江流域资源与环境，2011，20（05）：519-524.

才国伟，舒元.我国资本的配置效率：一种新的测算方法[J].经济科学，2009（04）：43-52.

蔡运龙.中国农村转型与耕地保护机制[J].地理科学，2001（01）：1-6.

董爱晶，孙丽娜，王昭雅.黑龙江省勇跃村村屯建设规划前后土地利用效率对比分析[J].中国农学通报，2017，33（28）：158-164.

戴永吉，胡德斌，周爽.生态保护红线划定对自然资源管理地影响——基于对内蒙古自治区的调研[J].中国土地，2018（09）：43-45.

杜黎明，孙晓雅.主体功能区空间管治规避环境悬崖研究[J].哈尔滨工业大学学报（社会科学版），2016，18（01）：120-126.

丁卫国，谢玉梅.西方经济学原理（第二版）[M].上海：上海人民出版社，2014：175-176.

丁于思，张晓明，周震虹.基于混合聚类的湖南主体功能区划分研究[J].经济地理，2010，30（3）：393-396.

樊鹏飞，冯淑怡，苏敏，等.基于非期望产出的不同职能城市土地利用效率分异及驱动因素探究[J].资源科学，2018，40（05）：946-957.

傅伯杰，张立伟.土地利用变化与生态系统服务：概念、方法与进展[J].地理科学进展，2014，33（4）：441-446.

樊笑英.构建自然资源管理法制新体系[N].中国自然资源报，2018-08-02（005）.

冯德显，张莉，杨瑞霞，等.基于人地关系理论的河南省主体功能区规划研究[J].地域研究与开发，2008，27（1）：1-5.

樊杰.我国主体功能区划的科学基础[J]地理学报，2007，62（4）：339-350.

樊杰.中国主体功能区划方案[J].地理学报，2015，70（02）：186-201.

方瑞欣.基于主体功能区划的土地利用分区布局研究[D].武汉：华中农业大学，2013.

冯敬俊.主体功能区引导下区域建设用地调控政策响应研究[D].浙江：浙江大学，2013.

方中权，陈烈.区域规划理论的演进[J].地理科学，2007（04）：480-485.

方创琳.国外区域发展规划的全新审视及对中国的借鉴[J].地理研究，1999（01）：8-17.

樊杰.我国空间治理体系现代化在"十九大"后的新态势[J].中国科学院院刊，2017，32（04）：396-404.

封志明，李鹏.承载力概念的源起与发展：基于资源环境视角的讨论[J].自然资源学报，2018，33（09）：1475-1489.

国务院.全国主体功能区规划：构建高效、协调、可持续的国土空间开发格局[EB/OL].http：//www.gov.cn/zwgk/2011-06/08/content_1879180.htm.2011-06-08/2018-10-31.

国土资源部.全国耕地后备资源特点分析[EB/OL].http：//www.mlr.gov.cn/wszb/2016/gd/zhibozh

aiyao/201612/t20161228_1425472.htm.2016-12-28/2018-10-31.

郭施宏.海西城市群城市土地利用结构与效率[J].经济地理，2017，37（1）：170-175.

郭贯成，丁晨曦，王雨蓉.新型城镇化对工业用地利用效率的影响：理论框架与实证检验[J].中国土地科学，2016，30（08）：81-89.

郭贯成，熊强.城市工业用地效率区域差异及影响因素研究[J].中国土地科学，2014，28（04）：45-52.

高春花.西方国家城市蔓延问题及其伦理策略——以紧凑城市理论为例[J].新视野，2018（06）：117-121.

宫玉泉.发挥自然资源管理在生态文明建设中的基础性作用[N].中国自然资源报，2018-07-19（005）.

高吉喜，王燕，徐梦佳，邹长新.生态保护红线与主体功能区规划实施关系探讨[J].环境保护，2016，44（21）：9-11.

顾朝林，张晓明，刘晋媛，等.盐城开发空间区划及其思考[J].地理学报，2007（08）：787-798.

高国力.实施主体功能区战略的重大问题思考[J].中国经贸导刊，2011（07）：19-21.

高国力.美国区域和城市规划及管理的做法和对我国开展主体功能区划的启示[J].中国发展观察，2006（11）：52-54.

国家计划委员会国土整治考察团.法国的领土整治政策、做法及其特点[J].自然资源，1988（02）：91-96.

高春茂.日本的区域与城市规划体系[J].国外城市规划，1994（02）：35-41.

高国力.我国主体功能区规划的特征、原则和基本思路[J].中国农业资源与区划，2007，28（6）：8-13.

胡宗楠，李鑫，马晓冬.新型城镇化视角下江苏省城镇土地利用效率评价[J].地理与地理信息科学，2017，33（05）：87-91.

华吉庆，叶长盛.基于DEA的广东省城市土地利用效率及其时空分异特征[J].水土保持研究，2018，25（04）：283-288.

黄和平，彭小琳.脱钩视角下城市土地利用效率变化与提升策略：以南昌市为例[J].资源科学，2016，38（3）：493-500.

何英彬，陈佑启，杨鹏，等.国外基于GIS土地适宜性评价研究进展及展望[J].地理科学进展，2009，28（6）：898-904.

洪开荣，李博.土地资源生态效率时空差异及影响因素研究[J].湖北社会科学，2016（10）：74-81.

胡焕庸.中国人口之分布——附统计表与密度图[J].地理学报，1935

（02）：33-74.

洪飞.城市总体规划与主体功能区规划管制空间探究[J].民营科技，2018（07）：172.

黄勇，周世锋，王琳，倪毅.用主体功能区规划统领各类空间性规划——推进"多规合一"可供选择的解决方案[J].全球化，2018（04）：75-88.

黄征学，张燕.完善空间治理体系[J].中国软科学，2018（10）：31-38.

黄丽华，王亚男，韩笑.黄河中上游能源化工区重点产业发展战略土地资源承载力评价[J].环境科学研究，2011，24（02）：243-250.

贺雪峰.地权的逻辑：中国农村土地制度向何处去[M].北京：中国政法大学出版社，2010：100.

胡碧霞，李菁，匡兵.绿色发展理念下城市土地利用效率差异的演进特征及影响因素[J].经济地理，2018，38（12）：183-189.

胡彪，孙雪.京津冀城市群土地利用效率及其影响因素分析[J].价值工程，2018，37（34）：263-267.

华文，范黎，吴群，等.城市地价水平影响因素的相关分析——以江苏省为例[J].经济地理，2005（02）：203-205.

金贵，邓祥征，赵晓东，等.2005-2014年长江经济带城市土地利用效率时空格局特征[J].地理学报，2018，73（07）：1242-1252.

姜海.转型时期农地非农化机制研究——基于主体行为的分析[D].南京：南京农业大学，2006.

纪陈飞，吴群.基于政策量化的城市土地集约利用政策效率评价研究——以南京市为例[J].资源科学，2015，37（11）：2193-2201.

姜莉.我国主体功能区理论研究进展与述评——"一带一路"分类区域调控的启示[J].哈尔滨商业大学学报（社会科学版），2017，1：69-78.

姜莉.非正式约束与区域经济发展机制研究——主体功能区建设的理论探索[J].河北经贸大学学报，2013，34（01）：72-76.

姜安印.主体功能区：区域发展理论新境界和实践新格局[J].开发研究，2007（02）：14-17.

姜开宏，陈江龙，陈雯.比较优势理论与区域土地资源配置——以江苏省为例[J].中国农村经济，2004（12）：16-21.

柯新利，杨柏寒，刘适，等.基于土地利用效率区域差异的建设用地区际优化配置——以武汉城市圈为例[J].长江流域资源与环境，2014，23（11）：1502-1509.

李雅青.城市空间经济绩效评估与优化研究[D].武汉：华中科技大学，2009：1-2.

李璐，董捷，张俊峰.长江经济带城市土地利用效率地区差异及形成机理[J].长江流域资源与环境，2018，27（08）：1665-1675.

李菁，胡碧霞，匡兵，等.中国城市土地利用效率测度及其动态演进特征[J].经济地理，2017，37（08）：162-167.

卢新海，陈丹玲，匡兵.区域一体化背景下城市土地利用效率指标体系设计及区域差异——以长江中游城市群为例[J].中国人口·资源与环境，2018，28（07）：102-110.

李娜，谢德体，王三.基于区域分化下重庆市土地利用结构效率评价——综合运用信息熵和Malmquist指数[J].西南大学学报（自然科学版），2018，40（6）：115-123.

陆砚池，方世明.基于SBM-DEA和Malmquist模型的武汉城市圈城市建设用地生态效率时空演变及其影响因素分析[J].长江流域资源与环境，2017，26（10）：1575-1586.

梁慧稳，王慧敏，仇蕾.基于委托代理关系的调水工程水资源配置效率模型[J].河海大学学报（自然科学版），2009，37（04）：472-477.

李雪铭，赵朋飞，李松波，等.基于人居环境视角的城市居住用地集约利用效率研究——以大连市中山区为例[J].西部人居环境学刊，2017，32（06）：107-112.

李长健，苗苗.长江中游城市群土地利用效率测算：现实机理与时空分异[J].中国人口·资源与环境，2017，27（12）：157-164.

卢新海，唐一峰，匡兵.长江中游城市群城市土地利用效率空间溢出效应研究[J].长江流域资源与环境，2018，27（02）：252-261.

梁流涛，翟彬，樊鹏飞.经济聚集与产业结构对城市土地利用效率的影响[J].地域研究与开发，2017，36（03）：113-117.

李佳佳, 罗能生.城镇化进程对城市土地利用效率影响的双门槛效应分析[J].经济地理, 2015, 35（07）: 156-162.

刘向南, 单嘉铭, 石晓平, 汪明进.发达地区城市工业用地效率评价及影响因素研究——以浙江省绍兴市为例[J].华东经济管理, 2016, 30（12）: 70-76.

李璐, 徐磊, 董捷.交通设施建设对土地利用效率的空间溢出效应[J].城市问题, 2017（08）: 67-73.

林卿, 张俊.中国改革发展进程中集体建设用地利用及政策选择[J].福建商学院学报, 2018（04）: 6-14.

栾敬东, 焦丽娟, 朱乾隆.耕地利用效率时空差异及影响因素研究——基于乡村振兴战略[J].山西农业大学学报（社会科学版）, 2018, 17（06）: 45-53.

刘彦花, 叶国华, 严志强.广西北部湾经济区城市土地利用效率与经济发展耦合关系研究[J].科技通报, 2017, 33（08）: 43-47.

吕添贵, 李洪义, 何方义, 但承龙, 陈雁云.基于生态适宜度模型的城乡土地利用分区与优化布局——以鄱阳湖生态经济区为例[J].水土保持研究, 2017, 24（03）: 258-263.

刘盛和, 吴传钧, 陈田.评析西方城市土地利用的理论研究[J].地理研究, 2001（01）: 111-119.

刘盛和.城市土地利用扩展的空间模式与动力机制[J].地理科学进展, 2002, 21（1）: 43-50.

刘慧, 高晓路, 刘盛和.世界主要国家国土空间开发模式及启示[J].世界地理研究, 2008（02）: 38-46.

李维.自然资源管理：探索多层次适应性治理模式[EB/OL].http：//ex.cssn.cn/zx/bwyc/201809/t201

80905_4554868.shtml.2018-09-05/2018-10-19.

李宪坡.解析我国主体功能区划基本问题[J].人文地理, 2008, （1）: 20-24.

陆玉麒, 林康.市域空间发展类型区划分的方法探讨：以江苏省仪征市为例[J].地理学报, 2007, 62（4）: 351-363.

参考文献

刘传明.省域主体功能区规划理论与方法的系统研究[D].华中师范大学，2008.

柳天恩，曹洋.区域发展战略与主体功能区建设的互动研究——以京津冀为例[J].新疆财经，2017（05）：45-50.

刘西忠.省域主体功能区格局塑造与空间治理——以江苏"1+3"重点功能区战略为例[J].南京社会科学，2018（05）：36-41.

李涛，廖和平，潘卓，等.主体功能区国土空间开发利用效率评估——以重庆市为例[J].经济地理，2015，35（09）：157-164.

林丽群，李娜，李国煜，等.基于主体功能区的福建省城镇建设用地利用效率研究[J].自然资源学报，2018，33（06）：1018-1028.

李志刚，姜海，陈海洋.主体功能区下协作性土地利用规划管理机制研究[J].中国土地科学，2016，30（12）：10-17.

李小建，李国平，曾刚，等.经济地理学[M].北京：高等教育出版社，2006：58-111.

李志林，包存宽，沈百鑫.德国空间规划体系战略环评的联动机制及对中国的启示[J].国际城市规划，2018，33（05）：132-137.

李飏.德国的城市规划的远见与启示[J].新经济，2014（28）：36-39.

刘昌黎.现代日本经济概论[M].大连：东北财经大学出版社，2002：355-361.

刘继来，刘彦随，李裕瑞.中国"三生空间"分类评价与时空格局分析[J].地理学报，2017，72（7）：1290-1304.

刘燕.论"三生空间"的逻辑结构、制衡机制和发展原则[J].湖北社会科学，2016（03）：5-9.

罗华艳.中国省际城市土地资源综合承载力评价[J].世界农业，2018（04）：55-61.

刘传明，李伯华，曾菊新.湖北省主体功能区划方法探讨[J].地理与地理信息科学，2007（03）：64-68.

林锦耀，黎夏.基于空间自相关的东莞市主体功能区划分[J].地理研究，2014，33（02）：349-357.

李辉，王良健.土地资源配置的效率损失与优化途径[J].中国土地科学，

2015, 29 (07): 63-72.

林毅夫.解读中国经济[M].北京：北京大学出版社, 2014: 9-12.

李建强.中国建设用地集约利用评价及影响因素分析[M].北京：中国大地出版社, 2012: 149-150.

刘浩然, 吴克宁, 宋文, 胡琴, 刘欢.黑龙江粮食产能及其影响因素研究[J].中国农业资源与区划, 2019, 40 (07): 164-170.

龙开胜, 李敏, 陈利根.国土空间用途管制需要处理好的重要关系及制度建设构想[J].土地科学动态, 2019, (2): 33-38.

林坚, 许超诣.土地发展权、空间管制与规划协同[J].城市规划, 2014, 38 (01): 26-34.

罗罡辉, 李贵才, 仝德.土地用途管制调整与权益主体行为研究[J].中国土地科学, 2013, 27 (04): 8-14.

马晓君, 李煜东, 王常欣, 等.约束条件下中国循环经济发展中的生态效率——基于优化的超效率SBM-Malmquist-Tobit模型[J].中国环境科学, 2018, 38 (09): 3584-3593.

孟成, 卢新海, 彭明军, 等.基于土地税收的土地利用效率计算方法研究[J].中国土地科学, 2016, 30 (7): 56-63.

蒙吉军, 汪疆玮, 尤南山, 王雅, 周朕.基于DEA的黑河中游灌区水资源配置效率时空分异[J].水土保持研究, 2017, 24 (01): 173-180.

马涛, 高卓群, 黄印.基于城市土地利用结构变化的主体功能实现研究——以北京市2007—2014年土地利用结构变动为例[J].宁夏大学学报（人文社会科学版）, 2018, 40 (Z1): 115-122.

苗长虹.从区域地理学到新区域主义：20世纪西方地理学区域主义的发展脉络[J].经济地理, 2005 (05): 593-599.

毛汉英.日本第五次全国综合开发规划的基本思路及对我国的借鉴意义[J].世界地理研究, 2000 (01): 105-112.

尼建·齐敏格.土地开发强度空间溢出效应研究[D].武汉：华中科技大学, 2017: 1-2.

彭志宏.基于主体功能区划的上海市国土空间结构研究[J].地域研究与开发, 2014, 33 (05): 11-15.

庞国彧，华晨，李利，等.多规融合导向下地级市主体功能区划分研究——以丽水市为例[J].西部人居环境学刊，2016，31（02）：71-76.

曲福田，陈江龙，陈会广，等.经济发展与中国土地非农化[M].北京：商务印书馆，2007：1-2，124-140.

曲福田.土地经济学[M].北京：中国农业出版社，2011：1-2，45-46，128.

仇方道.县域可持续发展综合评价研究[J].经济地理，2003，23（3）：319-326.

秦诗立.市县级主体功能区划的三大问题[J].浙江经济，2006（24）：30-31.

钱忠好.中国农地保护：理论与政策分析[J].管理世界，2003（10）：60-70.

曲福田，冯淑怡，诸培新，等.制度安排、价格机制与农地非农化研究[J].经济学季刊，2004，4（4）：229-248.

曲福田，冯淑怡.中国农地保护及其制度研究[J].南京农业大学学报，1998（03）：113-118.

钱忠好.中国农地保护政策的理性反思[J].中国土地科学，2003（05）：14-18.

钱文荣.试论我国农地利用及保护中的市场缺陷与政府不足[J].浙江社会科学，2000（05）：142-146.

曲福田，冯淑怡，俞红.土地价格及分配关系与农地非农化经济机制研究——以经济发达地区为例[J].中国农村经济，2001（12）：54-60.

任惠，周琳，王玥.基于超效率DEA的沈阳经济区土地利用效率评价[J].中国国土资源经济，2018，31（01）：68-72.

人民网-人民日报.习近平系列重要讲话读本：实现实实在在没有水分的增长——关于促进经济持续健康发展[EB/OL].http：//opinion.people.com.cn/n/2014/0709/c373228-25257989.htl，2014-07-09/2019-12-23.

施建刚，徐天珩.基于VRS-DEA模型与Malmquist指数的工业园区土地利用效率评价——以长三角城市群16个工业园区为例[J].资源科学，2017，39（06）：1026-1036.

沈怡静，刘彦花，贾莉.广西北部湾经济区土地利用效率演变及空间分异研究[J].江苏农业科学，2017，45（18）：278-283.

沈素素.湖南省农村宅基地利用效率实证评价[J].经济地理，2017，37（12）：190-194.

税丽.长江经济带城市土地利用效率时空差异及影响因素研究[D].成都：四川师范大学，2018.

孙珊珊，朱传耿.论主体功能区对我国区域发展理论的创新[J].现代经济探讨，2006，（9）：73-76.

盛科荣，樊杰.主体功能区作为国土开发的基础制度作用[J].中国科学院院刊，2016，31（01）：44-50.

宋一淼.主体功能区管理问题研究[D].成都：西南财经大学，2008：4.

孙小涛.基于主体功能视角的喀斯特山区县域空间开发适宜性评价与发展格局研究[D].贵州师范大学，2017.

孙威，王晓楠，刘艳军.高速铁路对中国资源型城市区位的影响[J].自然资源学报，2019，34（01）：1-13.

施源.日本国土规划实践及对我国的借鉴意义[J].城市规划汇刊，2003（01）：72-75.

睢博莨，袁涓文.美国与巴西土地冲突管理探析及对我国的启示[J].中国农业信息，2017（11）：20-24.

邵绘春，厉伟，诸培新.可持续发展观下的土地资源配置理论分析[J].生态经济，2009（02）：112-115.

桑劲，柳朴.城市开发边界的治理制度探索：基于省—县两级事权主体的设计[J].规划师，2019，35（02）：26-31.

孙乾翔，朱文龙，胡静静，等.基于系统聚类分析的徐州市主体功能分区研究[J].国土与自然资源研究，2018（04）：33-37.

石晓平，曲福田.土地资源配置方式改革与公共政策转变[J].中国土地科学，2003（06）：18-22.

沈坤荣.体制转型期的中国经济增长[M].南京：南京大学出版社，1999：117.

宋科艳，曹明福.转型时期中国农业生产效率及其影响因素研究[J].财经问题研究，2014（8）：118-124.

汤永辉.基于主体功能区划的县域土地利用综合分区研究[D].江西：江西农业大学，2017.

汤爽爽.法国光辉30年领土整治中的"均衡化"政策[J].国际城市规划，2013，28（03）：90-97.

覃玲玲，周兴.基于生态承载力的产业布局与结构优化研究[J].安徽农业科学，2011，39（16）：9822-9826.

唐丽静，王冬艳.县域土地资源配置的效率损失与优化路径[J].生态经济，2018，34（09）：111-115.

唐常春.流域主体功能区划方法与指标体系构建——以长江流域为例[J].地理研究，2011，30（12）：2173-2185.

谭荣，曲福田.农地非农化的空间配置效率与农地损失[J].中国软科学，2006（05）：49-57.

谭荣，曲福田.中国农地非农化与农用地资源保护：从两难到双赢[J].管理世界，2006，（12）：50-59.

王建林，赵佳佳，宋马林.基于内生方向距离函数的中国城市土地利用效率分析[J].地理研究，2017，36（07）：1386-1398.

蔚霖，徐国劲.河南省城市土地利用效率时空演变特征分析[J].河南农业大学学报，2017，51（04）：580-588.

王飞，徐芳勤.开发区工业用地效率评价与提升策略——以临沂市典型开发区为例[J].山东国土资源，2018，34（06）：90-96.

王筱春，张娜.德国国土空间规划及其对云南省主体功能区规划的启示[J].云南地理环境研究，2013，25（01）：44-52.

王峰，余星涤，杜雪明.自然资源管理制度体系分析[J].国土资源情报，2018（05）：3-8.

魏后凯.对推进形成主体功能区的冷思考[J].中国发展观察，2007，（3）：28-30.

王华，王珏，王石.美丽中国视域下主体功能区建设中的利益驱动机制[J].西安交通大学学报（社会科学版），2018，38（05）：36-46.

王晓玲.财政转型促进主体功能区协调发展的理论分析[J].公共财政研

究，2015（04）：80-88.

王敏，熊丽君，黄沈发.上海市主体功能区划分技术方法研究[J].环境科学研究，2008（04）：205-209.

王华，刘耀林，姬盈利.基于多目标微粒群优化算法的土地利用分区模型[J].农业工程学报，2012，28（12）：237-244.

王小丹.主体功能区划背景下广东省土地生态安全评价[D].江苏：南京大学，2013.

王月基，黄鹄.基于主体功能区划视角的区域土地利用模式研究[J].广东土地科学，2013，12（05）：29-33.

王铮，邓悦，葛昭攀，等.理论经济地理学[M].北京：科学出版社，2002：39-66.

危旭芳.主体功能区构建与制度创新：国外典型经验及启示[J].生态经济，2012（03）：67-72.

王万茂.市场经济条件下土地资源配置的目标、原则和评价标准[J].自然资源，1996（01）：24-28.

王静，王雯，祁元，等.中国生态用地分类体系及其1996-2012年时空分布[J].地理研究，2017，36（03）：453-470.

王博，陈笑筑，何晓波.省级以下建设用地空间配置效率测度及优化探讨[J].中国人口·资源与环境，2016，26（01）：89-96.

吴晓婵.我国县域城乡一体化发展问题研究[D].湖南：湘潭大学，2014：1.

王瑞君，高士平，宇文会娟，等.平泉县生态功能区划与主体功能区划研究[J].地理与地理信息科学，2007（05）：95-99.

王强，伍世代，李永实，等.福建省域主体功能区划分实践[J].地理学报，2009，64（06）：725-735.

吴郁玲，冯忠垒，曲福田.比较优势理论与开发区土地资源配置效率的地区差异分析[J].工业技术经济，2006（03）：51-54.

王海娟，胡守庚.土地细碎化与农地制度的一个分析框架[J].社会科学，2018（11）：62-74.

吴郁玲.基于土地市场发育的土地集约利用机制研究[D].南京：南京农

业大学，2007：34-35.

吴传均，郭焕成.中国土地利用[M].北京：北京大学出版社，2011.

吴群，李永乐，曹春燕.财政分权、地方政府偏好与城市土地利用[M].北京：科学出版社，2015：2-3.

徐绍史.创新国土资源管理，促进生态文明建设[J].求是，2012（19）：23-25.

熊建华，韩书成，鲍丙飞.基于Malmquist指数的珠三角城市群土地利用效率研究[J].水土保持研究，2017，24（04）：119-122.

谢曼曼，李秀霞.基于数据包络分析法的吉林省土地利用生态效率时空演化规律研究[J].水土保持通报，2015，35（03）：225-230.

谢花林，张道贝，王伟.鄱阳湖生态经济区城市土地利用效率时空差异及其影响因素分析[J].农林经济管理学报，2016，15（04）：464-474.

肖金成.实施主体功能区战略 建立空间规划体系[J].区域经济评论，2018（05）：14-16.

谢正峰.主体功能区规划条件下土地集约利用的内涵分析[J].河北农业科学，2015，19（01）：84-89.

宣晓伟.中国空间规划体系的构建和完善——以中央与地方关系为视角[J/OL].区域经济评论，2019（02）：1-17[2019-03-29].https：//doi.org/10.14017/j.cnki.2095-5766.2019.0026.

兴志谷尔.耕地的生态作用[EB/OL].https：//wenku.baidu.com/view/6231f147b9f3f90f76c61bc6.html，2018-07-01/2019-05-28.

杨海泉，胡毅，王秋香.2001-2012年中国三大城市群土地利用效率评价研究[J].地理科学，2015，35（9）：1095-1100.

杨东峰.重构可持续地空间规划体系——2010年以来英国规划创新与争议[J].城市规划，2016（8）：91-99.

尤喆.加强自然资源管理 推进生态文明建设[N].中国自然资源报，2018-09-20（005）.

袁朱.国外有关主体功能区划分及其分类政策的研究与启示[J].中国发展观察，2007（02）：54-56.

俞奉庆.主体功能区建设研究——以浙江省为例[D].上海：复旦大学，

2013：9-10.

俞勇军，陆玉麒.江西省区域经济发展空间差异研究[J].人文地理，2004（03）：41-45.

叶盛杰.基于主体功能区的差别化土地利用政策研究[J].中国国土资源经济，2015，28（05）：31-33.

杨伟民.北京上海开发强度超东京伦敦约一倍[N].中国经济导报.2012-03-31（B01）[2013-04-16].http://www.ceh.com.cn/ceh/jryw/2012/3/31105475.shtml.

杨亭.土地资源优化配置与区域经济协调发展研究——以重庆市沙坪坝区为例[D].重庆：西南大学，2007：1-2.

于健慧.中央与地方政府关系的现实模式及其发展路径[J].中国行政管理，2015（12）：43-45.

余亮亮，蔡银莺.国土空间规划管制与区域经济协调发展研究——一个分析框架[J].自然资源学报，2017，32（08）：1445-1456.

姚冠荣，谢花林.区域土地利用生态管控基本原理初探[A].2015'全国土地资源开发整治与新型城镇化建设学术研讨会[C].北京：新华出版社，2015：615-623.

郑伟元.统筹城乡土地利用的初步研究[J].中国土地科学，2008，22（6）：4-10.

张雅杰，金海.长江中游地区城市建设用地利用效率及驱动机理研究[J].资源科学，2015，37（7）：1384-1393.

周峰.基于数据包络方法的南京市城市土地集约利用效率分析[J].长江流域资源与环境，2014，23（Z1）：48-52.

朱孟珏，庄大昌，张慧霞.2000—2015年中国城市土地利用效率的时空演化[J].水土保持通报，2018，38（03）：240-247.

张俊峰，张安录.基于土地利用效率差异的差别化土地管理研究——以武汉城市圈为例[J].农林经济管理学报，2016，15（03）：343-350.

钟成林.外商直接投资对城市建设用地利用效率的影响研究——基于空间面板计量模型[J].中南财经政法大学研究生学报，2015（05）：30-39.

张玉娇，陈英，刘洋，等.农民土地价值观对耕地利用效率的影响[J].干

参考文献

旱区资源与环境，2017，31（10）：19-25.

赵小风，楼佳俊，黄贤金，姚丽，赵雲泰.城市土地利用效率研究进展[J].现代城市研究，2017（06）：2-8.

赵凯，蒋伏心.经济集聚、城市区位与城市土地产出率——来自江苏省的数据[J].华东经济管理，2013，27（02）：1-6.

钟成林，胡雪萍.农村土地发展权、空间溢出与城市土地利用效率——基于空间误差模型的实证研究[J].中国经济问题，2016（06）：24-36.

张立新，朱道林，杜挺，谢保鹏.基于DEA模型的城市建设用地利用效率时空格局演变及驱动因素[J].资源科学，2017，39（03）：418-429.

张晓玲，赵雲泰，贾克敬.我国国土空间规划的历程与思考[J].中国土地，2017（01）：15-18.

张雄化，钟若愚.自然资源利用及其效率研究——基于粮食安全生产的视角[J].技术经济与管理研究，2014（12）：3-7.

张敏.自然资源可持续利用的效率与公平问题研究[A].武汉大学.Proceedings of the Conference on Web Based Business Management[C].武汉大学：美国科研出版社，2010：5.

钟海燕，赵小敏，黄宏胜.土地利用分区与主体功能区协调的实证研究[J].经济地理，2011，31（9）：1523-1551.

朱传耿，马晓东，孟召宜，等.地域主体功能区划理论·方法·实证[M].北京：科学出版社，2007.

张可云，刘玉.主体功能区的操作问题与解决办法[J].中国发展观察，2007，（3）：26-27.

张永姣，曹鸿.基于"主体功能"的新型村镇建设模式优选及聚落体系重构——藉由"图底关系理论"的探索[J].人文地理，2015，30（06）：83-88.

张朝阳.基于主体功能区的北京市辖区生态文明评价研究[D].北京：北京林业大学，2016：17.

张孝德.对四类主体功能区管理模式的思考[N].中国经济时报，2007-12-25（5）.

周璇.法国领土整治经验以及对我国的启示[J].商，2015（23）：73.

张晓琳，金晓斌，范业婷，等.1995-2015年江苏省土地利用功能转型特征及其协调性分析[J].自然资源学报，2019，34（04）：689-706.

中共中央、国务院.关于建立国土空间规划体系并监督实施的若干意见[EB/OL].http：//www.gov.cn/zhengce/2019-05/23/content_5394187.htm.

朱丽萌.欠发达地区主体功能分区实证研究——以江西省为例[J].经济地理，2012，32（04）：19-24.

赵广英，李晨.国土空间规划体系下的详细规划技术改革思路[J].城市规划学刊，2019，4.

赵永江，董建国，张莉.主体功能区规划指标体系研究——以河南省为例[J].地域研究与开发，2007（06）：39-42.

张晓瑞，宗跃光.区域主体功能区规划模型、方法和应用研究——以京津地区为例[J].地理科学，2010，30（05）：728-734.

郑菲，李洪庆，赵姚阳.基于资源环境承载力评价的安徽省主体功能区划分研究[J].湖北农业科学，2018，57（22）：164-171.

张恒义.中国省际建设用地空间配置效率研究[D].杭州：浙江大学，2011.

张宏斌，贾生华.土地非农化调控机制分析[J].经济研究，2001（12）：50-54.

张海鹏.实现我国土地资源优化配置中的两难问题[J].南开学报（哲学社会科学版），2008（04）：133-140.

朱孟珏，傅晓婷.粤港澳大湾区土地利用效率的时空特征及其影响机制[J].热带地理，2017，37（06）：814-823.

张合林.以土地市场制度创新推动城乡融合发展[J].中州学刊，2019（03）：38-44.

张英浩，陈江龙，高金龙，等.经济转型视角下长三角城市土地利用效率影响机制[J].自然资源学报，2019，34（06）：1157-1170.

张安录，杨钢桥.美国城市化过程中农地城市流转与农地保护[J].中国农村经济，1998（11）：75-81.

张珊.同级地方政府间关系的博弈分析[J].山东理工大学学报（社会科学版），2005，21（06）：33-37.

张海良.产业升级与地方政府职能的发挥[J].人民论坛,2013(33):52-53.

曾礼,崔如波.试论构建川渝黔区域经济协调发展的长效机制[J].重庆社会科学,2005(09):118-120.